中國古典文學基本叢書

姜白石詞箋注

〔宋〕姜夔 著
陳書良 箋注

中華書局

圖書在版編目(CIP)數據

姜白石詞箋注:典藏本/(宋)姜夔著;陳書良箋注. —北京:中華書局,2015.11(2022.5 重印)
(中國古典文學基本叢書)
ISBN 978-7-101-11222-1

Ⅰ.姜… Ⅱ.①姜…②陳… Ⅲ.宋詞-注釋
Ⅳ.I222.844

中國版本圖書館 CIP 數據核字(2015)第 211815 號

責任編輯:羅華彤

中國古典文學基本叢書
姜白石詞箋注(典藏本)
〔宋〕姜 夔 著
陳書良 箋注
*
中 華 書 局 出 版 發 行
(北京市豐臺區太平橋西里 38 號 100073)
http://www.zhbc.com.cn
E-mail:zhbc@zhbc.com.cn
河北新華第一印刷有限責任公司印刷
*
850×1168 毫米 1/32・11⅜印張・2 插頁・200 千字
2015 年 11 月第 1 版 2022 年 5 月第 4 次印刷
印數:3501-5000 册 定價:49.00 元

ISBN 978-7-101-11222-1

目録

姜白石詞箋注卷二

姜白石詞箋注卷三　合肥、金陵、蘇州詞十三首

姜白石詞箋注卷四

姜白石詞箋注卷五　杭州、越中、華亭、括蒼、永嘉詞二十四首 …… 一八九

姜白石詞箋注卷六　不編年十二首，序次依陶鈔……二五七

附録……二八五

前言

一

姜夔是南宋時期的著名詞人。

姜夔（一一五五？—一二二一？），字堯章，一字石帚，别號白石道人。饒州鄱陽（今江西波陽）人。單從名字上看，他的家庭是非常崇古的。姜夔父名噩，當然不是噩夢或噩耗之「噩」，而應是取自揚雄《法言·問神》「虞夏之書渾渾爾，商書灝灝爾，周書噩噩爾」之「噩噩」，即「嚴正」之意。姜噩命子之名爲「夔」，當然不是指爲黄帝所誅殺的單足神獸，而應是指虞舜的樂官夔。《尚書》記載，夔曾「擊石拊石，百獸率舞」，故姜夔字堯章。因其詞集名《白石道人歌曲》，歷代刻本多名以《白石詞》，所以歷來習慣稱呼他爲姜白石。

白石的身世是頗爲清貧的。因爲其父姜噩紹興三十年（一一六〇）舉進士之後，曾任湖北漢陽縣知縣，所以白石幼年隨宦，往來漢陽二十餘年。父親病逝後，不得已寄居在已經出嫁漢川的姐姐家。二十多歲時，爲謀生計，出游揚州、合肥，旅食於江淮一帶。他在以後寫的《除夜自石湖歸苕溪》中曾追憶：「少小知名翰墨場，十年心事只淒涼。」可見他少時才華出衆，頗有文名（這也是他能立足「江湖」的原因），只是這段經歷蒙染上「淒涼」的基調而已。

淳熙十三年（一一八六），白石約三十二歲時，在長沙結識了福建老詩人蕭德藻，蕭時任湖北參議，人稱千岩老人。這無疑是白石人生中一個至關重要的轉折。從事業方面而言，在此以前，白石交游的多是鄭仁舉、辛泌、楊大昌等漢陽地方文士。而蕭德藻是當時的著名詩人，所謂「尤蕭范陸四詩翁」（楊萬里《進退格寄張功父姜堯章》），來往的多有當時的一流文士，酬酢之間，當然也惠及白石。以後白石以蕭德藻介紹，又袖詩往謁楊萬里，萬里許其文無不工，甚似陸龜蒙，並以其詩送呈曾任副宰相的詩壇名家范成大。可以想見，與楊萬里、范成大這樣的大詩人交游，對白石的影響力是何等巨大。從家庭方面而言，蕭德藻深賞白石才華，將姪女許配給他，還帶他寓居浙江湖州。於是自少年失父、飄泊江湖以來，白石終於有了自己的家室。儘管以後還是奔走江湖，但畢竟心底存在着温馨的歸宿。家庭在白石心中的分量，我們可以從他以後的詞作如「一年燈火要人歸」（《浣溪沙》（雁怯重雲不肯啼））、「嬌兒學作人間字，鬱壘神荼寫未真」（《鷓鴣天》（柏綠椒紅事事新））、「白頭居士無呵殿，只有乘肩小女隨」（《鷓鴣天》（巷陌風光縱賞時））等充滿温柔親情的筆觸中體味得到。

在湖州定居期間，白石輾轉到蘇州石湖謁見了從知州職務告病退居的范成大。范成大早就通過蕭德藻讀過白石的詩文，一見之下，惺惺相惜，結爲忘年之交。後蕭德藻因病隨子離開了湖州，白石則遷居杭州，靠好友張鎡、張鑒接濟爲生。張鎡、張鑒是南宋大將張俊諸孫，頗富有，在杭州、無錫等地都有田宅。張鑒憐惜白石「困躓場屋，至欲輸資以拜爵」，「又欲割錫山之膏腴以養其山林無用之身」，白石都辭謝不受。《齊東野語》載《姜堯章自叙》應該是關於白石生平的可靠的第一手資料，白石在文中談到自己的生活經歷，歷數幫助過自己的人有「内翰梁公」、知樞密院事鄭僑、參政范成大、待制楊萬里、蕭德藻、待制朱熹、左丞相京鏜、丞相謝深甫、知州辛棄疾、侍郎孫逢吉、侍郎胡紘、楊冠卿、「南州張公」、太學博士吴勝柔、知府吴獵、員外郎項安世、徐似道、知府曾豐、郎中商飛卿、知州王炎、尚書易祓、參知政事樓鑰、待制葉適之衆，在文章末尾，白石滿懷感激地説：

> 嗟乎！四海之内，知己者不爲少矣，而未有能振之於窶困無聊之地者。舊所依倚，惟張兄平甫（張鑒），其人甚賢。十年相處，情甚骨肉。而某亦竭誠盡力，憂樂同念。平甫念其困躓場屋，至欲輸資以拜爵，某辭謝不願，又欲割錫山之膏腴以養其山林無用之身。惜乎平甫下世，今惘惘然若有所失。人生百年有幾，賓主如某與平甫者復有幾？撫事感慨，不能爲懷。

旁證材料則可舉白石的友人陳造《次姜堯章餞徐南卿韻二首》其一云：「姜郎未仕不求田，倚賴生涯九萬箋。稛載珠璣肯分我？北關當有合肥船。」

無疑，這是一種江湖清客的生涯。

「姜夔劉過竟何爲？空向江湖老布衣。」（樂雷發《題許介之譽文堂》）自陳起將白石詩歌刊入《江湖集》以來，白石就名列江湖；而對於江湖詩派，歷來衆口一詞曰：「詩格卑靡。」尤其宋末元

初的方回，直斥爲：「刊梓流行，醜狀莫掩。嗚呼，江湖之弊，一至於此！」（《送胡植芸北行序》）

其實，綿延於南宋中後期的江湖詩派，是一個以劉克莊爲領袖、以杭州書商陳起爲聲氣聯絡、以當時的江湖游士爲主體的龐大的詩人群體。據考證，隸屬江湖詩派的詩人有一百三十八人之多，是有宋一代參與人數最多的一個詩歌流派。江湖詩人情況複雜而各異，其中既有用詩歌干謁乞取金錢，如「書生不願懸金印，只覓揚州騎鶴錢」（劉過《上袁文昌知平江》）、「更得趙侯錢買屋，便哦詩句謝山神」（危稹《上隆興趙帥》）、「此行一句值萬錢，十句唾手腰可纏」（盛烈《送黃吟隱遊吴門》），也有如白石，縱然清貧苦澀，而一貫保持高雅志趣。我曾在《南宋江湖詩派與儒商思潮》（甘肅文化出版社二〇〇四年版）一書中詳叙，有興趣者可參看。

宋慶元三年（一一九七），白石四十三歲時，向朝廷上《大樂議》、《琴瑟考古圖》，建議整理國樂，希望能藉此獲得識拔，但未能引起重視。兩年後，再上《聖宋鐃歌鼓吹十二章》，只被獲許破格參加進士考試，但偏偏又未考中。經此挫折，白石更加絶意仕進了。

白石長期仰仗張鑒等人資助，張鑒亡故以後，其生計日絀，但仍清貧自守，不肯屈節以求官禄。晚年又遭遇臨安大火，住所被焚燬，不免顛沛流離，多旅食於杭、湖之間。後病卒於臨安水磨方氏館旅邸，幸得友人捐助，就近葬於馬塍。馬塍有白石生前最喜愛的梅屏，曾作詞歎詠，身後能够一冢相對，應該得其所哉了。

二

白石是位中國文化史上不多見的多面性天才。除開他是南宋著名詞人以外，他還是有宋一代首屈一指的音樂家，《宋史·樂志》將其載名史册。他曾以寧宗慶元三年進《大樂議》和《琴瑟考古圖》各一卷，評議宋代雅樂，對其弊端提出整改意見；他還是一位演奏家，嫻通音律，雅擅簫笛，尤精古琴，晚年曾參考浙江民間風俗歌曲，創作了「越九歌」，又按七絃琴演奏伴唱的風格，寫下了騷體《古怨》琴歌，抒發自己對山河殘破、世路坎坷的憤怨；他能配合詞作自創曲譜，《白石道人歌曲》所載十七首工尺譜，是至今傳世的惟一詞調曲譜，既是白石一生文藝創作的精髓，也爲後人留下了可資研考演唱的豐厚遺産。白石書法造詣亦高，法宗二王，力追魏晉，陶宗儀《書史會要》卷六贊爲「迥脱脂粉，一洗塵俗」；其《續書譜》是南宋書論史承上啟下的系統的理論著作。他還是位文論家，《白石道人詩説》雖文字不長，却以「論詩及辭」爲主，在宋代詩論發展史上具有重要的作用和地位，爲後世所推重。他的詩歌風格高秀，有《白石詩集》傳世，存詩一百八十餘首，楊萬里《進退格寄張功甫姜堯章》云：「尤蕭范陸四詩翁，此後誰當第一功？新拜南湖爲上將，更推白石作先鋒。」可見當時已將其與詩壇四大家相提並論，以爲是卓出的先鋒人物。

我在上面泛叙白石多方面成就的目的，一則是本着知人論世的原則，在這本小册子前面介紹其人，二則遵循作家個性對其藝術創作的影響（亦即《文心雕龍》所説「體性」），找到深入理解白石詞的切入點。

白石詩歌特别是其詩藝追求，就較清楚地透露了此一關捩的個中消息，其犖犖大者有以下三端。

其一，前已叙及，白石屬於江湖詩派，江湖詩派總體上出入於江西詩法，更何况白石與江西宗主黄山谷同籍江西，當然對其更加頂禮膜拜。這是一方面。另一方面，當時天下競習江西詩法的風氣已流弊重重，有識之士都在不同程度上、從不同途徑去設法挣脱江西詩風的籠罩，革除其流弊。於是，他們的時尚和定格就歸結到「近體學唐」、「古體學選」。所謂「選」指的是《文選》的駢體詩，如高似孫就將《昭明文選》中的駢語儷對編成《選詩句圖》，作爲江湖詩友寫作古體的津梁；所謂「唐」指的是晚唐體，幾乎包含現在所説的中晚唐的大小詩人。白石就特别傾慕晚唐詩人陸龜蒙。因爲陸龜蒙其人其詩其身世遭際，甚至包括所居之地，都與自己相類，所以白石一則云「三生定是陸天隨，又向吴江作客歸」，再則云「沉思只羡天隨子，蓑笠寒江過一生」，以異代知己自許，一寄千秋渴慕。白石這種有意識地在詩藝上向陸龜蒙學習所表現於創作實踐上，就是捨棄粗放而講究精緻，同時也在崇尚高雅格調的文化趣味中别含清淡乃至荒寒意趣。竊以爲，這是白石異於一般江湖詩人之處，亦是理解白石「清空」、「騷雅」詞風的關捩之處。

其二，江湖詩派整體特點是「塵俗」，其中當然受了楊萬里「死蛇弄活」和「生擒活捉」的影響。

「誠齋體」的流利淺易、不乏機趣，極大地迎合了江湖詩人求變的心理，因而得到了他們的竭誠歡迎。但是，很多江湖詩人由於自身品格的卑下，造成了「塵俗」消極面的突出。白石則與此迥然異趣，他雖然也佩服楊萬里，但他向往的是「箭在的中非爾力，風行水上自成文」（《送〈朝天續集〉歸誠齋，時在金陵》），向往的是誠齋那種自然、輕靈、活潑的藝術風格。他看到蘇軾、黄庭堅遭遇到很多俗人俗事，如黄庭堅的《陳留市隱》寫一位陳留刀鑷工，他有一個「乘肩嬌小女」；但黄庭堅與蘇軾一樣並不懼怕、回避「俗」，相反，他們提出「以俗爲雅」，雖然直接寫俗人俗語，但經過提煉，仍然以「雅」出之。白石於此深以爲然，在面對俗世百態、街談巷語之時，往往憑藉自己高雅的情懷、高深的學養，在筆下將它們提煉爲盎然的詩意，變爲雅馴可賞的詩句。白石寫詩如此，寫詞又何嘗不如此呢？我們讀到「柏綠椒紅事事新，鬲籬燈影賀年人」（《鷓鴣天》（柏綠椒紅事事新））、讀到「白頭居士無呵殿，只有乘肩小女隨」（《鷓鴣天》（巷陌風光縱賞時））諸句，感受到的便是一些既高雅透骨又妙趣横生的俗人俗事。這是白石的淵源有自處，也是白石的妙參造化處！

其三，「四靈」靠反對江西詩派起家，不講究用典，所謂「得意不戀事」，而江湖則反其道而行之。白石是講究用事的，《白石道人詩説》第十則云：

> 學有餘而約以用之，善用事者也；意有餘而約以盡之，善措辭者也；乍叙事而間以理言，得活法者也。

按詩歌用事是達意抒情最經濟而巧妙之方法。由於複雜曲折之情事，決非三五字可盡，作文固可不憚煩言，而在詩歌中却不太適宜。假如能於古事中尋覓得與要歌詠的情況有某種相同者，則只用數字而義蘊全呈。這樣運用古事既能借用古人陳詞抒自己懷抱，較爲精煉；又可以使讀者多一層聯想，含蘊豐富。白石作詩，深諳其妙。如五律《答沈器之二首》，不僅用語皆有所本，如「不繫舟」出《莊子·列禦寇》，「野鹿」、「隨草」出《詩經·小雅·鹿鳴》，「饑鷹故上韝」見《三國志·魏書·張邈傳》中曹操喻呂布之語；且孫玄常《箋注》認爲：「按此詩用『大堤曲』、『白銅鞮』、『槎頭』等語，皆襄陽故實。」又如五律《悼石湖三首》，第一首的「九轉」出《抱朴子·金丹》，「巾墊角」出《後漢書·郭泰傳》，「胡虜知音」指范成大使金時，金迎使者慕其名，至求巾幘效之；第二首的「大蛇夢」見《後漢書·鄭玄傳》及注，「露電身」出《金剛經偈》，「千首」出杜詩「敏捷詩千首」；第三首的「情鍾痛」出《世説新語·傷逝》，指幼女之逝，其他如「伏枕」、「空堂」皆有所本。理解了白石關於用典用事的詩藝主張及實踐，再試讀他的詞作，便有觸類旁通之感。如《滿江紅》(仙姥來時)用《三國志·吴書·吴主傳》孫權致書曹操故事，《漢宮春》(一顧傾吴)用《吴越春秋》勾踐滅吴故事，令人讀來覺得順手拈來，恰到好處。再如《月下笛》(與客攜壺)下片句云：「但繫馬垂楊，認郎鸚鵡。揚州夢覺，彩雲飛過何許。多情須倩梁間燕，問吟袖、弓腰在否？」連用劉禹錫《詠鸚鵡》、杜牧《遺懷》、李白《宫中行樂詞》及段成式《酉陽雜俎》故事，而聲氣流轉，一氣呵成。我以爲，這就是前人所豔稱的白石詞的「騷雅」。而這種騷雅，也應得益於他的詩藝詩法。

除詩歌以外，白石的書法與音樂，應該也能找到與其詞作相仿佛、可旁通的藝術風格，只是不如詩歌明顯罷了。

三

白石的詩歌、音樂、書法等諸方面成就頗豐，尤其音樂方面無論理論，抑或演奏，在有宋一代都臻一流，白石的名字在《宋史》未列《文苑》却載《樂志》即可説明，但若較之其詞作，則都是難以企及的。

清人馮煦《蒿庵論詞》云：「白石爲南渡一人，千秋論定，無俟揚榷。」用語雖值得商酌，但白石是南宋一代詞作大家，則是無疑的。

趙曉嵐《姜夔與南宋文化》（學苑出版社二〇〇一年版）指出，詞在兩宋，在詞的地位、題旨、風貌上都存在着明顯的區别。北宋詞雖已十分繁盛，但仍被視爲小道，即如蘇軾以詩爲詞，較之詩而言，仍爲小歌詞。南宋則以之爲安身立命之道。故而辛棄疾幾乎只以詞集傳世，姜夔亦被認爲其詞高於其詩。詞轉爲對社會、個人生活重大問題的看法和感受，不僅是以詩爲詞，使之脱離應歌、侑觴之作而已。趙文所叙，當然適合於白石詞的評價。

白石詞現存八十四首，依内容而分，其中憂時傷亂之作有十幾首，羈旅窮愁、感傷身世之作有十幾首，戀情詞約二十首，詠物詞有二十多首。

白石詞的總體風格自南宋後即衆説紛紜，有不同的解讀。南宋亡後四十年，張炎《詞源》出，對白石詞推崇備至，云：

姜白石詞如野雲孤飛，去留無迹。……不惟清空，又且騷雅，讀之使人神觀飛越。

南宋大將張俊的諸孫張鎡（功甫）是白石至友，而張炎乃張鎡之曾孫，姜、張相知於前，張氏後輩稱美於後，雖然難免囿於偏見，但絶對獨具隻眼。因此，自張炎提出「清空」、「騷雅」之説後，歷代論姜詞者，遂以此爲姜詞風格定評。

何謂「清空」？竊以爲，借用張炎的話，「野雲孤飛」當指「清」。孤飛的野雲，脱離塵俗而孤高不群。「去留無迹」當指「空」。雲卷雲舒當然空靈一氣。「清」指意象之清雅，而清雅的意象又與人的胸襟氣度有關。「空」指境界之空靈，而空靈的境界又與意象的組合方式有關。何謂「騷雅」？竊以爲「騷雅」乃《離騷》與《小雅》之結合，即志潔行芳之詞品、比興寄託之手法與温柔敦厚之情感的結合。説白石詞風是「清空」、「騷雅」，是就其基調、主調而言，至於導致此一主調的詞藝技巧具體如何體現，實在是一個極爲複雜的問題。以下試就白石詞作的内容，結合其詞風略作介紹。

一、憂時傷亂，企盼統一

天崩地坼的「靖康之變」給宋朝文人士大夫以極大的刺激，悲憤、愛國、渴求統一成爲了時代文學的主旋律。朝廷的孱弱懦怯，民族的奇恥大辱，身家的顛沛流離，强烈地燒灼着這一時代文人的心靈。竊以爲，反映到詞作上，這種悲憤、愛國、渴求統一的表現方法及力度是因人而異的，張孝祥、辛棄疾的激昂慷慨之中，應該還包含有他們終生爲之奮鬥的抗金復國的人生道路及在這場民族災難中建功立業的人生理想；而白石作爲一個下層文人，四處漂泊，不遑寧處，不可能無視自己的社會地位和基本的生活問題而一味吟唱抗金救國的高調。白石這部分憂時傷亂之作正是在南宋詩詞愛國抗金的基調下的一種帶有下層文人烙印的表現。這是白石獨具特色處，也是白石憂時傷亂詞作有别於張、辛之輩的價值所在。

白石二十二歲時所作《揚州慢》是其集中第一首詞，在小序中，從「薺麥彌望」，「四顧蕭條，寒水自碧。暮色漸起，戍角悲吟」的描繪中，作者提出了極爲濃縮的「黍離之悲」四字。詞的上片寫戰亂後揚州荒蕪破敗景色，下片設想如若杜牧重來，面對揚州荒城也會魄悸魂驚，突出表現昔盛今衰的感傷。細玩語意，白石詞是以唐代王建、杜牧筆下的揚州之盛爲今日揚州之衰的比照系的。而據洪邁《容齋隨筆》等典籍所載，揚州雖盛於唐代，但在五代時幾經兵火，早已「蕩爲丘墟」了。白石却有意跳過這段歷史時空，將今日揚州之衰説成是「自胡馬、窺江去後」，而如若「而今」，杜牧「重到須驚」。這就巧妙地將揚州之衰歸咎於金兵南侵，明確地表達了作者反胡抗金的民族情緒。類似這樣憂時傷國之作還有《淒涼犯》（緑楊巷陌）、《憶王孫》（冷紅葉葉下塘秋）等。

南宋統治者偏安一隅，不思恢復，尤其是屈辱的「隆興和議」締結後，宋、金間四十年無戰事，小朝廷文恬武嬉，更將君父大仇置之腦後。當時有識之士都對朝廷的主和政策强烈不滿，白石對此現實亦有清醒的認識和揭露。如《翠樓吟》題武昌安遠樓，上片云：

> 月冷龍沙，塵清虎落，今年漢酺初賜。新翻胡部曲，聽氈幕、元戎歌吹。層樓高峙，看檻曲縈紅，簷牙飛翠。人姝麗，粉香吹下，夜寒風細。

南宋時武昌是宋、金對峙之邊塞要地，樓名「安遠」，究竟是備戰下的「安遠」，還是苟且中的「宴安」呢？俞平伯先生説得好：「其時北敵方强，奈何空言『安遠』。雖鋪叙描摹得十分壯麗繁華，而上下嬉恬，宴安鴆毒的光景便寄在言外。像這樣的寫法，放寬一步即逼緊一步，正不必粗獷『罵題』，而自己的本懷已和盤托出了。」（《唐宋詞選釋》）竊以爲，這就是「清空」的具體體現。又如《滿江紅》（仙姥來時），起因雖是爲祭祀巢湖仙姥而作，但亦寄託了作者對偏安的憤慨。作者將湖神仙姥想象成一位能够「奠淮右，阻江南」的勝利女神，「却笑英雄無好手，一篙春水走曹瞞」，對偏安狀況的不滿溢於言表。

面對殘破的河山和苟安的政局，當時大多數士人都對抗金英雄充滿期待，渴望他們能大展經綸，取得北伐的勝利。白石也不例外。他歌頌范成大出使金國，不辱使命：「盧溝舊曾駐馬，爲黄花閑吟秀句。見説胡兒，也學綸巾欹雨。」（《石湖仙》）他敬慕辛棄疾的抗金業績並寄以無限希望：「我愛幽芳，還比酴醿又嬌絶。自種古松根，待看黄龍，亂飛上、蒼髯五鬣。」（《洞仙歌》）特別是與辛棄疾的唱和之作，慷慨激昂，與白石以往的詞風迥異。如《永遇樂》（雲鬲迷樓），辛詞云「舞榭歌臺，風流總被、雨打風吹去」，白石以「數騎秋煙，一篙寒汐、千古空來去」相應，嗟歎此日欲做英雄而不得，空靈悽切。辛詞云「英雄無覓、孫仲謀處」，姜詞則更用裴度、諸葛亮、桓温比辛棄疾，「有尊中酒、差可飲，大旗盡繡熊虎」，渲染出辛棄疾將兵的赫赫聲威；「認得征西路」，則迫切地呼喊出對北伐的期待；「中原生聚，神京耆老，南望長淮金鼓」，更深刻表達出中原父老翹首南師收復失地的殷切心情。

陳廷焯《白雨齋詞話》云：「南渡以後，國勢日非。白石目擊心傷，多於詞中寄慨。……特感慨全在虛處，無迹可尋，人自不察耳。」由於終身草萊的布衣身世，以及堅持清空、騷雅的創作追求，使得白石不可能寫出辛棄疾、張孝祥、陳亮那樣慷慨激昂，大聲鏜鞳的愛國詞篇，而是以一個下層文人的角度，采取了一種含蓄、理性的方式來表達自己的憂時傷亂之情懷，從而使南宋愛國詞作風格各異，多姿多彩。

二、羈旅窮愁，感傷身世

「萬里青山無處隱，可憐投老客長安。」（《臨安旅邸答蘇虞叟》）白石的一生始終伴隨着奔波之苦。據夏承燾《姜白石詞編年箋校》，白石詞可繫年者僅五卷七十二首，所作之地即轉换了揚州、湘中、沔鄂、金陵、吴興、吴松、吴興、合肥、金陵、合肥、蘇州、越中、杭州、吴松、梁溪、吴松、杭州、越中、華亭、杭州、括蒼、永嘉、杭州等二十三次，這種頻繁往返的旅途奔波，顯然不同於謝靈運、杜牧的吟風弄月，也不同於同是布衣而有山可隱的陸龜蒙與林逋，縱然青山緑水、月白風清，也有着衆醉獨醒、興盡悲來的强烈的失落感、孤獨感，訴之於詞，帶有極其濃重的天涯飄泊之感。如《點絳唇》：

> 燕雁無心，太湖西畔隨雲去。數峰清苦，商略黄昏雨。第四橋邊，擬共天隨住。今何許，憑闌懷古，殘柳參差舞。

首二句以候鳥之遷狀己之飄泊無定。「擬共天隨住」是自己的願望。可歎的是就連這樣的願望都不能實現，只能於秋風殘柳中，領略人生黄昏的淒風苦雨。「數峰」兩句是千古名句，卓人月《詞統》評爲「誕妙」，其實就是緣於作者對江湖之苦領會太深，致使不自覺地將自己的主觀心情涂抹到客觀景物上。類似這樣的詞作還有對生存目的的自問：「南去北來何事？蕩湘雲楚水，目極傷心」（《一萼紅》）；感歎自己居無定所的命運：「歎杏梁、雙燕如客」（《霓裳中序第一》）；悲歎自己顛沛奔波之苦不爲人知：「算潮水、知人最苦」（《杏花天影》）；困惑於自己的無枝可依：「繞枝三匝，白頭歌盡明月」「《念奴嬌》（昔游未遠）」。於是，飄零之感、遲暮之悲常常成爲傷春悲秋的基調，如著名的《淡黄柳》：

> 空城曉角，吹入垂楊陌。馬上單衣寒惻惻。看盡鵝黄嫩緑，都是江南舊相識。正岑寂，明朝又寒食。强攜酒，小橋宅。怕梨花落盡成秋色。燕燕飛來，問春何在，唯有池塘自碧。

全詞從聽覺開始寫蕭瑟，由聽覺到視覺再到觸覺，由柳樹到梨花，由飛燕到池塘，意境淒清冷雋，用語清新質樸。「怕梨花落盡成秋色」的一個「怕」字，道出了飄泊者的焦慮與不安，其實何嘗是怕花落成秋，實乃心頭有一片肅殺秋意。「唯有池塘自碧」營造出清空詞境，將無盡的羈旅窮愁沉浸在碧水無言的寥落之中。張炎《詞源》認爲，像這樣的詞「不惟清空，且又騷雅，讀之使人神觀飛越」。

三、戀情之什

白石當然是個風流才子，他「體貌清瑩，望之若神仙中人」，「或夜深星月滿垂，朗吟獨步，每寒濤朔吹凛凛迫人，夷猶自若也」。他不僅才華横溢，形貌出衆，而且彈琴吹簫，嫻於音律。周密《齊東野語》引姜夔自叙云：「參政范公以爲翰墨人品皆似晉宋之雅士。」這是時人的評價，引爲自叙，未嘗不是白石自許。

既是晉宋雅士，則一定不乏紅顔知己。白石戀情詞涉及的對象有合肥情人、小紅及湖州妓等，依夏承燾《姜白石詞編年箋校》所列其有本事的合肥情詞有《一萼紅》、《霓裳中序第一》、《小重山令》、《浣溪沙》（著酒行行滿袂風）、《踏莎行》、《杏花天影》、《琵琶仙》、《淡黄柳》、《浣溪沙》（釵燕籠雲晚不忺）、《解連環》、《長亭怨慢》、《醉吟商小品》、《點絳唇》、《暗香》、《疏影》、《水龍吟》、《玲瓏四犯》、《江梅引》、《鬲溪梅令》、《鷓鴣天》（肥水東流無盡期）、又（輦路珠簾兩行垂）共二十一首。竊以爲其中某些篇章指爲合肥情事，似覺牽强，但如果加上合肥情事以外的詞作如《鷓鴣天》（京洛風流絶代人）等，戀情詞在白石詞中約佔有四分之一。

我以爲，白石戀情詞的特點主要有二。

其一，是戀情的專一性。

需要説明的是，在中國漫長的封建社會中，夫婦關係之外的戀情存在是有其社會基礎的。而文士與妓女交往及男子的泛愛傾向更有着長久的歷史淵源。衆所周知，文人與歌妓之間從來也不乏深情摯愛者。如同是宋朝文人，較早於白石的柳永、晏幾道、秦觀、周邦彦輩留下的很多纏綿繾綣之作，對象大多是歌妓，並且所涉及的對象往往不止一個，如柳永情詞本事就有蟲娘、心娘、佳娘、酥娘、秀香、安安、英英等，即可説明泛愛傾向之一斑。

白石却不然，其戀情詞表現了難能可貴的專一。夏承燾先生曾首倡白石合肥情事説，據其考證，所遇者爲勾欄中姐妹二人，妙擅音樂。合肥情事是白石一生關捩，夏氏首倡，其功甚偉。但吾友趙曉嵐教授力主合肥姐妹之一人説，趙云：「不錯，其詞中確曾寫到『桃根桃葉』、『大喬小喬』等，但這並不足以證明他是同時愛上姐妹二人。如果僅據桃根、桃葉是王獻之二妾而説明這點的話，那麽，大喬、小喬各有所適，分嫁孫策、周瑜，又作何解釋呢？而江夏韋皋和玉環兩人之間的生死之戀，顯然更與二妾之愛不相類。特别是詞中屢屢描寫、刻畫的相思之情：『幾度小窗幽夢手同攜』（《江梅引》）、『淮南皓月冷千山，冥冥歸去無人管』（《踏莎行》）、『誰教歲歲紅蓮夜，兩處沉吟各自知』（《鷓鴣天》）等等，皆似兩者之間的專一之情。依筆者之見，姜夔所戀對象，應是姐妹中之一人，只因是同時所遇，且頗多三人之共同活動、交往，在回憶往事時，多有此類描述也並不奇怪。」（見《姜夔與南宋文化》）趙説義證兼賅，可備一説。試讀以下諸句：

夢逐金鞍去。一點芳心休訴，琵琶解語。（《醉吟商小品》）

恨入四絃人欲老，夢尋千驛意難通。（《浣溪沙》）

春衣都是柔荑剪，尚沾惹、殘茸半縷。（《月下笛》）

别後書辭，别時針綫。（《踏莎行》）

人何在？一簾淡月，仿佛照顔色。（《霓裳中序第一》）

一位知音、知心、知己之女子呼之欲出。然而，因爲各種原因，二人終究天各一方，白石只能藉詞作以宣泄這段刻骨銘心的相思。

其二，是叙情的尚雅。

「詩言志，詞抒情」是舊時文人對體裁的習慣選擇，而寫詞抒情走冶豔一路却始自花間，至宋，情詞不惟冶豔，更時有露骨色相。晏殊然，周邦彦然，柳永亦然。只有白石，情詞既纏綿悱惻又高潔典雅。之所以如此，乃在於其有意識地避免肉體描寫，而意象清空，措辭騷雅，當然脱俗超群了。試讀《小重山令》：

人繞湘皋月墜時。斜横花樹小，浸愁漪。一春幽事有誰知。東風冷，香遠茜裙歸。鷗去昔游非。遥憐花可可，夢依依。九疑雲杳斷魂啼。相思血，都沁緑筠枝。

風流幽事化爲了高雅純潔的紅梅形象。又如《琵琶仙》下片：

又還是、宫燭分煙，奈愁裏、匆匆换時節。都把一襟芳思，與空階榆莢。千萬縷、藏鴉細柳，爲玉尊、起舞回雪。想見西出陽關，故人初别。

用唐詩三則詠柳之典抒發自己的相思柔情。如上所叙，白石將自己那些纏綿悱惻的熱烈戀情，加以「騷雅」化，化爲梅、柳等美妙意象，戀情顯得清空無迹，文辭雖纏綿却不失雅潔典重。就這一點而言，柳永、秦觀輩是難以望其項背的。

四、詠物之什

白石存詞八十四首，詠物詞有二十多首，佔四分之一。具體有：

詠梅詞：《一萼紅》、《小重山令》、《玉梅令》、《暗香》、《疏影》、《鶯聲繞紅樓》、《鬲溪梅令》、《浣溪沙》二首、《卜算子》八首、《江梅引》。

詠荷詞：《惜紅衣》、《念奴嬌》。

詠柳詞：《淡黄柳》、《長亭怨慢》、《驀山溪》。

詠蟋蟀詞：《齊天樂》。

其他：《洞仙歌》（花中慣識）、《好事近》（涼夜摘花鈿）、《虞美人》（西園曾爲梅花醉）、《側犯》（恨春易去）。

應該説，白石的詠物詞都有寄託。一類是政治寄託。如衆説紛紜的《暗香》、《疏影》，自張惠言《詞選》首箕「二帝之憤」，劉永濟《微睇室説詞》更以徽宗在北所作《眼兒媚》申證，令人信服。又如《虞美人》詠牡丹，引唐玄宗賞花故事，牽出安史之亂，最後影射宋朝現實。《齊天樂》詠蟋蟀，從歷史反思到日薄西山的南宋政局，王昶《姚茝汀詞雅序》所謂「其旨遠，其詞文，託物比興，因時傷事」就是指的這類詠物詞。一類是感情寄託。如《卜算子》八首借詠梅表達自己一生的淒涼心事，《江梅引》、《鷓鴣天》等詞借梅、柳宣泄自己刻骨銘心之合肥戀情，誠如夏承燾《箋校》所云：「（白石）集中詠梅之詞亦如其詠柳，多與此情事有關。」

白石在宋代詠物詞的發展史上是一個樞紐人物。五代《花間》即有詠物題材，皆就題詠本意敷衍。宋初沿襲，如林逋《霜天曉角》詠梅，梅堯臣《蘇幕遮》詠草，名爲詠物，實爲寫景。至李清照，詠物詞竟佔《漱玉集》之四分之一，仍屬就物寫物，鮮有言志。只有蘇軾凌雲才氣，無所依傍，感物言志，開創了詠物詞的新境界。其《水龍吟》詠楊花，寄託懷才不遇之慨；《卜算子》寫孤鴻，抒政壇受挫之歎。以後賀方回、周邦彦承東坡餘緒，於詠物一體都有所成就，但都屬感物言志的範疇。

從白石開始，在靖康國難的巨變形勢下，開詠物詞言志之先。誠如蔣敦復《芬陀利室詞話》云：「詞原於詩，即小小詠物，亦貴得風人比興之旨。唐五代、北宋人詞不甚詠物，南渡諸公有之，皆有寄託。白石、石湖詠梅，暗指南北議和事，及碧山、草窗、玉潛、仁近諸遺民《樂府補題》中，龍涎香、白蓮、蒓、蟹、蟬諸詠，皆寓其家國無窮之感，非區區賦物而已。」確實，白石開以詠物託意之先，至宋末張炎、王沂孫、周密等人沿襲發展，家國之歎更爲深重，將託物詠志一體發展到極致。總之，白石詠物詞在詞史上是具有承前啟後的地位的。

四

正因爲白石詞具有獨特的思想價值和很高的藝術魅力，所以後世整理者衆多，其版本在宋人詞集中可稱首屈一指。夏承燾先生《版本考》云：「白石詞刻本，可考者十餘，若合寫本、影印本計之，共得三十餘本。宋人詞集版本之繁，此爲首舉矣。」這既是姜集整理有利之處，又增加了姜集整理取捨之難。

據夏承燾先生考證，南宋嘉泰二年壬戌（一二〇二）的錢希武刻本應是最早的白石詞刻本。因爲其時白石尚在，而刻印者錢氏又是白石的世交，故夏先生推論此爲白石的手定稿。以後版本沿革的情況頗爲複雜。大致説來，元、明兩代三百年，白石詞刻本因各種原因未能廣泛傳播。直到號稱詞學復興的清代，白石詞的「清空」、「騷雅」大行於世，自乾隆開始，有姜文龍等多種刻本問世。其中如乾隆陸鍾輝刻本《白石道人歌曲》四卷、《别集》一卷，張奕樞刻本《白石道人歌曲》六卷、《别集》一卷，王鵬運輯《四印齋所刻詞》本《白石道人詞集》三卷、《别集》一卷，都稱善本。

除詞作全集以外，將白石詞入選的選本極夥。最早的有黄昇《花庵詞選》，其時距錢刻本問世四十餘年，選本中收白石詞三十四首，並對各詞小序加以删削。據張炎《詞源》下記載，南宋時還有《六十家詞》選本，惜乎已佚。現在我們見到的《宋六十名家詞》是明毛晉輯本，内有《白石詞》一卷。還有明鈔《宋元明三十三家詞》、《宋二十家詞》中《白石先生詞》一卷，此外，朱彝尊《詞綜》、萬樹《詞律》均收有白石詞。

近現代以來，有多種箋注、輯評本問世，其中夏承燾《姜白石詞編年箋校》（中華書局一九五八年初版，上海古籍出版社一九八一年新版），附有《版本考》、《各本序跋》、《白石道人歌曲校勘表》、《行實考》、《輯評》等，用力尤勤，是白石研究領域的雄關重鎮。此外，筆者尚見到夏承燾、吴無聞《姜白石詞校注》（廣東人民出版社一九八三年版），劉乃昌《姜夔詞》（中國書店二〇〇一年版），韓經太、王維若《姜夔詞》（人民文學出版社二〇〇五年版）等，這些版本各具特色，給筆者的整理工作以很大的幫助。本書以夏承燾《姜白石詞編年箋校》（簡稱夏本）爲底本，參校本有明毛晉輯《宋六十名家詞》（商務印書館影印本）、清陸鍾輝刻《白石道人歌曲》（《四庫全書》本，簡稱陸本）、清張奕樞刻《白石道人歌曲》（《彊村叢書》本，簡稱張本）、清萬樹《詞律》（上海普益書局本）、清朱彝尊《詞綜》（中華書局影印本）等。

回憶三十二年前，詞壇泰斗夏承燾先生爲避地震小住長沙，時筆者還是一個搬運工人，承夏老不棄，諄諄教誨，親改論文。在夏老及諸前輩的關心下，筆者考取武漢大學研究生並走上教學、科研崗位，以後凡到北京出差，都要到朝陽門天風閣拜謁夏老，夏老多談及白石詞的問題，咳唾珠玉，至今難忘。這些往事也算是我與白石詞的因緣吧。此書原文謹依據夏老《姜白石詞編年箋校》本分六卷收録。校記、箋注、輯評、評析諸項，參照前修研究，融會個人心得編撰而成。其中尤其是注釋方面，同乎所同，一般不標舉，然創業難而因仍易，飲水思源，敬意永駐。附録收有夏承燾先生《版本考》、《各本序跋》、姜堯章自叙、夏承燾先生《白石輯傳》，供廣大讀者欣賞、學習、研究白石詞之需。中華書局文學編輯室對本書卷次的安排、資料的取捨，乃至文句的斟酌，都給予具體詳細的指導，這是特别讓我銘感在心的。

最後，由於筆者學識陋劣，衷心地歡迎廣大讀者批評指正。

陳書良於長沙聽濤館書寓　二〇〇八年九月

姜白石詞箋注卷一

揚州、湘中、沔鄂詞十一首

揚州慢〔一〕

淳熙丙申至日①，予過維揚②。夜雪初霽，薺麥彌望③。入其城則四顧蕭條，寒水自碧。暮色漸起，戍角悲吟。予懷愴然。感慨今昔，因自度此曲。千岩老人以爲有黍離之悲也④。〔二〕

淮左名都⑤，竹西佳處⑥，解鞍少駐初程〔三〕。過春風十里，盡薺麥青青⑦。自胡馬、窺江去後⑧，廢池喬木〔四〕，猶厭言兵。漸黄昏、清角吹寒，都在空城〔五〕。杜郎俊賞⑨，算而今、重到須驚。縱豆蔻詞工⑩，青樓夢好⑪，難賦深情。二十四橋仍在⑫，波心蕩、冷月無聲。念橋邊紅藥⑬，年年知爲誰生。

【校　記】

〔一〕《宋六十名家詞》調下有小字「中吕宫」。

〔二〕《宋六十名家詞》序後云：「此後凡載宫調者並是自制曲。」

〔三〕少駐：明鈔《絶妙好詞》「少」作「小」。

〔四〕喬木：明鈔《絶妙好詞》「喬」作「高」。

〔五〕空城：張奕樞本（以下簡稱張本）「空」作「江」。

【箋　注】

①淳熙丙申至日：宋孝宗淳熙三年（一一七六）冬至。這時姜夔告别客居的漢陽，沿江而下，來到揚州。

②維揚：舊時揚州的别稱。

③薺麥：野生麥子。彌望：滿眼。

④千岩老人：南宋詩人蕭德藻，字東夫，閩清（今屬福建）人，晚年居住湖州（今屬浙江），因喜愛當地弁山千岩競秀，自號千岩老人。著書名《千岩擇稿》。見《烏程縣志》卷二十三。愛白石才華，將姪女許配之。本詞小序末句，是後來增補的。白石之詞序多有類似情況，諸如《翠樓吟》、《滿

江紅》、《淒涼犯》皆如此。黍離之悲：指故國殘破、都邑荒涼的悲思。《詩經・王風》有《黍離》篇，寫東周一位詩人路經被犬戎焚掠後的西周故都，看到舊城荒廢，宮殿遺址長滿野麥，深感悲傷。首句爲「彼黍離離」，因以名篇，廣泛傳誦。南宋詞人以詞寫揚州殘破景象者不少，如趙希邁《八聲甘州・竹西懷古》句云：「向隋堤躍馬，前時柳色，今度蒿萊。錦纜殘香在否，枉被白鷗猜。千古揚州夢，一覺庭槐。」

⑤淮左：宋時揚州屬淮南東路，時稱淮左。

⑥竹西：竹西亭，揚州名勝之一。唐杜牧《題揚州禪智寺》：「誰知竹西路，歌吹是揚州。」

⑦「過春風」二句：意謂經過原來十分繁華的長街，到處長了青青的野麥子。杜牧《贈別》：「娉娉嫋嫋十三餘，豆蔻梢頭二月初。春風十里揚州路，卷上珠簾總不如。」

⑧胡馬窺江：指金兵犯揚事。高宗建炎三年（一一二九），金人初犯揚州；其後紹興三十一年（一一六一），金兵又背盟南侵。金兵的兩次南侵，揚州都遭慘重破壞，無名氏《建炎維揚遺録》就詳細記録了揚州受劫掠的情狀。

⑨杜郎：唐朝詩人杜牧。他曾在揚州詩酒清狂，寫過不少描述揚州的著名詩篇。俊賞：風流地游賞。

⑩豆蔻詞：指杜牧《贈別》，見注⑦。其中豆蔻喻妙齡女郎。

⑪青樓夢好：指游冶聲色場所的生活很爲浪漫。杜牧《遣懷》：「落魄江湖載酒行，楚腰纖細掌中輕。十年一覺揚州夢，贏得青樓薄幸名。」

⑫二十四橋：揚州勝跡之一。杜牧《寄揚州韓綽判官》句云：「二十四橋明月夜，玉人何處教吹簫。」據沈括《補筆談》載，唐時揚州有二十四橋，宋時只有一部分尚保留。

⑬橋邊紅藥：清李斗《揚州畫舫録》載，二十四橋又名紅藥橋，橋邊盛産紅芍藥。清陳思《白石道人歌曲疏證》引《一統志》云：「揚州府開明橋，在甘泉縣東北，舊傳橋左右春月芍藥花市甚盛。」

【輯　評】

張炎《詞源》云：詞中句法，要平妥精粹。一曲之中，安能句句高妙？只要拍搭襯副得去，於好發揮筆力處，極要用工，不可輕易放過，讀之使人擊節可也。如……姜白石《揚州慢》云：「二十四橋仍在，波心蕩、冷月無聲。」此皆平易中有句法。

張炎《詞源》云：《揚州慢》……等曲，不惟清空，又且騷雅，讀之使人神觀飛越。

陳廷焯《白雨齋詞話》卷二云：白石《揚州慢》云：「自胡馬、窺江……都在空城。」數語寫兵燹後情景逼真。「猶厭言兵」四字，包括無限傷亂語。他人累千百言，亦無此韻味。

鄭文焯校《白石道人歌曲》云：紹興三十年完顔亮南寇，江淮軍敗，中外震駭，亮尋爲其臣下殺於瓜州。此詞作於淳熙三年，寇平已十有六年，而景物蕭條，依然有廢池喬木之感，此與《淒涼犯》當同屬江淮亂後之作。

劉永濟《唐五代兩宋詞簡析》云：曰「知爲誰生」者，傷「俊賞」無人也。言外更有舉國無人、危亡可懼之意，不但感一地之盛衰也。詞中之「重到」「杜郎」，蓋堯章自謂也。堯章嘗喜以杜牧自比，如《鷓鴣天》詞有句曰：「東風歷歷紅樓下，誰識三生杜牧之？」《琵琶仙》詞有句曰：「十里揚州，三生杜牧，前事休説！」蓋杜牧生當唐末，其詩多傷時閔亂語，又其人風流儒雅，堯章所企慕也。

夏承燾、吴無聞《姜白石詞校注》云：白石縱然提到「豆蔻」、「青樓」等句，不至於影響或削弱這首詞「黍離之悲」的嚴肅意義。「波心蕩、冷月無聲」是名句。無聲者，無復有昔日的管絃吹奏聲，無復有昔日的笑語喧嘩聲，無復有昔日的雞鳴犬吠聲。如今唯一的聲音，只有「清角吹寒」而已。此以無聲襯有聲，切詞序的「戍角悲吟」。末了以「紅藥」作結，最含深意。揚州芍藥最負盛名，往昔花開時裙屐絡繹於途。如今亂後城空，花開究爲誰來？以問語結，更含無限淒愴。

吴世昌《詞林新話》云：亦峰以爲「猶厭言兵」四字，「包括無限傷亂語。他人累千百言，亦無此韻味」。白石此詞全首重點在上結「都在空城」。清角吹寒，也是白費，因空城中已無人聽，吹寒吹暖更有何人領略乎？上句「猶厭言兵」，猶籠統言之耳。

【評析】

這是一首反映現實比較深刻的詞作。時白石二十二歲，於淳熙三年自鄂中沿江東下，路過揚州所作。揚州自隋開運河後，已成爲南北運輸樞紐，商賈雲集，歌樓舞榭，所謂「天下三分明月夜，二分無賴是揚州」也。及宋南渡，與金隔河相守，於是昔日繁華都會，一變而爲兵家爭鋒之地。此詞主旨在小序中「千岩老人以爲有黍離之悲」一句，而序文極盡抑揚頓挫之妙，與詞句彼此照應，與詞句融爲一體。此亦白石詞特色之一也。

此詞上片着重景色，下片着重情懷。前引諸家評論均中肯綮，所欲補充者，在寫法上，此詞巧妙地運用了反襯法。如「豆蔻」、「青樓」，花團錦簇，而恰成「廢池喬木」之反襯；又如「波心蕩、冷月無聲」，反襯昔日之歌吹沸天，此無聲襯有聲也；又如今日之「戍角悲吟」，反襯全城之蕭條寂静，此有聲襯無聲也；又如描寫「俊賞」之「重到」「杜郎」，反襯現實之訴説無門，此有人襯無人也。竊以爲，這種反襯執其兩端，作者感慨俱在其中，既增加了詞句的力度，也使詞作呈現出「清空」之美。

一萼紅

丙午人日①，予客長沙别駕之觀政堂②。堂下曲沼，沼西負古垣，有盧橘幽篁③，一徑深曲。穿徑而南，官梅數十株④，如椒如菽⑤，或紅破白露，枝影扶疏。著屐蒼苔細石間，野興横生。亟命駕登定王臺⑥，亂湘流入麓山⑦，湘雲低昂，湘波容與⑧。興盡悲來，醉吟成調。

古城陰。有官梅幾許，紅萼未宜簪⑨。池面冰膠⑩，牆腰雪老，雲意還又沈沈。翠藤共、閑穿徑竹，漸笑語、驚起臥沙禽。野老林泉，故王臺榭，呼喚登臨。南去北來何事？蕩湘雲楚水，目極傷心。朱户粘雞⑪，金盤簇燕⑫，空歎時序侵尋⑬。記曾共、西樓雅集，想垂柳〔一〕、還裊萬絲金。待得歸鞍到時〔二〕，只怕春深。

【校　記】

〔一〕垂柳：原作「垂楊」。厲鶚鈔本（以下簡稱厲鈔）、朱彝尊《詞綜》、《絶妙好詞》、《宋六十名家詞》、《欽定詞譜》皆作「垂柳」。良按，揆之上片相應位置「漸笑語、驚起臥沙禽」，知應作仄聲「柳」。

〔二〕歸鞍：《絶妙好詞》「鞍」作「鞭」。

【箋　注】

① 丙午人日：宋孝宗淳熙十三年丙午（一一八六）正月初七。陰曆正月初七爲人日。

②長沙别駕：别駕，宋代通判之别稱。長沙别駕係指時任湖南通判的蕭德藻。時蕭已由湖北參議移任爲湖南通判，白石客居湖南，應是依附蕭的緣故。

③盧橘：金橘的别稱。盧，黑色。金橘初生時青黑色，故名。

④官梅：官府種植的梅樹。杜甫《和裴迪登蜀州東亭》曰：「東閣官梅動詩興。」

⑤椒：花椒。春日開小白花，熟則色赤裂開。此謂紅梅似椒色。菽：豆之總名。此謂梅蕾大小如豆。

⑥命駕：命人駕車，意爲動身前往。定王臺：在湖南長沙城東。傳説漢長沙定王劉發築臺望母之處，後稱定王臺。

⑦亂湘流：横渡湘水。《詩經·大雅·公劉》：「涉謂爲亂。」孔穎達《正義》：「水以流爲順，横渡爲亂。」麓山：一名嶽麓山。在長沙湘江西岸，蓋南嶽衡山之足，故以麓爲名。

⑧容與：從容舒緩貌。《楚辭·九章·涉江》：「船容與而不進兮，淹回水而凝滯。」此處寫登高俯瞰湘江所見。

⑨「紅萼」句：言梅花紅萼初開，尚不可摘下插鬢。簪：戴，插。杜甫《春望》：「白頭搔更短，渾欲不勝簪。」

⑩冰膠：指池水凝結成的冰，開始溶化。

⑪ 朱户粘雞：寫舊時人日風俗。《荆楚歲時記》：「人日貼畫雞於户，懸葦索其上，插符於旁，百鬼畏之。」

⑫ 金盤簇燕：寫立春風俗。《武林舊事》有記，立春日供春盤，有「翠縷紅絲，金雞玉燕，備極精巧」。此所謂玉燕，乃菜肴所制。

⑬ 侵尋：漸進，引申爲流逝。

【輯評】

沈祖棻《宋詞賞析》云：「南去」三句，就空間説，傷漂流之無定。「朱户」三句，點人日（《荆楚歲時記》「人日貼畫雞於户」），就時間説，歎光陰之易遷。「記曾」句，回憶以前。「想垂楊」句，由回憶而惋惜現在。「待得」兩句，由現在而設想將來。

夏承燾《姜白石詞編年箋校》云：此調叶平韻者始見於白石集。《樂府雅詞》有北宋無名氏仄韻一首，只首三句與此詞不同，其上片結云：「未教一萼紅開鮮蕊」，詞譜謂調名由此。然則，白石此詞殆改仄爲平，與其平韻《滿江紅》同例。（按，《詞譜》未言調名由來。夏氏誤記。）

【評析】

此詞是宋孝宗淳熙十三年丙午（一一八六），白石客居長沙别駕蕭德藻之觀政堂，閑游賞梅，登臨嶽麓，興盡悲來，感歎漂泊之作。詞上片寫景紀游。「池面」兩句，對仗極工，以老狀雪，構思奇特，筆力瘦硬。以後描寫定王臺諸勝，發思古之幽情，享自然之野趣，呼朋喚侣，逸興遄飛，其樂融融。下片感歎漂泊。從小序「興盡悲來」四字中翻出，自身既「南去北來」，客中轉眼又是新年，在歲月苦短的歎息聲中，憶舊懷人之思陡起，「記曾共」一句，寫出了有情人之懷抱。

據夏承燾《姜白石詞繫年》稱，此爲白石懷念合肥女子之最早作品。白石懷人，多以梅柳入詞，此詞亦然。寫官梅紅萼未簪，「如椒如菽」，愛憐惜護，已寓其中。結句「待得歸鞍到時，只怕春深」，温馨中平添惆悵。與抒寫合肥情事諸什如《淡黄柳》「怕梨花落盡成秋色」、《點絳唇》「淮南好，甚時重到？陌上青青草」、《鬲溪梅令》「又恐春風歸去緑成蔭，玉鈿何處尋」造境相似，同一機杼。以時令之變換蕩開一筆，寫出思念之深、盼見之切，使個中人呼之欲出矣。

霓裳中序第一

丙午歲①，留長沙，登祝融②，因得其祠神之曲，曰黄帝鹽、蘇合香③。又於樂工故書中得商調霓裳曲十八闋，皆虚譜無辭。按沈氏《樂律》「霓裳道調」④，此乃商調。樂天詩云「散序六闋」〔一〕⑤，此特兩闋⑥，未知孰是？然音節閑雅，不類今曲。予不暇盡作，作中序一闋傳於世⑦。予方羈游，感此古音，不自知其辭之怨抑也⑧。

亭皋正望極⑨。亂落江蓮歸未得〔二〕。多病却無氣力。況紈扇漸疏⑩，羅衣初索⑪。流光過隙⑫。歎杏梁、雙燕如客⑬。人何在？一簾淡月，仿佛照顔色⑭。　幽寂。亂蛩吟壁⑮。動庾信、清愁似織⑯。沈思年少浪跡。笛裏關山⑰，柳下坊陌⑱。墜紅無信息⑲。漫暗水、涓涓溜碧⑳。漂零久，而今何意，醉臥酒壚側㉑。

【校　記】

〔一〕散序六闋：厲鈔脱「序」字。

〔二〕江蓮：《欽定詞譜》「江」作「紅」。

【箋　注】

① 丙午歲：宋孝宗淳熙十三年（一一八六），時白石客居長沙。

② 祝融：南嶽衡山七十二峰之最高峰。衡山，五嶽之一，在今湖南衡山縣西。

③ 黄帝鹽、蘇合香：均爲祭神樂曲。説見後「評析」。

④ 沈氏《樂律》「霓裳道調」：沈括《夢溪筆談》卷五有《樂律》篇。「霓裳道調」乃古樂曲聲調之一。《夢溪筆談·樂律》云：「……或謂今燕都有獻仙音曲乃其遺聲，然霓裳本謂之道調法曲，今獻仙音乃小石調耳，未知孰是。」而王灼《碧雞漫志》、葛立方《韻語陽秋》、徐鉉《徐文公集》都稱《霓裳羽衣曲》爲商調而非道調。此注存疑。

⑤ 樂天詩云「散序六闋」：指白居易（字樂天）《和元微之霓裳羽衣歌》，其中有「散序六奏未動衣，陽臺宿雲慵不飛」句。「六闋」：即指白詩所云「六奏」。王灼《碧雞漫志》：「霓裳第一至第六疊無拍者，皆散序故也。」

⑥「此特兩闋」二句：按唐代霓裳全曲分三大段：散序，六遍；中序，遍數不詳；破，十二遍。白居易《霓裳羽衣歌》原注「散序六遍」，姜白石此處云「兩闋」，可能霓裳全曲至宋時已有演變。

⑦ 作中序一闋：即摘取唐代法曲《霓裳羽衣曲》中序第一遍曲子填成詞。此詞名爲《霓裳中序第一》，既名「第一」，則可知中序有多遍。

⑧「予方」三句：意謂我正客居他鄉，聞古曲而有所感，不知不覺間所作之詞也帶上了哀怨抑鬱的情緒。

⑨ 亭皋：水邊平地。望極：注目遠望。

⑩ 紈扇漸疏：入秋後紈扇漸漸被人丟開不用。按漢班婕妤《怨歌行》云：「新裂齊紈素，鮮潔如霜

雪。裁爲合歡扇，團團似明月。出入君懷袖，動摇微風發。常恐秋節至，涼風奪炎熱。棄捐篋笥中，恩情中道絶。」紈扇漸疏原常比喻恩愛斷絶，此處指天氣漸涼。

⑪ 羅衣初索：薄羅夏衣開始閑置。索，蕭索，疏離。

⑫ 流光過隙：形容時光飛逝。《莊子·知北游》：「人生天地之間，若白駒之過隙，忽然而已。」

⑬ 「歎杏梁」句：是説身世飄零、人生如寄。杏梁：文杏木造的屋梁。漢司馬相如《長門賦》：「飾文杏以爲梁。」

⑭ 「一簾」兩句：化用杜甫《夢李白》：「落月滿屋梁，猶疑照顔色。」

⑮ 亂蛩吟壁：許多蟋蟀在壁脚啼鳴。蛩，蟋蟀，又名促織。

⑯ 「動庾信」句：觸動起庾信般的愁思。庾信（五一三—五八一），字子山，南朝時梁朝文學家，南陽新野（今屬河南）人。梁元帝承聖三年奉使西魏，來到長安。西魏不久攻陷江陵，元帝被誅殺，梁亡。庾信羈留北方，念念不忘故鄉，曾作《哀江南賦》、《傷心賦》、《愁賦》以寄思鄉之情。《愁賦》中曾有「誰知一寸心，乃有萬斛愁」之句。

⑰ 笛裏關山：在悲哀的笛聲中跋涉關山。此處指浪跡天涯的漂泊生活，時常沉浸在離愁别恨之中。關山月，古樂府歌曲，曲調憂傷。《樂府解題》：「關山月，傷離别也。」

⑱ 柳下坊陌：緑柳垂絲的幽雅街巷。盛弘之《荆州記》：「緣城堤邊，悉植細柳。緑條散風，清陰

交陌。」

⑲墜紅：落花。喻以前的情人，亦指逝去的年華和希望。杜甫《秋興八首》之七：「露冷蓮房墜粉紅。」

⑳「漫暗水」句：形容草木遮護的碧色溪水緩緩流動，喻流逝的光陰。杜甫《夜宴左氏莊》：「暗水流花徑。」

㉑醉卧酒壚側：《世説新語·任誕》：「阮公（籍）鄰家婦有美色，當壚酤酒。……阮醉，便眠其婦側。夫始殊疑之，伺察，終無他意。」酒壚，安放酒甕的土臺。此處是作者自比阮籍的放誕。

【輯評】

俞陛雲《唐五代兩宋詞選釋》云：白石於楚中祝融峰得祀神曲……乃作《霓裳中序》一曲，以傳古意。但譜雖仿古，而詞則寫懷。前五句言秋風人倦，「流光」二句歎急景之不居，「人何在」三句望伊人之宛在。月到舊時明處，與誰同倚闌干。白石殆此同感也。下闋回首當年，關河浪跡，坊陌春游，舊夢重重，逐暗水流花而去，贏得飄零詞客，一醉埋愁。後主所謂「醉鄉路穩宜頻到，此外不堪行」也。

沈祖棻《宋詞賞析》云：結三句，即作者在另一首《浣溪沙》中所云「老夫無味已多時」也。「一簾」二句，出《夢李白》「落月滿屋梁，猶疑照顏色」。「笛裏關山」，出《洗兵馬》「三年笛裏關山月」。「墜紅」，出《秋興》「露冷蓮房墜粉紅」，應上「亂落江蓮」。「暗水」，出《夜宴左氏莊》「暗水流花徑」。

夏承燾、吴無聞《姜白石詞校注》云：此乃秋夜抒懷之作。上片見亂落江蓮而傷多病浪游，見「杏梁雙燕」而興離情別緒。下片回憶少年游蹤，而以「墜紅無信息」與上片「亂落江蓮」、「人何在」兩句相呼應。結二句點出飄零之感，遲暮之悲。

【評析】

淳熙十三年丙午，時白石三十二歲，游南嶽，登祝融峰，「因得其祠神之曲，曰黃帝鹽、蘇合香」。按陳田夫《南嶽總勝集》：「獻迎神曲。……三獻：蘇合香、皇帝炎、四朵子。」洪邁《容齋續筆》：「今南嶽獻神樂曲有黃帝鹽，而俗傳爲黃帝炎。」沈括《夢溪筆談》卷五：「頃年王師南征，得黃帝炎一曲於交趾，乃杖鼓曲也。炎或作鹽。」是此曲有三異名，即黃帝炎、皇帝炎、黃帝鹽是也。良以爲應依陳田夫《南嶽總勝集》作「皇帝炎」。蓋炎帝爲黃帝所敗後，曾南遷衡湘。《禮記·月令》云：「南方曰炎天，其帝炎帝。」並且，《路史·後紀》云：「（炎帝）崩葬長沙茶鄉之尾，是曰茶陵。」可見炎帝族確曾長期生活於衡湘一帶。又炎帝以火德王，「有火瑞，以火紀官，故爲火師而火名。」（袁了凡《增補資治綱鑒》）而顓頊氏之後之祝融正是火官。《禮記·月令》云：「孟夏六月，其帝炎帝，其神祝融。」

在祝融峰祭祀炎帝乃極其自然之事。湖南方言中「黄」與「皇」、「鹽」與「炎」易發生音訛，故有黄帝鹽、黄帝炎之記載，而二名辭意皆不經。

又夏承燾、吴無聞《姜白石詞校注》有兩處注釋不當。其一是「笛裏關山」注引李白詩「黄鶴樓中吹玉笛，江城五月落梅花」及徐陵詩「關山三五月，客子憶秦川」。愚意出杜詩《洗兵馬》「三年笛裏關山月，萬國兵前草木風」，傷飄泊也。其二是「柳下坊陌」注引《續傳燈録》「諸佛出興，隨緣設教，或茶坊酒肆，佝器投機；或柳巷花街，優游自在」，亦不恰當。按盛弘之《荆州記》：「緣城堤邊，悉植細柳。緑條散風，清陰交陌。」「笛裏關山，柳下坊陌」都是白石「少年浪跡」處，亦是和伊人發生情事之所在，「人何在」及「墜紅無信息」皆有所透露。

湘　月〔一〕

長溪楊聲伯典長沙楫棹①，居瀕湘江②，窗間所見，如燕公、郭熙畫圖③，卧起幽適。丙午七月既望④，聲伯約予與趙景魯、景望、蕭和父、裕父、時父、恭父⑤，大舟浮湘，放乎中流，山水空寒，煙月交映，悽然其爲秋也。坐客皆小冠綀服〔二〕⑥，或彈琴，或浩歌，或自酌，或援筆搜句。予度此曲，即《念奴嬌》之鬲指聲也，於雙調中吹之。

鬲指亦謂之過腔，見晁無咎集⑦，凡能吹竹者便能過腔也⑧。

五湖舊約⑨，問經年底事，長負清景。暝入西山，漸喚我一葉夷猶乘興⑩。倦網都收，歸禽時度，月上汀洲冷。中流容與⑪，畫橈不點清鏡⑫。 誰解喚起湘靈⑬，煙鬟霧鬢，理哀絃鴻陣⑭。玉麈談玄⑮，歎坐客、多少風流名勝⑯。暗柳蕭蕭，飛星冉冉⑰，夜久知秋信。鱸魚應好⑱，舊家樂事誰省。

【校　記】

〔一〕《宋六十名家詞》無長序，僅曰：「雙調。即《念奴嬌》之鬲指聲也。」按「鬲」即「隔」字。白石《玉梅令》序「鬲河有圃曰范村」、《法曲獻仙音》「樹鬲離宫」、《永遇樂》「雲鬲迷樓」，厲鈔、《欽定詞譜》均作「隔」。

〔二〕練服：陸本「練」作「綀」，厲鈔同。鄭文焯《白石詞校稿》引《類篇》：「禰衡著綀巾。」《後漢書》衡傳作「疏巾」。徐鉉詩「好風輕透白綀衣」，趙以夫詞「蕭然竹枕綀衾」，皆讀平聲，以訂陸本之誤。鄭説義長，從之。

【箋　注】

① 長溪：舊縣名。在今福建霞浦南。楊聲伯：生平不詳。典長沙楫棹：掌管長沙一帶的舟船航運。典，掌管。

② 湘江：江名，發源於廣西，由南向北，流入湖南洞庭湖。

③ 燕公：宋代姓燕的名畫家有燕文貴，吴興人，精於山水，見宋劉道醇《聖朝名畫録》。又有燕肅，益都人，工山水古木折竹，《宋史》卷二九八及夏文彦《圖繪寶鑒》均有傳。郭熙：五代北宋時人，擅畫山水，見《宣和畫譜》。

④ 丙午：宋孝宗淳熙十三年（一一八六）。既望：指望日的次日（農曆大月十六、小月十五叫望），通常指農曆每月十六日。

⑤ 趙景魯、景望：被約的同游人，生平不詳。蕭和父、裕父、時父、恭父：皆蕭德藻子姪，白石妻家親屬。

⑥ 綀服：粗布衣。綀，粗麻織成的布。

⑦ 鬲指亦謂之過腔，見晁無咎集：無咎，晁補之字。補之濟州巨野人，北宋神宗時進士，善作詞，「蘇門四學士」之一。其詞集《晁氏琴趣外篇》中《消息》詞自注云：「自過腔，即越調永遇樂。」按過腔即隔指，古音樂術語，謂簫管或笛子聲間隔一孔，名隔指聲。所謂「於雙調中吹之」，據清方成培《香研居

詞麈》解釋，《念奴嬌》本爲大石調，亦即太蔟商，雙調爲仲吕商，同是商音，可以過腔。

⑧吹竹：指吹奏簫、笛子之類的樂器。

⑨五湖：泛指包括洞庭湖在内的五個湖泊。一説指太湖。

⑩一葉：指扁舟。夷猶：從容自在貌。李商隱《無題》：「萬里風波一葉舟，憶歸初罷更夷猶。」

⑪中流容與：化用屈原《涉江》：「船容與不進兮。」容與，悠然自得貌。

⑫晝橈：精美的船槳。清鏡：河面清澈平静如鏡面。

⑬湘靈：傳説中的湘水女神，據説善於鼓琴。《楚辭·遠游》：「使湘靈鼓瑟兮，令海若舞馮夷。」海若，海神之號。馮夷，河伯也。

⑭「理哀絃」句：理，彈奏。謂彈奏琴瑟，發出了飛鴻的哀鳴。鴻陣，即雁行。張耒《登乘槎亭》：「隔水飛來鴻陣闊。」又，可指古箏絃下有承絃之柱，排列如雁字。

⑮玉麈談玄：魏晉時期清談盛行，清談者往往手持麈尾以助談，後相習成俗。所謂麈尾，是名士雅器，形類拂塵，以麈之尾毛制成。麈，獸名，似鹿而大，其尾摇動可以指揮鹿群的行動。劉義慶《世説新語·容止》：「王夷甫（王衍）容貌整麗，妙於談玄。恒捉白玉柄麈尾，與手都無分别。」此處形容同游者學識舉止有名士風度。

⑯名勝：原指清談家，此處指文人名士。《世説新語·文學》：「宣武集諸名勝講《易》，日説一卦。」

⑰ 冉冉：緩緩降落貌。

⑱ 鱸魚：《世説新語·識鑒》説，晉人張翰於洛陽任職期間，「見秋風起，因思吴中蒓菜羹、鱸魚膾……遂命駕便歸」。此處意在説明故鄉的風味美好如故，暗寓思鄉。

【輯　評】

楊慎《詞品》卷四云：白石道人，南渡詩家名流，詞極精妙……《湘月》詞云：「中流容與，畫橈不點清鏡。」從柳子厚「緑淨不可唾」之語翻出。

陳廷焯《白雨齋詞話》卷二云：白石《湘月》云：「暗柳蕭蕭，飛星冉冉，夜久知秋冷。」寫夜景高絶。點綴之工，意味之永，他手亦不能到。

【評　析】

淳熙十三年七月十六夜，白石之友楊聲伯邀約白石諸友人泛舟湘江，秋月煙渚，勝友風雅，白石乘興自度「湘月」詞調（即《念奴嬌》之轉調），實則一情趣盎然之月夜泛舟圖也。

開端用逆入法，以自問開始。「五湖」三句，以「舊約」「長負」，於責己中又透出類似「此子宜置丘壑中」之志趣與自負。接下來「暝入」三句，正面寫景，然「夷猶」、「容與」，以情驅景；「倦網」、「歸禽」，以物襯景。「月上汀洲冷」，用一「冷」字收起，與前「暝入西山」構成一淒清秋夜。「晝橈」句造境奇絶，然非眼前人不能道出，恐亦當時實在情景也。

下片着重寫游人風雅。「湘靈」、「鱸魚」爲應景典故，十分貼切。「暗柳」三句寫景，又輕輕逗出「舊家樂事」，生發出一抹閑淡之旅愁。

清波引

予久客古沔①，滄浪之煙雨②，鸚鵡之草樹③，頭陀、黄鶴之偉觀④，郎官、大别之幽處⑤，無一日不在心目間。勝友二三，極意吟賞。揭來湘浦⑥，歲晚悽然，步繞園梅，摛筆以賦。

冷雲迷浦，倩誰喚、玉妃起舞⑦。歲華如許，野梅弄眉嫵⑧。屐齒印蒼蘚⑨，漸爲尋花來去。自隨秋雁南來，望江國⑩、渺何處。　新詩漫與〔一〕⑪，好風景長是暗度。故人知否，抱幽恨難語。何時共漁艇，莫負滄浪煙雨。況有清夜啼猿，怨人良苦。

【校　記】

〔一〕漫與：《宋六十名家詞》作「謾與」，檢後《齊天樂》「漫與」《宋六十名家詞》亦作「謾與」。按「謾」通「漫」，以下重見不再出校。

【箋　注】

①古沔：今湖北武漢漢陽。姜白石是江西鄱陽人，其父曾任漢陽知縣，他幼年隨父居漢陽，其姐姐亦嫁在漢陽，後又曾依姐姐生活，往來漢陽二十餘年。

②滄浪：水名，指漢水。《尚書·禹貢》：「嶓冢導漾，東流爲漢，又東爲滄浪之水。」孔傳：「別流在荆州。」

③鸚鵡：指武昌鸚鵡洲。洲在漢陽西南江中。漢末江夏太守黄祖於此處殺死名士禰衡，因禰衡曾作過《鸚鵡賦》，故後人稱此洲爲鸚鵡洲。唐崔顥《黄鶴樓》詩：「晴川歷歷漢陽樹，芳草萋萋鸚鵡洲。」

④頭陀：頭陀寺，在漢口西北。黄鶴：黄鶴樓，在武漢蛇山黄鵠磯，下臨長江，風光幽美。舊傳費禕飛升於此，後忽乘黄鶴來歸，因此名樓。崔顥《黄鶴樓》詩：「昔人已乘黄鶴去，此地空餘黄鶴樓。」

⑤郎官：湖名，在漢陽東南。李白《泛沔州城南郎官湖》詩：「郎官愛此水，因號郎官湖。風流若未減，名與此山俱。」郎官，即尚書郎張謂。大別：山名，即今龜山。宋陸游《入蜀記》：「漢陽負山

帶江，其南小山有僧寺者，大別山也。」

⑥ 朅來：去來。朅，去，離開。此處指離開漢陽。唐顔真卿《刻清遠道士詩》：「朅來從舊賞，林壑宛相親。」湘浦：湘江之濱。

⑦ 玉妃：喻梅花。唐皮日休《行次野梅》詩：「蔦拂蘿梢一樹梅，玉妃無侣獨徘徊。」又宋陳與義《梅花》：「粲粲江南萬玉妃。」

⑧ 眉嫵：眉目嫵媚，此處形容梅花美麗。《漢書·張敞傳》：「爲婦畫眉，長安中傳張京兆眉憮。」按「憮」借爲「嫵」。

⑨ 屐：古人登山穿的一種底子有齒的木鞋。李白《夢游天姥吟留别》：「脚著謝公屐，身登青雲梯。」蒼蘚：青苔一類植物。

⑩ 江國：當指漢陽，因其瀕臨長江、漢水。

⑪ 新詩漫與：即興寫詩。杜甫《江上值水如海勢聊短述》：「老去詩篇渾漫與，春來花鳥莫深愁。」

【評　析】

此詞亦爲淳熙十三年客湘中作。白石詠梅，皆有寄託，此亦爲懷友之作。因梅花乃白石知己，孤寂時懷人時尤感貼心。

上片寫獨自「步繞園梅」，於冷雲迷濛之湘水之畔見寒梅似玉妃起舞。「屐齒」二句，引發鄉關之思。「自隨秋雁」三句，則傾訴漂泊之憾。末句「望江國」逗出漢陽故里。

下片寫懷鄉思友。友人與己關山遠隔，心事難通，彼此寂寞，以至「抱幽恨難語」。「何時」二句，寫盼望能與二三友人乘艇賞雨，期待温馨情境之重現，極爲動人。結句「況有清夜啼猿，怨人良苦」，轉向低沉，哀思欲絶。

「故人」當即詞序之「勝友」。夏承燾《姜白石交游考》云，白石在漢陽與鄭仁舉、楊大昌、辛泌等交好，且拈出其《春日書懷》詩：「家巷有石友，合並不待呼。瘦藤倚花樹，花片藉玉壺。」以作參證，可資一說。

八歸

湘中送胡德華①

芳蓮墜粉②，疏桐吹緑，庭院暗雨乍歇。無端抱影銷魂處③，還見篠牆螢暗④，蘚階蛩切。送客重尋西去路，問水面、琵琶誰撥〔一〕⑤。最可惜、一片江山，總付與啼鴂⑥。　長恨相從未款⑦，而今何事，又對西風離別。渚寒煙淡，棹移人遠，縹緲行舟如葉。想文君望久⑧，倚竹愁生步羅襪⑨。歸來後、翠尊雙飲，下了珠簾，玲瓏閑看月⑩。

【校　記】

〔一〕誰撥：厲鈔「撥」作「摘」。

【箋　注】

①胡德華：白石好友，其人事跡不詳。

②墜粉：蓮子成熟時，蓮花花鬚脱落，猶如墜粉。

③抱影：守着自己的身影。形容孤獨。

④篠牆：竹牆。篠，小竹子。

⑤「問水面」句：白居易於潯陽江畔夜送友人，聽聞鄰舟琵琶女彈奏琵琶，作《琵琶行》。中有句云：「忽聞水上琵琶聲，主人忘歸客不發。」白石化用，寫依依送別之情。

⑥啼鴂：即杜鵑，啼聲悲切。《楚辭·離騷》：「恐鵜鴂之先鳴兮，使夫百草爲之不芳。」

⑦未款：未能盡叙友情。款，親切。《北史·長孫平傳》：「隋文龍潛時，與平情好款洽。」

⑧文君：即卓文君，西漢臨邛（今四川邛崍）人，卓王孫之女，善鼓琴。喪夫後在家閑居，聞司馬相如鼓琴，兩情相悦，出奔成都，不久又返臨邛，當壚賣酒。歷代多以之寫入文學作品，成爲文人美談。這裏借指胡德華的妻子。

⑨ 倚竹：杜甫《佳人》詩：「天寒翠袖薄，日暮倚修竹。」此處化用，寫胡妻翹盼行人。羅襪：李白《玉階怨》：「玉階生白露，夜久侵羅襪。」此處化用，寫胡妻深夜盼歸人。

⑩「歸來後」四句：設想胡氏夫妻團聚情景。杜甫《月夜》：「何時倚虛幌，雙照淚痕乾。」李白《玉階怨》：「却下水晶簾，玲瓏望秋月。」此處熔鑄二詩情境。

【輯　評】

許昂霄《詞綜偶評》云：歷叙離别之情，而終以室家之樂，即《豳風·東山》詩意也。誰謂長短句不源於三百篇乎？「翠樽」三句可括盡康伯可《滿庭芳》，翻用太白《玉階怨》妙。

吴衡照《蓮子居詞話》卷二云：言情之詞，必藉景色映托，乃具深宛流美之致；白石「問後約、空指薔薇，算如此溪山，甚時重至」；又「想文君望久，倚竹愁生步羅襪。歸來後、翠尊雙飲，下了珠簾，玲瓏閑看月。」似造此境，覺秦七、黄九尚有未到，何論餘子！

唐圭璋《唐宋詞簡釋》云：此首送别詞。起寫雨後静院之蓮、桐，是晝景；次寫雨後静院之螢、蛩，是晚景。以上皆言送别時之處境，文字細密。「送客」以下，頓開疏蕩，聲情激越。初聞水面琵琶而歡，次見一片江山而惜。「長恨」三句，恨分别之速；「渚寒」三句，歎人去之遠。「想文君」以下，運太白詩，想家人望歸之切，與歸後之樂。全篇一氣舒卷，極沉着而和婉。

【評析】

此詞上片純然寫景，景致幽微，情思黯淡，刻畫出一個昏暗境界。其中「吹緑」，似不經意，然確是千錘百煉之奇警詞語。末句「最可惜、一片江山，總付與啼鴂」，喟歎深長，傾訴山河改容、故國衰颯之悲，在藝術效果上又使昏暗境界稍舒，詞風轉而變爲空靈。此亦白石與夢窗之區別也。

下片詞境更爲空靈清遠。寫送行而不關乎送行情節，立足於送行人眼中景致及揣想行者情況。「造境」之妙，令人歎絶。末尾想象友人歸家後之濃情綺思，諸家大多以爲點化太白《玉階怨》，良以爲化用《玉階怨》者，詞語也，而構境實出於杜陵《月夜》「何時倚虚幌，雙照淚痕乾」；設想胡歸家後夫婦團圓，亦貼切之至。謹識誌之。

小重山令〔一〕

賦潭州紅梅①

人繞湘皋月墜時②。斜横花樹小〔二〕③，浸愁漪④。一春幽事有誰知⑤。東風冷，香遠茜裙歸⑥。　鷗去昔游非。遥憐花可可⑦，夢依依。九疑雲杳斷魂啼⑧。相思血，都沁緑筠枝⑨。

【校　記】

〔一〕小重山令：《絶妙好詞》無「令」字。厲鈔「令」字作小字旁注。

〔二〕斜横：《宋六十名家詞》作「斜横」，明鈔《宋二十家詞》作「横斜」。花樹：《絶妙好詞箋》「樹」作「自」，清吟堂本《絶妙好詞》同。

【箋　注】

①潭州：宋代州名，荆湖南路治所，即今湖南長沙。紅梅：宋范成大《梅譜》：「紅梅標格是梅，而繁密則如杏。其種來自閩、湘，有『福州紅』、『潭州紅』、『邵武紅』等號。」此詞所寫當爲潭州紅。

②湘皋：湘江岸邊的坡地。皋，近水的高地。

③斜横：梅花枝幹疏落的形態。宋林逋《山園小梅》詩：「疏影横斜水清淺，暗香浮動月黄昏。」

④浸愁漪：（梅枝）像是浸泡在愁苦的湘波中。

⑤幽事：隱秘的心事。

⑥茜裙：紅色裙子，代指女郎，此處暗喻紅梅花瓣。茜，大紅的顔色。

⑦可可：隱約，依稀。亦可解釋爲惹人憐愛。周密《南樓令·次陳君衡韻》：「暗想芙蓉城下路，花可可，霧冥冥。」

⑧ 九疑：即九嶷山，亦名蒼梧山，在湖南寧遠縣南。因山有九峰，皆相似而得名。斷魂啼：據任昉《述異記》，帝舜南巡，死於九疑並葬於此。其二妃娥皇、女英聞訊奔喪，痛哭於湘水之濱，傳説她們的眼淚染竹而成斑。後二人投湘水而死。

⑨「相思血」二句：謂相思的血淚浸染了緑竹。沁：滲透。緑筠：翠緑的竹子。筠，竹子的青皮。

【輯評】

張德瀛《詞徵》云：梅之以色勝者，有潭州紅焉。張南軒《長沙梅園》二詩，美其嘉實，樂其敷腴，而不言其色……詞則無逾姜白石《小重山》一闋。白石詞仙，固當有此温偉之筆。

俞陛雲《唐五代兩宋詞選釋》云：梅苑人歸，蘅皋月冷，感懷弔古，愁並毫端。其淒麗之致，頗似東山、淮海。

沈祖棻《宋詞賞析》云：首句點潭州。「斜横」句點梅。「一春」句因景及情。「東風」兩句，因物及人，並點題「紅」字。過片因今思昔。「鷗」應上「湘皋」、「愁漪」。「九疑」三句，用湘妃事，以竹之紅斑比梅之紅花，從賈島《贈人斑竹拄杖》「莫嫌滴瀝紅斑少，恰是湘妃淚盡時」來，仍關合潭州，又點「紅」字。即梅即人，一結淒豔。

夏承燾《姜白石詞編年箋校》云：此詠潭州種之紅梅，詞中「相思」字，用湘妃九疑事以切湘中，然與本年懷人各詞互參，似亦念別之作。

【評析】

此詞後三句用竹典，似偏離寫梅，然佳處正在於此。作者見梅懷人而作此詞，欲即梅即人，而又無適當典故以表達意蘊，故拉扯斑竹作爲過渡。賈島《贈人斑竹拄杖》「莫嫌滴瀝紅斑少，恰是湘妃淚盡時」，以紅斑刻畫湘妃竹。白石將原屬竹的湘妃淚盡的典故拉扯入詞，以竹之紅斑比梅之紅花，形容紅梅，增加了恍惚迷離的藝術效果。

姜白石善用拉扯法。有時白石拉扯場外人物入詞，如《八歸·湘中送胡德華》末四句設想胡回家後的情景：「歸來後、翠尊雙飲，下了珠簾，玲瓏閑看月。」有時拉扯表面似不相關的景物入詞，如《解連環》云：「問後約、空指薔薇，算如此溪山，甚時重至。」《探春慢》末云：「甚日歸來，梅花零亂春夜。」白石集中此類寫法甚多，筆墨變幻，清空中透出瘦硬，是爐火純青處。

眉嫵

戲張仲遠〔一〕①

看垂楊連苑，杜若侵沙〔二〕②，愁損未歸眼。信馬青樓去③，重簾下，娉婷人妙飛燕④。翠尊共款，聽豔歌、郎意先感。便攜手、月地雲階裏，愛良夜微暖。無限風流疏散，有暗藏弓履⑤，偷寄香翰⑥。明日聞津鼓⑦，湘江上、催人還解春纜。亂紅萬點，悵斷魂、煙水遥遠。又爭似相攜，乘一舸，鎮長見⑧。

【校記】

〔一〕張仲遠：《四部備要》本無「張」字。

〔二〕侵沙：《宋六十名家詞》、《詞綜》、《欽定詞譜》「侵」皆作「吹」。張本「沙」作「紗」。鄭文焯校：「『沙』、『紗』古同，詞中當以『紗』爲窗。周官『素沙』，『沙』同『紗』。」按鄭釋爲窗紗，殊爲不通，且與遠景「垂楊連苑」不合，要當釋爲平沙，亦即沙洲也。

【箋注】

① 張仲遠：姜白石友人，吴興人。

② 杜若：亦名杜蘅，香草名。《九歌·湘君》：「采芳洲兮杜若，將以遺兮下女。」

③ 青樓：指富貴人家閨閣，亦指倡妓居所。此處指後者。梁劉邈《萬山見采桑人》：「倡女不勝愁，結束下青樓。」

④娉婷：女子嬌美貌。白居易《昭君怨》：「明妃風貌最娉婷。」飛燕：趙飛燕，漢成帝皇后，善舞，以體輕，號爲飛燕。

⑤弓履：又名弓鞋，小足女郎之繡鞋。郭鈺詩：「草根露濕弓鞋繡。」

⑥香翰：代指來自美人的情書。翰，書翰。

⑦津鼓：舊時開船時有打鼓的習俗。李端《古別離》：「天晴見海檣，月落聞津鼓。」

⑧鎮長：久長。石孝友《洞仙歌》（芙蓉院宇）：「盡從他，烏兔促年華，看緑鬢朱顔，鎮長依舊。」

【輯評】

夏承燾《姜白石詞編年箋校》云：陳鵠《耆舊續聞》：「姜堯章嘗寓吴興張仲遠家，仲遠屢外出，其室人知書，賓客通問，必先窺來札。性頗妬。堯章戲作百宜嬌詞以遺仲遠云（詞略）。仲遠歸，竟莫能辨，則受其爪損面，至不能外出云。」（此據《絶妙好詞箋》［二］引，今知不足齋本陳書無此條。）吴箋：「張綱華陽長短句，有《念奴嬌·次韻張仲遠，是日醉甚逃席》一闋。按張綱卒於乾道二年，其年輩與白石不相及，仲遠恐另是一人。」《詁經精舍文集》（五）徐養灝擬《白石傳》，以仲遠爲張平甫，誤。又，據詞「湘江上」句，當是淳熙十三年客湘中時作。《絶妙好詞箋》引《耆舊續聞》，録自沈雄《古今詞話》，多不知所出，疑非《續聞》佚文，不可信。

【評　析】

此詞屬豔詞，又是游戲筆墨。上片寫情人幽會。用「飛燕」指稱其人，則其不僅善歌舞，且性亦淫佻。下片寫離情。「暗」、「偷」微含貶義，然亦無違游戲之體。結句寄願於永不分手，宜其煽起仲遠室人之妬怒也。

按游戲筆墨，古已有之，白石此作實屬平平。杜牧之《寄揚州韓綽判官》無論遣辭立意，均遠較白石此詞爲勝。

浣溪沙

予女須家沔之山陽①，左白湖②，右雲夢③；春水方生，浸數千里，冬寒沙露，衰草入雲。丙午之秋④，予與安甥或蕩舟采菱⑤，或舉火罝兔⑥，或觀魚簺下⑦。山行野吟，自適其適⑧，憑虛悵望〔一〕⑨，因賦是闋〔二〕。

著酒行行滿袂風，草枯霜鶻落晴空⑩。銷魂都在夕陽中〔三〕。恨入四絃人欲老〔四〕⑪，夢尋千驛意難通⑫。當時何似莫匆匆。

【校　記】

〔一〕憑虛：厲鈔「憑」作「馮」。

〔二〕是闋：陸本「是」作「此」。

〔三〕都在：張本「都」作「多」。

〔四〕恨入：張本「恨」作「悵」。

【箋　注】

① 女須：即女嬃，楚人稱姊爲嬃。屈原《離騷》：「女嬃之嬋媛兮，申申其詈予。」白石的父親曾在漢陽做官，白石的姐姐因此也嫁在漢陽。漢陽古屬楚國。沔：今湖北漢陽。山陽：村名，由於村在九真山之陽得名。

② 白湖：在今湖北漢陽之西，一名太白湖。《漢陽府志》：「太白湖，一名九真湖，周二百餘里。」

③ 雲夢：古藪澤名，雲夢澤。今洞庭湖亦在其水域内。《周禮·職方》稱，荆州有澤藪曰雲瞢。「瞢」同「夢」。

④ 丙午：宋孝宗淳熙十三年（一一八六）。

⑤ 安甥：白石姐姐之子名安。

⑥ 罝兔：以網捕兔。罝，捉兔子的網。《詩經·周南·兔罝》：「肅肅兔罝，施于中林。」

⑦ 簺下：捕魚柵欄之旁。簺，用竹木編成的柵欄，一種用於攔水捕魚的工具。

⑧ 自適其適：自得其樂。

⑨ 憑虛：站立在空曠之處。

⑩ 霜鶻：秋天的蒼鷹。鶻，即隼，一種鷹類的猛禽。

⑪ 四絃：指琵琶。唐白居易《琵琶行》：「曲終收撥當心畫，四絃一聲如裂帛。」

⑫ 千驛：無數驛站。驛站，古代傳遞郵件和往來公幹人員住宿之所。

【輯評】

沈祖棻《宋詞賞析》云：起二句意境高曠。第三句淒黯。第四句入人。第五句，雖千驛而不辭夢尋，雖夢尋而意仍難通，情愈深而愈苦，逼出結句，晏殊《踏莎行》所謂「當時輕別意中人，山長水遠知何處」也。

夏承燾《姜白石詞編年箋校》云：此客漢陽游觀之詞，而實爲懷合肥人作；其人善琵琶，故有「恨入四絃」句。序與詞似不相應，低徊往復之情不欲明言也。

【評　析】

據夏承燾《行實考》考證，白石二十二歲至三十二歲期間，年少浪跡，往來江淮，與合肥勾欄中姊妹二人情好。别後白石經常賦詞憶念，刻骨銘心。此詞作於丙午，與同年所作《一萼紅》皆爲懷念合肥女子之作。

小序寫得散淡，似毫不經意，自得其樂；然末尾一句「憑虚悵望，因賦是闋」，輕輕逗出「悵望」，給全詞抹上淡淡惆悵。

上片寫出游。酒興遄飛，天高風勁，開闊豪邁，但末句「銷魂都在夕陽中」，頓生憂思。何謂「銷魂」？江淹《别賦》云：「黯然銷魂者，唯别而已矣。」帶出下片。

下片純寫離情别恨。按白石《解連環》云「爲大喬能撥春風，小喬妙移箏」，可證合肥女子精通琵琶技藝，故下云「恨入四絃」，平添知音難逢之感。同時，也與「夢尋千驛意難通」詞意相貫。唯路遠難致，末句故有「當時何似莫匆匆」之悔恨也。

探春慢①

予自孩幼從先人宦於古沔，女須因嫁焉。中去復來幾二十年②，豈惟姊弟之愛，沔之父老兒女子亦莫不予愛也。丙午冬，千岩老人約予過苕霅③，歲晚乘濤載雪而下，顧念依依，殆不能去。作此曲别鄭次皋、辛克清、姚剛中諸君④。〔一〕

衰草愁煙，亂鴉送日，風沙回旋平野。拂雪金鞭，欺寒茸帽⑤，還記章臺走馬⑥。誰念漂零久，漫贏得、幽懷難寫。故人清沔相逢，小窗閑共情話。長恨離多會少，重訪問竹西⑦，珠淚盈把。雁磧波平〔二〕⑧，漁汀人散⑨，老去不堪游冶。無奈苕溪月，又照我〔三〕、扁舟東下。甚日歸來，梅花零亂春夜〔四〕。

【校　記】

〔一〕《詞綜》小序作「過雪溪别鄭次皋諸君」。

〔二〕波平：《宋六十名家詞》、《詞綜》、《花庵詞選》「波」作「沙」，「沙平」較之「波平」義長。

〔三〕照我：張本、厲鈔、《宋六十名家詞》、《詞綜》「照」均作「唤」。

〔四〕零亂：張本、厲鈔「亂」作「落」。《宋六十名家詞》作「亂零」，似與詞律平仄不合。

【箋　注】

① 淳熙十三年（一一八六）冬，白石隨蕭德藻赴湖州（治所在今浙江吴興）。此詞爲留别漢陽諸親

友作。

②「幾二十年」：約二十年。白石隨其父姜噩到漢陽任所，是孝宗隆興初，至淳熙丙午，實際在漢陽居住約二十年。此年白石隨蕭德藻去湖州，後再没回到過漢陽。

③苕霅（音條乍）：二水名。苕溪出浙江天目山，流至吴興合爲霅溪。此處代指吴興。

④鄭次皋、辛克清、姚剛中：當時文士，白石居沔時友人。按三人在白石詩中均被提及。鄭次皋，白石《奉别沔鄂親友》其三：「英英白龍孫，眉目古人氣。」辛克清，白石《奉别沔鄂親友》其四：「詩人辛國士，句法似阿駒。」姚剛中，白石《春日書懷叙沔鄂交游》：「平生子姚子，貌古心甚儒。」

⑤茸帽：即絨帽。茸，柔軟的獸毛。

⑥章臺走馬：指少年壯游。漢長安有街名章臺，繁華鬧市。《漢書·張敞傳》：「時罷朝會，過走馬章臺街。」此指漢陽城内大街。

⑦重訪問竹西：白石曾於淳熙三年（一一七六）自漢陽沿江東下揚州。竹西，竹西亭，揚州名勝。

⑧雁磧：大雁棲息的沙灘。

⑨漁汀：漁舟停泊的岸地。

【輯評】

張炎《詞源》云：白石詞如《疏影》、《暗香》……《探春》……等曲，不惟清空，又且騷雅，讀之使人神觀飛越。

俞陛雲《唐五代兩宋詞選釋》云：「白石久寓於沔上，行將東下，賦此志別。毛晉所刻本標題云「過霅溪，別鄭次皋諸君」，「過」字語未明瞭。蓋由沔將作吴興之游，非經過苕霅，觀詞中「清沔相逢」及「扁舟東下」句可證之。通首序事録別，筆氣高爽，自是白石本色。

【評析】

上片憶昔話別，以少年之豪壯反襯今日之離索，收結到對親情友誼的無限依戀。下片由各地昔游旅況到當下「扁舟東下」，再設想重歸之日，充滿了游蹤無定之喟歎。

此詞絶胜處，全在環境刻畫，其中不乏傳神之筆。如上片「亂鴉送日」、下片「梅花零亂春夜」兩「亂」字，一渲染荒寒氣象，一描繪春夜花事，而又皆折射出作者心意之煩亂。

翠樓吟

淳熙丙午冬，武昌安遠樓成①，與劉去非諸友落之〔一〕②，度曲見志。予去武昌十年③，故人有泊舟鸚鵡洲者④，聞小姬歌此詞，問之，頗能道其事，還吴爲予言之⑤。

興懷昔游，且傷今之離索也。

月冷龍沙⑥，塵清虎落⑦，今年漢酺初賜⑧。新翻胡部曲⑨，聽氈幕、元戎歌吹⑩。層樓高峙，看檻曲縈紅，簷牙飛翠。人姝麗，粉香吹下，夜寒風細。　此地，宜有詞仙⑪，擁素雲黄鶴⑫，與君游戲。玉梯凝望久，歎芳草、萋萋千里〔二〕⑬。天涯情味，仗酒祓清愁⑭，花銷英氣〔三〕。西山外⑮，晚來還捲、一簾秋霽。

【校　記】

〔一〕劉去非：厲鈔無「劉」字。

〔二〕萋萋：張本、厲鈔作「凄凄」。

〔三〕花銷：《花庵詞選》、《宋六十名家詞》「銷」皆作「嬌」，義遜。

【箋　注】

① 武昌：在今湖北武漢，宋時爲鄂州州治所在。安遠樓：樓址在武昌西南黄鶴山上，即武昌南樓。劉過《唐多令》云：「二十年重過南樓。」題云：「安遠樓小集。」

②劉去非：南宋文士，劉過《唐多令》序言「安遠樓小集」有著録。落之：祝賀樓的落成，指參加安遠樓的落成慶典。

③去武昌十年：指自淳熙十三年（一一八六）離開武昌後至寫作時約十年。

④鸚鵡洲：洲渚名，在今武漢市漢陽江邊。詳見前《清波引》（冷雲迷浦）注③。

⑤吴：指浙江吴興。

⑥龍沙：泛指塞外，因宋、金對峙時期，雙方以淮河爲界，所以詞中「龍沙」指武昌附近長江北岸地區。《後漢書·班超傳》：「坦步葱雪，咫尺龍沙。」李賢注：「葱嶺雪山。白龍堆沙漠也。」

⑦塵清虎落：指邊境清平。虎落，邊城的護城籬笆。《漢書·晁錯傳》：「要害之處，通川之道……爲中周虎落。」

⑧漢酺：漢代遇有慶典，詔賜臣民聚飲，稱酺。《漢書·文帝紀》：「酺五日。」此處代指南宋高宗八十壽誕時，朝廷賜臣民酒錢。《宋史·孝宗紀》：淳熙十三年春正月庚辰朔，高宗八十壽。「内外諸軍犒賜共一百六十萬緡」。

⑨新翻：重新譜寫。胡部曲：唐時西凉地方樂曲（包括龜茲、疏勒、高昌、天竺等諸部樂）。《新唐書·禮樂志》：「開元二十四年，升胡部於堂上……後又詔道調、法曲與胡部新聲合作。」

⑩氈幕：以氈制作的軍帳。元戎：軍隊的主將。韓愈《徐泗豪三州節度掌書記廳石記》：「元戎整

齊三軍之士，統理所部之氓，以鎮守邦國。」

⑪ 詞仙：意謂高雅的詩人詞人。

⑫ 擁素雲黄鶴：乘白雲駕黄鶴。典見《清波引》（冷雲迷浦）注④。

⑬ 萋萋：草盛貌，用在此處有懷念流落北方之宗室人士的意味。《楚辭·招隱士》：「王孫游兮不歸，春草生兮萋萋。」崔顥《黄鶴樓》：「晴川歷歷漢陽樹，芳草萋萋鸚鵡洲。」

⑭ 祓：古代爲除災去邪而舉行的儀式叫祓。此處意謂銷除。

⑮「西山外」三句：化用唐王勃《滕王閣》詩：「畫棟朝飛南浦雲，珠簾暮捲西山雨。」

【輯評】

楊慎《詞品》云：《翠樓吟》云：「檻曲縈紅，簷牙飛翠」，「酒祓清愁，花銷英氣」。……其腔皆自度者，傳至今不得其調，難入管絃，只愛其句之奇麗耳。

許昂霄《詞綜偶評》云：「月冷龍沙」五句，題前一層即爲題後鋪叙，手法最高。「玉梯」五句，淒婉悲壯，何減王粲登樓一賦。

陳廷焯《白雨齋詞話》云：白石《翠樓吟》後半闋云……一縱一操，筆如游龍，意味深厚，是白石最高之作。此詞應有所刺，特不敢穿鑿求之。

王國維《人間詞話》云：白石《翠樓吟》：「此地……歎芳草、萋萋千里。」便是不隔。至「酒祓清愁，花銷英氣」，則隔矣。

俞陛雲《唐五代兩宋詞選釋》云：觀前五句「龍沙」、「氈幕」、「賜酺」等辭，當是奉敕宴北使於此樓。「檻曲」五句言高樓之壯麗，歌妓之娟妍，皆平叙之筆。轉頭處因地在武昌，故用黄鶴仙人故事。「素雲」二句有奇氣青霞之想，其下接以望遠生愁，故言「芳草」千里，藻不妄抒。「清愁」、「英氣」二句隱有少陵「看鏡」、「依樓」之感，句法倜儻而沈鬱，自是名句。

俞平伯《唐宋詞選釋》云：「天涯」句承「芳草千里」，仍綰合崔詩「日暮鄉關何處是」。「仗」字領下兩句，言只可憑仗花酒來消愁。「酒」承上「漢酺」，「花」承上「姝麗」，雙承仍歸到「落成」本題。祓除愁恨雖似乎是好事，英氣銷磨又不見其佳。「酒祓」、「花銷」對句，似乎微側，似自己歎息解嘲，又似代他斡全開脱。其時北敵方强，奈何空言「安遠」。雖鋪叙描摹得十分壯麗繁華，而上下嬉恬，宴安鴆毒的光景便寄在言外。像這樣的寫法，放寬一步即逼緊一步，正不必粗獷「駡題」，而自己的本懷已和盤托出了。結寫晚晴，又一振起，用王勃《滕王閣》詩：「珠簾暮捲西山雨。」若與辛棄疾《摸魚兒》「斜陽正在煙柳斷腸處」參看，其光景情懷正相類似。而辛詞結句非常哀愁，姜詞結句不落衰颯，以賦題不同，故寫法各别耳。

夏承燾、吴無聞《姜白石詞校注》云：首二句以對起，「龍沙」對「虎落」。「塵清虎落」，謂其時南宋與金和，淮水邊界暫無戰氛。「漢酺」句謂值高宗八十壽，朝廷賜酺，讓大家快樂飲酒。短短三句，把時代背景勾勒清楚。「層樓高峙」三句，正面寫「安遠樓」的巍峨壯麗。至於樓内外，則有「元戎歌吹」，曲翻胡部，麗姝侑酒，拍按香檀。這一片宴安嬉恬景象，與淮水以北金政權的虎視眈眈相對照，則「安遠」二字，實成空話。陳廷焯《白雨齋詞話》謂「此詞應有所刺」，此語誠是。下片開頭四句，謂地靈人傑，宜得人才。「玉梯凝望久」以下至結句，作者回憶登樓時的情懷。「玉梯」與上片「層樓」闗合，「天涯」與「芳草萋萋千里」闗合；「酒祓」與「漢酺」闗合；「花銷」與「人姝麗」闗合。所謂「草蛇灰蛇，伏綫千里」，組織嚴密，脈絡井然。仗花酒以消愁，一以自我解嘲，一以感慨南宋朝廷之無人才。白石在《昔游詩》中説：「徘徊望神州，沉歎英雄寡。」則比較説得顯露。末了以「西山」、「晚來」、「秋霽」作結，既憂南宋國運的漸近黄昏，又希望它有一個「銜山奇彩忽彌天」的晚晴局面。

唐圭璋《唐宋詞簡釋》云：起言安遠之意，次言安遠之盛。「層樓」句，始寫樓之正面，「看檻曲」兩句，寫樓之壯麗，「人姝麗」三句，寫樓中之盛。此上片皆就樓之内外實寫。下片，提空抒感，一氣流轉，筆如游龍。「此地」四句，用崔顥詩，言「宜有詞仙」，而竟無詞仙，悵望曷極。「宜有」二字與「歎」字呼應。「宜有」句吞縮，「歎芳草」句吐放，韻味深厚。「天涯」三句，又一筆勒轉，「仗」字亦承「歎」字來，因無詞仙，愁不能釋，故惟有仗花酒以消愁，言外慨歎中原無人之意甚明。著末以景結，畫出晚晴氣象，期望甚至，與煙柳斷腸之景又不相同。

吴世昌《詞林新話》云：此詞亦做作湊合，極不自然，亦峰反謂「最高之作」，真是皮相之見。一曰「有所刺」，即是穿鑿。

【評析】

姜虬緑《白石道人詩詞年譜》、夏承燾《姜白石詞繫年》均定此詞作於淳熙十三年（一一八六，即丙午年）冬，認爲是姜白石應湖州蕭德藻約，發漢陽，「過武昌，值安遠樓成，作翠樓吟」。以後諸家詞選注釋均依姜、夏譜定。我以爲，這實在是一個錯誤。此詞應作於淳熙丙午之後十年，即慶元二年丙辰（一一九六）左右。其時，白石居浙江武康。我的理由如次：一、小序在「淳熙丙午冬……度曲見志」後，明明説「予去武昌十年」，因聞小姬能歌當年的詞曲，才「興懷昔游」而作。所以《翠樓吟》並不是當年「度曲見志」之作，而是後十年追憶昔游之作。這是諸家産生誤解的關鍵。至於當年之作，愚意以爲是白石《雪中六解》（黄鶴磯邊晚渡時），而不是這首《翠樓吟》。二、從詞意看，全詞皆爲異地揣想。上片追憶淳熙丙午冬與劉去非等玩樓情事，結句以「人姝麗」逗出小姬「頗能道其事」。下片揣想今日安遠樓之景，「詞仙」亦照應己之昔游。三、結句云「西山外，晚來還捲、一簾秋霽」，顯然是當時之景物；若依夏譜爲淳熙丙午冬冒雪過武昌之際，又有何「秋霽」可言？「秋霽」之「秋」，即是序文「傷今之離索」之「今」，亦即慶元二年丙辰秋也。「西山」當指武康西北之莫干山，是白石經常賞玩之地。

姜白石詞箋注卷二

金陵、吴興、吴松詞十首

踏莎行

自沔東來，丁未元日至金陵①，江上感夢而作。〔一〕

燕燕輕盈，鶯鶯嬌軟②。分明又向華胥見③。夜長爭得薄情知④，春初早被相思染。别後書辭，别時針綫。離魂暗逐郎行遠⑤。淮南皓月冷千山⑥，冥冥歸去無人管⑦。

【校　記】

〔一〕《宋六十名家詞》作「金陵感夢」。

【箋　注】

① 丁未元日：宋淳熙十四年（一一八七）正月初一。金陵：今江蘇南京。

②「燕燕」二句，指戀人。蘇軾《張子野年八十五尚聞買妾述古令作詩》：「詩人老去鶯鶯在，公子歸來燕燕忙。」此處當指白石意中之合肥女子。

③華胥：夢境。《列子·黄帝》載，黄帝「晝寐而夢，游於華胥氏之國」。

④爭得：怎麽能夠。薄情：對戀人的昵稱。宋李獻民《雲齋廣録》載，進士丁渥在太學，其妻寄詩云：「淚濕香羅帕，臨風不肯乾。欲憑西去雁，寄與薄情看。」

⑤郎行：郎。行，襯字，含昵稱之意。

⑥淮南：指合肥，南宋時屬淮南路。白石《鷓鴣天》云：「肥水東流無盡期，當初不合種相思。」可知有情人在合肥。此次由漢陽去金陵，却未能在中途去探望，徒寄憶念於夢而已。

⑦冥冥：幽暗意，此處指夜晚，亦指夢境。

【輯評】

王國維《人間詞話》云：白石之詞，余所最愛者，亦僅二語，曰「淮南皓月冷千山，冥冥歸去無人管」。

沈祖棻《宋詞賞析》云：首兩句，人。「分明」句，夢。「夜長」兩句，感夢之情。上片言己之相思。過片兩句，醒後回憶。「離魂」句，言人之相思。「淮南」兩句，因己之相思，而有人之入夢。因人之入夢，又憐其離魂遠行，冷月千山，踽踽獨歸之伶俜可念。上片是怨，下片是轉怨爲憐，有不知如何是好之意，温厚之至。

夏承燾《姜白石詞編年箋校》云：此詞明云「淮南」，爲懷合肥人作無疑。《琵琶仙》云「有人似舊曲桃根桃葉」，《解連環》云「爲大喬能撥春風，小喬妙移箏，雁啼秋水」，此亦云「燕燕」、「鶯鶯」，其人或是勾欄中姊妹。

吴世昌《詞林新話》云：全篇除首三句作者述夢外，其下文全爲代夢中人設想之辭，此可從「薄情」（女怨郎詞）、「暗逐郎行」、「冥冥歸去」等語知之。或謂「上片言己之相思。過片兩句，醒後回憶」，誤矣。

【評析】

淳熙十三年冬，白石應蕭德藻之約由漢陽東去湖州，於次年元日抵金陵。江上夜夢合肥情事，是爲此詞背景。

「燕燕」、「鶯鶯」，兼以「輕盈」喻其體態，「嬌軟」狀其聲音，情調極爲纏綿繾綣。第三句直接引入夢境，其中「又」字，可見平日夢見伊人之頻。「夜長」兩句是佳人口吻，而一「染」字，令人想到一片日漸渲染的春緑，又合乎夢境之迷離恍忽。

下片寫夢醒時分。「書辭」、「針綫」均佳人所作，醒來檢視，倍增悵惘。「離魂」句是鋪墊。結尾兩句，寫想象中情人魂魄歸去寂寞。月色如水，冷清灑遍淮南千山，而一魂來去，踽踽獨行。人人讀後，憐香惜玉之情平生。

杏花天影〔一〕

丙午之冬①，發沔口②，丁未正月二日③，道金陵，北望淮楚風日清淑④，小舟挂席⑤，容與波上⑥。

緑絲低拂鴛鴦浦⑦。想桃葉、當時唤渡⑧。又將愁眼與春風，待去，倚蘭橈更少駐⑨。金陵路、鶯吟燕儛〔二〕。算潮水、知人最苦。滿汀芳草不成歸⑩，日暮，更移舟向甚處。

【校　記】

〔一〕杏花天影：夏承燾校：張本、陸本有「影」字，朱本無，而目録有「影」字，兹據補。考此詞句律，比《杏花天》只多「待去」、「日暮」二短句；亦猶白石自度曲《淒涼犯》名《瑞鶴仙影》，與《端鶴仙》大同小異。依舊調作新腔，命名曰「影」，殆始於歐陽修《六一詞》之《賀聖朝影》、《虞美人影》，殆謂不盡相合，略存其影耶？

〔二〕燕儛：「儛」，張本、陸本作「舞」。

【箋　注】

① 丙午：宋孝宗淳熙十三年（一一八六）。

② 沔口：漢水入長江之處，即今漢陽。

③ 丁未：宋孝宗淳熙十四年（一一八七）。

④ 淮楚：指淮水流經的安徽一帶。清淑：清和、清朗。

⑤ 挂席：揚帆行舟。南朝宋謝靈運《游赤石進帆海》：「揚帆采石華，挂席拾海月。」

⑥ 容與：遲緩不前的樣子。《楚辭・九章・涉江》：「船容與而不進兮，淹回水而疑滯。」此處指小船隨波上下緩緩蕩漾。

⑦ 鴛鴦浦：鴛鴦棲息的水濱。

⑧「想桃葉」句：桃葉，東晉王獻之的愛妾，相傳王獻之曾在金陵秦淮河渡口作歌送別桃葉。《隋書・五行志》載王獻之《桃葉歌》：「桃葉復桃葉，渡江不用楫。但渡無所苦，我自迎接汝。」後因

有桃葉渡之稱。唤渡，呼舟渡江。

⑨ 蘭橈：精美的舟楫。

⑩「滿汀」句：化用《楚辭·招隱士》「王孫游兮不歸，春草生兮萋萋」。汀，江中沙洲。

【輯　評】

夏承燾、吴無聞《姜白石詞校注》云：此詞寫離情。詞序謂「北望淮楚」，加上「鴛鴦浦」、「桃葉渡」諸句，説明作者所懷想的是他的戀人。這戀人的住處，在淮水流域的合肥。「待去，倚蘭橈更少駐」，寫低徊往復之情極深至。下片代戀人設想：「金陵」乃「鶯吟燕儛」之地，「王孫游兮不歸」，這使她很憂愁。此處用潮水之有信反襯人的無信。潮水無情之物，尚且懂得離人最苦。這是加重的、進一層的寫法。末了，以「日暮，更移舟向甚處」的疑問句作結，有「曲終人不見，江上數峰青」之妙。

【評　析】

「算潮水、知人最苦」一句，夏承燾《校注》引李益詩「早知潮有信，嫁與弄潮兒」，説：「此處用潮水之有信反襯人的無信。潮水無情之物，尚且懂得離人最苦。這是加重的、進一層的寫法。」竊以爲注、釋皆不當。按此詞前片云「想桃葉、當時唤渡」，用王獻之臨渡歌送愛妾桃根桃葉事。王獻之《桃葉歌》云：「但渡無所苦，我自迎接汝。」這應是「潮水知人最苦」之注脚。

惜紅衣〔一〕

吴興號水晶宫①，荷花盛麗。陳簡齋云②：「今年何以報君恩，一路荷花相送到青墩。」亦可見矣。丁未之夏，予游千岩③，數往來紅香中，自度此曲，以無射宫歌之④。

簟枕邀涼〔二〕⑤，琴書換日，睡餘無力。細灑冰泉，并刀破甘碧⑥。牆頭喚酒⑦，誰問訊、城南詩客。岑寂。高柳晚蟬〔三〕，説西風消息。　虹梁水陌⑧，魚浪吹香，紅衣半狼藉〔四〕。維舟試望，故國眇天北〔五〕⑨。可惜渚邊沙外〔六〕，不共美人游歷。問甚時同賦，三十六陂秋色⑩。

【校記】

〔一〕惜紅衣：《宋六十名家詞》調下云：「吴興荷花。無射宫。」

〔二〕簟枕：《詞綜》、《欽定詞譜》、厲鈔皆作「枕簟」。按依聲律應作「簟枕」。

〔三〕高柳：《詞綜》、厲鈔「柳」皆作「樹」。

〔四〕狼藉：《詞綜》、張本「藉」作「籍」。按二字通用，以下重見不再出校。

〔五〕故國：《絶妙好詞》明鈔本「國」作「園」。

〔六〕渚邊：張本、厲鈔「渚」作「柳」。

【箋注】

①吴興：今浙江湖州。水晶宫：吴興境内有苕溪、霅溪，水清如鏡，亭臺樓閣皆可倒映其中，故有水晶宫之美譽。宋吴曾《能改齋漫録》：「楊漢守湖州，賦詩云：『溪上玉樓樓上月，清光合作水晶宫。』其後遂以湖州爲水晶宫。」

②陳簡齋：陳與義，號簡齋，宋紹興五年（一一三五），託病辭去湖州知州任，卜居湖州南之青墩鎮，秋後出游，寫《虞美人》詞。序云：「予甲寅歲，自春官出守湖州，秋杪，道中荷花無復存者。乙卯歲，自瑣闥以病得請奉祠，卜居青墩鎮。立秋後三日，行舟之前後，如朝霞相映，望之不斷也。以長短句記之。」詞云：「扁舟三日秋塘路，平度荷光去。病夫因病得來游，更值滿川煙雨洗新秋。去年長恨拏舟晚，空見殘荷滿。今年何以報君恩，一路繁花相送到青墩。」

③千岩：又名卞山，在湖州弁山。《弘治湖州府志》：「卞山在烏程縣西北十八里。」

④無射宮：俗名黄鍾宮，我國古代十二音律之一。

⑤簟：涼竹席。

⑥并刀：并州（今山西太原）出産的刀具，以鋒利著稱。周邦彦《少年游》：「并刀如水，吴鹽勝雪，纖手破新橙。」

⑦牆頭唤酒：隔着院牆向酒擔買酒。按杜甫《夏日李公見訪》：「隔屋唤西家，借問有酒不？牆頭過濁醪，展席俯長流。」此處反用杜甫詩意，見出自己寂居。

⑧虹梁：構建精美的橋梁。唐陸龜蒙《詠皋橋》：「横截春流架斷虹。」

⑨故國：指北宋的汴京（今河南開封）。

⑩三十六陂：指數不清的水塘。宋王安石《題西太乙宫壁》：「柳葉鳴蜩緑暗，荷花落日紅酣。三十六陂春水，白頭想見江南。」

【輯評】

鄧廷楨《雙硯齋詞話》云：其時臨安半壁，相率恬熙。白石來往江淮，緣情觸緒，百端交集，託意哀絲。……《惜紅衣》之「維舟試望，故國渺天北」，則周京離黍之感也。

王國維《人間詞話》云：白石寫景之作，如……「高樹晚蟬，説西風消息」，雖格韻高絶，然如霧裏看花，終隔一層。

俞陛雲《唐五代兩宋詞選釋》云：此調倚《惜紅衣》，應賦本體，而詞則前半闋但言逭暑追涼，寂寥誰語。下闋始有「紅衣狼藉」一句點題，餘皆言望遠懷人，與《念奴嬌》同一詠荷，而情隨事遷。此調則言情多於寫景，下闋尤佳。其俊爽綿遠處，正如詞中之并刀破碧，方斯意境。

夏承燾、吴無聞《姜白石詞校注》云：此首《惜紅衣》專詠吴興荷花。白石來吴興，依伯岳蕭德藻居。從「牆頭喚酒，誰問訊城南詩客」句中，説明他客中的生活和心境。「高柳晚蟬，説西風消息」和《點絳唇》詞中的「數峰清苦，商略黄昏雨」一樣，是歷來傳誦的名句，它們之所以成爲名句，恐怕不僅僅是由於他把「蟬」和「峰」擬人化、設想「誕妙」的緣故；更主要的，在於他説出了一個在淒涼環境和淒涼心境中的落魄江湖詞人的淒涼話。

【評析】

此詞寫荷花極爲高妙。竊以爲造成情調高妙的原因，是於炎暑居事描寫中透出一派西風秋色，如上片結句「高柳晚蟬，説西風消息」。作者因心境淒涼，故能於炎夏中察秋意，「問甚時同賦，三十六陂秋色」。這樣筆致才瘦硬。試想如寫盛夏荷花，一味大紅大緑，不寫「秋風消息」，則達不到這樣高妙的境地。這一寫荷機杼，在《念奴嬌》（鬧紅一舸）中發揮得淋漓盡致。

又，杜甫《夏日李公見訪》詩：「遠林暑氣薄，公子過我游。貧居類村塢，僻近城南樓。旁舍頗淳樸，所須亦易求。隔屋喚西家，借問有酒不？牆頭過濁醪，展席俯長流。清風左右至，客意已驚秋。」亦由夏日居事體察秋意，姜詞似乎受其影響。

石湖仙

壽石湖居士〔一〕①

松江煙浦②，是千古三高③，游衍佳處④。須信石湖仙，似鴟夷翩然引去〔二〕⑤。浮雲安在⑥，我自愛緑香紅舞。容與。看世間幾度今古。盧溝舊曾駐馬⑦，爲黄花閑吟秀句。見説胡兒〔三〕⑧，也學綸巾欹雨〔四〕。玉友金蕉⑨，玉人金縷⑩，緩移箏柱⑪。聞好語，明年定在槐府⑫。

【校　記】

〔一〕壽石湖居士：《詞綜》爲「寄石湖居士」。

〔二〕似鴟夷：《宋六十名家詞》、《花庵詞選》「似」作「侶」。夏承燾謂「或『侶』之誤」。

〔三〕見説：《詞綜》爲「見説□」。

〔四〕欹雨：厲鈔、《詞綜》「雨」作「羽」。

【箋　注】

①石湖居士：范成大（一一二六—一一九三），字致能，吴郡（今江蘇蘇州）人。宋紹興二十四年（一一五四）進士，官至權吏部尚書、參知政事。晚年退居故里石湖間。石湖在蘇州西南，風景幽美，范成大曾面湖築亭，孝宗趙昚書「石湖」二字賜之，因自號石湖居士。光宗紹熙四年（一一九三）九月卒。白石曾得到范成大許多幫助，二人交往甚密。

②松江：即吴淞江，一稱蘇州河，到吴淞口入長江。

③三高：吴江有三高祠，祀越國范蠡、晉人張翰、唐代陸龜蒙三位高潔之士。范成大有《三高祠記》。白石《三高祠》云：「越國霸來頭已白，洛京歸後夢猶驚。沉思只羨天隨子，蓑笠寒江過一生。」

④游衍：縱情游樂。謝朓《和伏武昌登孫權故城》詩：「于役儻有期，鄂渚同游衍。」

⑤「似鴟夷」句：《史記·越王句踐世家》載，春秋越國大夫范蠡助越王句踐滅吴後，功成身退，浮海至齊國，變姓名，自號鴟夷子皮，省稱鴟夷子。

⑥浮雲：比喻不值得關心之事。《論語·述而》：「不義而富且貴，於我如浮雲。」

⑦「盧溝」二句：宋孝宗乾道六年（一一七〇），范成大曾出使金國，當時金國定都在今北京，盧溝橋是北京名勝。范成大《水調歌頭·燕山九日作》有「黄花爲我、一笑不管鬢霜羞」句，又《盧溝燕賓館》詩有「雪滿西山把菊看」句。

⑧「見説胡兒」二句：《宋史》卷三八六《范成大傳》云，范成大充金祈請國信使，「金迎使者慕成大名，至求巾幘效之」。《石湖集》有《蹋鴟巾》詩，句云：「雨中折角君何愛。」注云：「接送伴田彦皋，愛予巾裹求其樣，指所戴蹋鴟巾有愧色。」蹋鴟巾，金人所戴頭巾名。綸巾欹雨，指絲制頭巾折角擋雨，這裏化用郭泰林宗巾故事。據《後漢書·郭泰傳》云：「郭泰，字林宗，太原界休人也。……嘗於陳梁間行遇雨，巾一角墊，時人乃故折巾一角，以爲『林宗巾』。」

⑨玉友：酒名，宋時以糯米和酒麯制酒，色白如玉，稱玉友。辛棄疾《鷓鴣天》：「呼玉友，薦溪毛，殷勤野老苦相邀。」金蕉：酒杯名。周邦彦《蕙山溪》：「翠袖捧金蕉，酒紅潮、香凝沁粉。」

⑩玉人：美人。唐杜牧《寄揚州韓綽判官》：「二十四橋明月夜，玉人何處教吹簫。」金縷：曲調名。梅堯臣《一日曲》：「東風若見郎，重爲歌金縷。」

⑪ 緩移箏柱：從容彈奏箏曲。箏柱，古代樂器箏上的承絃之柱。

⑫ 槐府：宋代學士院中有槐廳。《夢溪筆談》：「學士院第三廳學士閤子，當前有一巨槐，素號槐廳。舊傳居此閤者，多至入相。」

【輯　評】

陳廷焯《白雨齋詞話》卷二云：白石《石湖仙》一闋，自是有感而作，詞亦超妙入神。惟「玉友金蕉，玉人金縷」八字，鄙俚纖俗，與通篇不類。正如賢人高士中著一傖父，愈覺俗不可耐。

夏承燾《姜白石詞編年箋校》云：詞無甲子，白石淳熙十四年初識成大，紹熙四年成大卒，詞當作於此五六年間。陳譜定爲淳熙十六年作，嫌無顯據。白石訪成大，兩見於集，一在淳熙十四年之春，一在紹熙二年之冬，與此詞時令皆不合，惟淳熙十四年冬有過吴淞《點絳唇》詞，或其年嘗在蘇州作此。周汝昌先生見告：成大生於六月初四，其《吴船録》卷上自記：「六月己巳朔，壬申泊青城山，始生之辰也。」此詞「緑香紅舞」寫荷花，與時令合。又成大罷官後嘗以淳熙十五年起知福州，詞云「聞好語，明年定在槐府」，或其時已傳起用消息。據此，詞當作於淳熙十四年之夏。案周説甚是，兹據之編年。

吴世昌《詞林新話》云：亦峰評白石《石湖仙》中「玉友金蕉，玉人金縷」八字「鄙俚纖俗，與通篇不類」，此評是極。

【評析】

此詞是白石自度曲，專爲范成大賀壽而作，故以「石湖仙」命名。宋淳熙十四年春，白石游杭州，攜詩謁見楊萬里。楊萬里以爲其詩文「甚似陸天隨（龜蒙）」，介紹他去見范成大。白石拜見范後，兩人結爲翰墨之交。這是一方面。另一方面，范成大在當時本來就是一位極有見識，極有風骨的人物。從這兩方面出發，這首壽詞絶無阿諛之嫌，寫得十分得體，在贊揚對方的同時，也顯示出作者的性情志趣。

上片由詠范氏的居處之勝，寫到他的高雅胸襟和超拔氣宇。擡出「三高」的人文勝跡，固已不同尋常；而「須信石湖仙，似鴟夷翩然引去」兩句，將石湖比況功成身退的范蠡，想必石湖本人也十分欣慰的。「浮雲安在，我自愛緑香紅舞」兩句，言范氏視富貴利禄若過眼煙雲，而特愛荷花的芳香豔麗，寫出了石湖瀟灑脱俗的風姿。

下片濃墨重彩寫范成大使金的經歷和感受。爲人祝壽而寫其生涯中的重大事件，本是題内應有之義，而此處着重寫其人格風采。結尾設想：如此人物，已令胡兒傾服；國家用人之際，怎可久居林泉？因此，以「聞好語，明年定在槐府」作一結束之祝福。

點絳唇

丁未冬過吴松作①〔一〕

燕雁無心②，太湖西畔隨雲去③。數峰清苦，商略黄昏雨④。　第四橋邊〔二〕⑤，擬共天隨住⑥。今何許⑦，憑闌懷古，殘柳參差舞。

【校　記】

〔一〕過吴松作：《宋六十名家詞》、《花庵詞選》無「作」字。

〔二〕橋邊：厲鈔作「橋頭」。

【箋　注】

①丁未：宋孝宗淳熙十四年（一一八七）。吴松：即今江蘇省蘇州市所屬吴江縣。本年春，白石曾由楊萬里介紹到蘇州去見范成大。

②燕雁：北方飛來之雁。燕泛指北方。

③太湖：在江蘇省南部，其西南吸納苕溪、荆溪，東由吴淞江、黄浦江流入長江。

④商略：商量，準備，醖釀。此處是説遥望群峰，雨意正濃。

⑤第四橋：指吴江城外的甘泉橋。乾隆《蘇州府志》：「甘泉橋一名第四橋，以泉品居第四也。」

⑥天隨：天隨子，陸龜蒙的自號。晚唐詩人陸龜蒙，蘇州人，隱居松江甫里，有《甫里集》。白石服膺陸龜蒙，《三高祠》云：「沉思只羨天隨子，蓑笠寒江過一生。」《除夜自石湖歸苕溪》云：「三生定是陸天隨，又向吴松作客歸。」

⑦何許：何時，何地，爲何諸義。

【輯評】

許昂霄《詞綜偶評》云：《點絳唇》「數峰清苦」二句，遒緊。

陳廷焯《白雨齋詞話》云：白石長調之妙，冠絶南宋。短章亦有不可及者，如《點絳唇》……一闋，通首只寫眼前景物，至結處云：「今何許，憑欄懷古，殘柳參差舞。」感時傷事，只用「今何許」三字提唱，「憑欄懷古」下僅以「殘柳」五字詠歎了之，無窮哀感，都在虛處。令讀者弔古傷今，不能自止，洵推絶調。

俞陛雲《唐五代兩宋詞選釋》云：欲雨而待「商略」，「商略」而在「清苦」之「數峰」，乃詞人幽渺之思。白石泛舟吴江，見太湖兩畔諸峰，陰沉欲雨，以此二句狀之。「憑闌」二句言其往事煙消，僅餘殘柳耶？抑謂古今多少感慨，而垂柳無情，猶是臨風學舞耶？清虚秀逸，悠然騷雅遺音。

俞平伯《唐宋詞選釋》云：寫出江南煙雨風景。「商略」二字，評量之意，見《世説新語・賞譽》。用此見得雨意濃酣，垂垂欲下。王國維《人間詞話》評爲有些隔，亦未是。

沈祖棻《宋詞賞析》云：首二句言本無容心，自然超脱；次二句則未免有情，仍苦執着也。過片應首二句，蓋己之欲共天隨住，浪跡江湖，與燕雁之「無心」「隨雲」，亦略同也。「今何許」三句，首三字一提，其下綰合「數峰」二句，更進一層。「憑闌」所以眺遠，「懷古」即是傷今，氣象闊大。柳舞本屬纖柔，而「柳」上着「殘」字，「舞」上着「參差」字，便覺悲壯蒼凉，有「俯仰悲今古」之意。白石結處每苦力竭，此則力透紙背，有餘不盡。……「數峰」二句，最是白石本色。

唐圭璋《唐宋詞簡釋》云：通首寫景，極淡遠之致，而胸襟之灑落亦可概見。起寫燕雁隨雲，南北無定，實以自況，一種瀟灑自在之情，寫來飄然若仙。「數峰」兩句，體會深山幽静之境，亦極微妙。「清苦」二字，寫山容欲活，蓋山中沉陰不開，萬籟俱寂，故覺群峰都似呈清苦之色也。「商略」二字，亦生動，蓋當山雨欲來未來之際，諦觀峰與峰之狀態，似商略如何降雨也。换頭，申懷古之意。「今何許」三字提唱，「憑闌」兩句落應，哀感殊深。但捉住殘柳一點言之，已見古今滄桑之異。用筆輕靈，而令人弔古傷今，不能自止。

吴世昌《詞林新話》云：《草堂詩餘》選《天香》，有「重陰未解，雲共雪，商量不少」，白石「商略黄昏雨」由此化出。

【評析】

南宋淳熙十四年丁未（一一八七）冬，白石往返於湖州蘇州之間，過吴松作此詞。吴松是晚唐詩人陸龜蒙隱逸之地，而陸龜蒙又是白石平生景仰之人物，故思古之幽情油然而生矣。

上片以寫景爲主，前兩句仰觀，後兩句平視。極目天涯，天水一際，境界極爲高遠，然寫景中亦寓作者性情。寫「燕雁」，則以「無心」屬之。「無心」者，無心機之謂也，與五柳先生「雲無心以出岫，鳥倦飛而知還」異代同響。寫「數峰」，則以「清苦」、「商略」屬之。山峰之「清苦」，既是冬季山林蕭瑟之狀，亦緣心境之「清苦」。「商略黄昏雨」，既是山雨氤氲之生動寫照，亦表示心緒之商量、醖釀。如此寫景，實寓作者性情；因作者情調高雅，故寫景有奪化工之妙。

下片以抒情爲主。前二句寫徘徊第四橋邊，想到當年陸天隨多才多藝，性行高潔，布衣終生，其身世爲人，與自己何其相似，於是産生追隨高蹤、終老於斯之想。結尾三句耐人尋味。「今何許」之「何許」，乃一不確定詞，有爲何、何時、如何諸義，白石集衆義於一身，囊歷史、人生、自然、天道於其中，憑欄而望，吴越春秋，興亡成敗，却在殘柳斜陽之間。至此，傷地傷時，詞境轉向淒婉、蒼涼。雖則以抒懷爲主，狀景又在其中矣。

夜行船

己酉歲①，寓吴興，同田幾道尋梅北山沈氏圃②，載雪而歸。

略彴横溪人不度③，聽流澌〔一〕④、佩環無數。屋角垂枝，船頭生影，算唯有春知處。回首江南天欲暮，折寒香⑤、倩誰傳語。玉笛無聲⑥，詩人有句。花休道輕分付⑦。

【校　記】

〔一〕流澌：張本「澌」作「嘶」。

【箋　注】

① 己酉：宋孝宗淳熙十六年（一一八九）。

② 田幾道：生平不詳，當爲白石友人。北山沈氏圃：南宋時吴興有南北沈尚書二園，北沈爲沈賓王

尚書園，於城北奉勝門外。賓王號北村，又名自足。

③略彴：小木橋。

④流澌：流水。《漢書·王霸傳》：「河水流澌，無船，不可濟。」

⑤折寒香：寒香指梅花，古人有折梅贈人的習俗。北魏陸凱《贈范曄》：「折花逢驛使，寄與隴頭人。江南無所有，聊贈一枝春。」

⑥玉笛無聲：指没有人吹奏《梅花落》古曲。李白《與史郎中欽聽黄鶴樓上吹笛》：「一爲遷客去長沙，西望長安不見家。黄鶴樓中吹玉笛，江城五月落梅花。」

⑦「花休道」句：意思是説梅花不要埋怨作者將它看輕。分付，處置。

【評　析】

宋淳熙十六年，白石居住吴興，邀約友人往北山沈氏圃尋梅玩賞，「載雪而歸」，作此紀游詞。

上片以行蹤爲綫索，一路寫來。首寫小橋流水，清脆悦耳的水聲宛若一隊盈盈少女，佩飾摇摇。有此聽覺效果，當然周圍環境是一片寂靜。接下去寫梅花。「屋角垂枝，船頭生影」是寫實，從「疏影横斜水清淺」中化出，有黄山谷所謂「奪胎换骨」之妙。試想花枝招展，襯以屋角，固已雅致；而倒影迷離，船行水送，仿佛梅影也攜春色一路相伴而去，更覺旖旎動人。白石《除夜自石湖歸苕溪》句云

「梅花竹裏無人見，一夜吹香過石橋」，與此同一機杼，不過一爲梅影、一爲梅香而已。末句「算唯有春知處」寫得春意盎然，又爲下片張目。

下片語意雙關，狀梅與懷人糅合。「折寒香、倩誰傳語」化用《荆州記》陸凱贈范曄詩典，而歎息欲送花致意，苦於無人傳信，則縱然尋得梅花亦是枉然。言外隱隱流露悵惘之意。「玉笛」句用太白詩典，意謂玉笛無聲，或許是恐怕驚了高潔的花魂吧。結句以花喻人，婉曲地表達了不能與心中美人長相廝守的幽怨。全篇寫尋梅、觀梅到打算折梅，其間化用有關梅花的典故，句句緊扣梅花，隱寓了觀梅懷人的深厚情思。

浣溪沙

己酉歲客吴興①，收燈夜闔户無聊②，俞商卿呼之共出〔一〕③，因記所見。

春點疏梅雨後枝，剪燈心事峭寒時④，市橋攜手步遲遲。　蜜炬來時人更好⑤，玉笙吹徹夜何其⑥，東風落靨不成歸⑦。

【校　記】

〔一〕共出：張本、厲鈔「共」皆作「不」。按若云「不出」，何來「攜手」？於文理殊爲不通。

【箋　注】

①己酉：宋孝宗淳熙十六年（一一八九）。吴興：今浙江湖州。

②收燈：指元宵節過後燈節結束之夜，亦即正月十六日夜。孟元老《東京夢華録》卷六：「至十九日收燈。」吴自牧《夢粱録》卷一：「正月十五日元夕節……至十六夜收燈，舞隊方散。」

③俞商卿：白石之友。名灝，字商卿，世居杭州，進士出身，晚年於西湖九里松築室，作有《青松居士集》。

④剪燈心事：指燈下話舊。李商隱《夜雨寄北》：「何當共剪西窗燭，却話巴山夜雨時。」峭寒：形容春寒料峭。

⑤蜜炬：蠟燭。蜜炬來時，指秉燭而游。李賀《河陽歌》：「觥船飫口紅，蜜炬千枝爛。」

⑥吹徹：言吹笙不斷。南唐李璟《山花子》：「小樓吹徹玉笙寒。」夜何其：夜已何時。《詩經·小雅·庭燎》：「夜如何其，夜未央。」

⑦東風落靨：形容東風將梅花瓣吹落的樣子。靨，面頰上的微渦。

【輯　評】

夏承燾、吳無聞《姜白石詞校注》云：上片首二句寫未出觀燈前的寂寞心情。第三句寫出行。下片首二句寫元宵燈市的熱鬧場面：蜜炬，是所見；笙歌，是所聞。結句寫看燈的人樂而忘返，到夜深不肯歸去。

【評　析】

宋淳熙十六年（一一八九），白石寓居吳興，於正月十六收燈之夜，與友人俞灝逛街紀游而作此詞。

上片起首兩句寫出游前的物象與心情。「雨」與「梅」點染，烘托出一派春光。當此「峭寒」之時，作者不免萌生「剪燈心事」。「剪燈心事」四字暗用李商隱《夜雨寄北》詩意，輕輕逗出期待與友人聚會的心情。

下片敘寫與友人游樂。在舉城喧鬧過後攜手漫步，正是友人彼此交心的最佳時刻。「市橋攜手步遲遲」，「遲遲」者，步履緩慢。朋友間交談喁喁，生怕急促的脚步破壞了心靈間的寧靜。寫人情至爲精細。

玉笙聲中賞梅夜游，何其愜意。可惜一陣風來，梅花吹落，望之不禁失神。「東風落靨」一句，以美人笑靨比嬌嫩梅花，韻致清絶，思之如畫，美豔至極。

琵琶仙〔一〕

《吴都賦》云「户藏煙浦，家具畫船」①，唯吴興爲然。春游之盛，西湖未能過也。己酉歲②，予與蕭時父載酒南郭③，感遇成歌。

雙槳來時，有人似、舊曲桃根桃葉④。歌扇輕約飛花⑤，蛾眉正奇絶。春漸遠，汀洲自緑，更添了、幾聲啼鴂⑥。十里揚州⑦，三生杜牧，前事休説。　又還是、宫燭分煙⑧，奈愁裏、匆匆换時節。都把一襟芳思〔二〕，與空階榆莢⑨。千萬縷、藏鴉細柳⑩，爲玉尊、起舞回雪。想見西出陽關⑪，故人初别。

【校　記】

〔一〕琵琶仙：《詞綜》調下云：「吴興。」《宋六十名家詞》調下云：「吴興感遇。」

〔二〕都把：張本「都」作「多」。

【箋　注】

①此處白石引文出處有誤。清顧廣圻《思適齋集》卷十五云：「此《唐文粹》李庾《西都賦》文，作《吳都賦》誤。」

②己酉歲：宋淳熙十六年（一一八九）。

③蕭時父：蕭德藻的子姪輩。南郭：城南。

④舊曲：舊時坊曲。清鄭文焯《清真集校》云：「倡家謂之曲，其入選教坊者，居處則曰坊。」桃根桃葉：晉代王獻之的妾叫桃葉，桃根是其妹。王獻之很愛桃葉，曾作《桃葉歌》。據夏承燾先生考釋，白石深戀合肥姐妹二人，此處「桃根桃葉」大約亦指彼二人或其中一人。

⑤約：拍。

⑥啼鴂：悲鳴的杜鵑。鴂，杜鵑，又名子規。《楚辭·離騷》：「恐鵜鴂之先鳴兮，使夫百草爲之不芳。」

⑦十里揚州：形容舊游美好。詳見《揚州慢》（淮左名都）注⑦、⑧、⑨。三生杜牧：黄庭堅《廣陵早春》云：「春風十里珠簾捲，仿佛三生杜牧之。」三生，指前生、今生、後生三世人生。

⑧宫燭分煙：古代清明節皇宫中有取火燭分賜群臣的習俗。唐韓翃《寒食》云：「日暮漢宫傳蠟燭，輕煙散入五侯家。」

⑨「都把」二句：意謂將美好的願望付與無情之物。榆莢，榆樹的果實，形狀如元寶，成串挂在樹上。韓愈《晚春》之一云：「楊花榆莢無才思，惟解漫天作雪飛。」

⑩藏鴉細柳：形容柳條生長稠密。周邦彦《渡江雲》：「千萬絲、陌頭楊柳，漸漸可藏鴉。」

⑪西出陽關：指別宴上的樂曲。王維《送元二使安西》云：「勸君更盡一杯酒，西出陽關無故人。」後來樂工將此詩譜寫爲《陽關三疊》，於別宴上演唱。

【輯　評】

張炎《詞源》云：矧情至於離，則哀怨必至，苟能調感愴於融會中，斯爲得矣。白石《琵琶仙》云……離情當如此作，全在情景交鍊，得言外意。

俞陛雲《唐五代兩宋詞選釋》云：此在客吴興時感遇而作。前四句叙往事，「春漸遠」三句叙別後光陰，寫愁中聞見，以疏秀之筆書之。下闋感節序而傷離。榆錢柳絮，皆借物懷人，便無滯相，其佳處在空靈也。

陳匪石《宋詞舉》云：「雙槳來時」，從所遇説起，破空而來，筆勢陡健，與他詞徐徐引入者不同。……「春漸遠」一轉，不説其人之似是實非，但就景物言之：汀洲緑矣，鶗鴂鳴矣。種種皆舊游不堪回首之象，則舊曲之桃根桃葉必難重遇，可以推知。妙在構一迷離惝怳之境，欲不説破而又不肯終不説破，故其下即痛快言之曰「十里揚州，三生杜牧，前事休説」，突换老辣之筆。……過片從「前事休説」翻出。「又還是」一轉，風景依稀似昔，非不可説；「奈愁裏」再轉，流年逝水，一去不回，竟無從説。因念「空階榆莢」忽生忽落，變化隨時，不能自主，本一無情之物，「一襟芳思」都付與之而無所縈懷，無是事，亦無是理；然鶗鴂先鳴，衆芳皆歇，乃不得不付與之，真所謂「休説」者矣。顧人心之轉换無常，見榆莢之飛，則才心灰盡；見楊柳之舞，又情思飄揚。「藏鴉細柳」、「舞回雪」之容，今日所見，猶是當日别筵所見，其對「西出陽關」之「故人」勸以更進杯酒者，令人不追想而不得，則又如何意緒耶！　全篇以跌宕之筆寫綿邈之情，往復回環，情文兼至。

沈祖棻《宋詞賞析》云：「雙槳」四句，畫船自遠而近，其中有人，乍睹之，似曲中舊識，諦視之，雖非，而其妖冶固相同也。「春漸遠」以下，先點時序景物，以謂春光之漸遠，正如舊夢之漸遥。舊游遠矣，當前則惟有啼鴂引人離恨，前事何堪再説耶？　换頭兩句，謂風景節序依然，而年華暗换。「都把」以下，謂前事既不忍説，則滿懷情思，何異滿地榆錢，亦惟有付之而已。而回憶當時，細柳猶知爲離尊起舞，飛絮漫天，情何堪乎？「長安陌上無窮樹，惟有垂楊管别離。」（劉禹錫《楊柳枝》）故因柳而復憶及别時情味。「蛾眉」雖自「奇絶」，而屬意終在「故人」，所謂「任他弱水三千，我只取一瓢飲」也。

夏承燾、吴無聞《姜白石詞校注》云：此首以春游起興，實寫離情。白石有戀人善琵琶，他選用《琵琶仙》詞牌，當不是無因。詞上片回憶往日送别戀人，差似江淹《别賦》。下片「宫燭」、「榆莢」、

「細柳」，都是眼前所見，説明正是寒食、清明天氣，這時令最惹人傷離念别。末二語又回到回憶「初别」，與上片呼應。

詞評家們愛以白石《琵琶仙》與秦少游《八六子》並提，因二者都是念别傷離之作。秦詞説：「念柳外青驄别後，水邊紅袂分時。」「夜月一簾幽恨，春風十里柔情。」「那堪片片飛花弄晚，濛濛殘雨籠晴。」秦、姜二詞都寫得情景交融，但秦詞柔婉，姜詞瘦硬，風格不同。

唐圭璋《唐宋詞簡釋》云：此首感懷舊游，情景交勝，而文筆清剛頓宕，尤人所難能。起寫畫船遠來，中載有人，因遠處隱約不清，仿佛舊游之人，故曰「似」。次寫畫船漸近，確似當年蛾眉，故曰「正」。扇約飛花，寫景寫人並妙。「春漸遠」兩句，一氣徑轉，秀逸絶倫；不寫人雖似實非之恨，但寫出眼前見聞，以見舊游不堪回首之情。「十里揚州」三句，言前事之可哀，因説來傷感，故不如不説之爲愈，語亦沉痛。换頭，因景物似昔，頗感時光遷流之速。「都把」兩句，因前事怕説，愁恨難消，故只有將無聊情思，付與榆莢。「千萬縷」兩句，言細柳起舞，更增人悲感。末句，回想當年初别時之情景，正與今同，亦有無限感傷。

【評析】

《琵琶仙》乃姜白石自度曲，《詞譜》、《詞律》皆列此篇爲正體。

宋淳熙十六年（一一八九），白石居吴興（今浙江湖州），與蕭時父載酒春游而作此詞。詞雖緣春而發，重點實爲抒寫離情。據夏承燾先生考釋，白石二十幾歲時在合肥熱戀一雅善琵琶之歌女，該女姊妹二人，風姿非凡。此詞亦當歸入合肥情事一類。

全篇用倒叙法。上片追憶之筆，發唱「雙槳來時」三句寫遠觀。「桃根桃葉」即《解連環》中之「大喬小喬」，亦即合肥姊妹。次二句寫近觀，寫得筆觸生花，風姿綽約。「春漸遠」以下筆鋒轉向感歎。白石青年時在合肥當有一段清狂得意之生活，故回憶冶游時，以杜牧自擬，而産生「前事休説」之複雜心情。

下片寫當前感受。因時序轉换，令人平添晚春蕭索之感。「千萬縷」句寫柳條摇曳，景象奇警生動。因柳而觸動别情，因别離而懷遠人。按白石合肥情事與楊柳亦有關聯。合肥伊人所居「柳色夾道，依依可憐」（《淡黄柳》詞序），「合肥巷陌皆種柳，秋風夕起騷騷然」（《淒涼犯》詞序）。所以，睹柳懷人是非常自然的。最後，以「西出陽關」綰結，熔化語典事典，語盡而意無盡。

鷓鴣天

己酉之秋①〔一〕，苕溪記所見。

京洛風流絶代人②，因何風絮落溪津。籠鞋淺出鴉頭襪③，知是凌波縹緲身④。紅乍笑，緑長嚬，與誰同度可憐春。鴛鴦獨宿何曾慣，化作西樓一縷雲⑤。

【校記】

〔一〕己酉之秋：《宋六十名家詞》無此四字。

【箋注】

①己酉：指宋孝宗淳熙十六年（一一八九）。

②京洛：即洛陽。東漢時洛陽爲京都，因此稱京洛。此處代指臨安。

③籠鞋：一種鞋面較寬的鞋。鴉頭襪：古代婦女所穿的分出足趾的襪子。李白《越女詞》其一：「長於吴兒女，眉目豔新月。屐上足如霜，不著鴉頭襪。」

④淩波：形容女子的步態身姿輕盈飄逸。曹植《洛神賦》云：「體迅飛鳧，飄忽若神。陵波微步，羅襪生塵。」陵，通「淩」。白石將女子喻爲曹植筆下的洛神。

⑤「化作」句：宋玉《高唐賦》載巫山神女與楚王相會的故事：「妾在巫山之陽，高丘之阻，旦爲朝雲，暮爲行雨，朝朝暮暮，陽臺之下。」此處將佳人比爲巫山神女，化爲一縷浮雲。

【輯評】

李調元《雨村詞話》卷三云：姜白石夔《鷓鴣天》詞三首，如「鴛鴦獨宿何曾慣，化作西樓一縷雲」，不但韻高，亦由筆妙。何必石湖所贊自制曲之敲金戛玉聲、裁雲縫月手也。（夏承燾《姜白石詞編年箋校》注：「『敲金』二句乃楊萬里答白石寄詩語，非石湖贊。」）

沈祖棻《宋詞賞析》云：上片，首句容儀，次句身世，三句裝束，四句總贊。過片兩句著色。「紅」，櫻口；「緑」，翠眉。「乍笑」，樂少；「長嚬」，愁多。「與誰」句，賀鑄《青玉案》所謂「月橋花院，瑣窗朱户，只有春知處」也。「鴛鴦」句從杜詩《佳人》「合昏尚知時，鴛鴦不獨宿」出，而化實爲虚。「化作」句，暗用《高唐賦》。下片皆自「風絮落溪津」生發。

夏承燾、吴無聞《姜白石詞校注》云：此詞詠妓。首二句謂其人在京洛乃風流絶代的佳人，不知何故像柳絮那樣被風吹到苕溪來。三、四兩句寫其人步履體態，恍如洛神。下片首二句寫其人面部表情，她時而綻開櫻桃小口歡笑，時而蹙起雙眉發愁。從「乍」與「長」，説明「笑」是短暫的，而「嚬」則是長時間的。因爲她是煙花妓女，所以詞云「與誰同度可憐春」。結二句也説明妓女生活特點。

【評析】

宋孝宗淳熙十六年，白石在苕溪遇見一位飄泊天涯的煙花女子，遂寫了此詞，以詠歎其出色姿容和不幸身世。

開頭一句「京洛風流絶代人」，開門見山，直接引入描寫對象。京洛，原指河南洛陽，因東漢曾建都於此而稱京洛。後人再言「京洛」，既可指洛陽，亦可指京都。白石所遇佳人，當來自南宋都城臨安。「風流絶代」，則將該女姿容推到極致。接句詞境陡變。「風絮」之喻，表面似寫佳人姿態輕盈，如風中飛絮飄然而至，實則暗喻其身世淒涼，任憑命運擺布，隨風飄泊。「溪津」二字暗扣「京洛」，以溪津之荒僻與京洛之繁盛相對照，反映其今昔之别。

下片在「豔」字上做足功夫。由姿容之豔美，揭示出煙花女子的内心世界。但竊以爲結句「鴛鴦獨宿何曾慣，化作西樓一縷雲」乃敗筆，化用宋玉《高唐賦》而語涉輕薄，較之樂天《琵琶行》「同是天涯淪落人，相逢何必曾相識」之慨歎，白石是相形見絀的。

念奴嬌〔一〕

予客武陵①，湖北憲治在焉②。古城野水，喬木參天，予與二三友日蕩舟其間，薄荷花而飲③，意象幽閑，不類人境。秋水且涸，荷葉出地尋丈④。因列坐其下，上不見日，清風徐來，緑雲自動，間於疏處窺見游人畫船，亦一樂也。朅來吴興⑤，數得相羊荷花中⑥。又夜泛西湖⑦，光景奇絶，故以此句寫之。

鬧紅一舸⑧，記來時、嘗與鴛鴦爲侣〔二〕。三十六陂人未到⑨，水佩風裳無數⑩。翠葉吹涼〔三〕，玉容銷酒⑪，更灑菰蒲雨⑫。嫣然摇動，冷香飛上詩句。　日暮青蓋亭亭⑬，情人不見，爭忍淩波去⑭。只恐舞衣寒易落，愁入西風南浦⑮。高柳垂陰，老魚吹浪，留我花間住。田田多少⑯，幾回沙際歸路。

【校　記】

〔一〕《詞綜》調下云：「荷花。」《宋六十名家詞》調下云：「吴興荷花。」均不録序。

〔二〕嘗與：《宋六十名家詞》、《花庵詞選》「嘗」作「長」，厲鈔、《詞綜》「嘗」作「常」。

〔三〕吹涼：厲鈔作「招涼」。

【箋　注】

① 武陵：宋朗州武陵郡，今湖南常德。

② 湖北憲治：宋朝荆湖北路提點刑獄的官署。

③薄：靠近。

④尋丈：古代計量單位，八尺爲一尋。尋丈謂八尺乃至一丈。

⑤朅來：來到。朅，發語辭。吴興：浙江湖州。

⑥相羊：徜徉，自由自在地游玩。

⑦西湖：指杭州西湖。

⑧鬧紅：指盛開的荷花。

⑨三十六陂：指很多水塘，參看前《惜紅衣》注。

⑩水佩風裳：形容荷花高潔，以水爲佩玉，以風爲衣裳。化用唐李賀《蘇小小墓》詩：「風爲裳，水爲佩。」

⑪玉容銷酒：形容荷花花瓣紅暈，仿佛美人酒後臉龐泛紅。

⑫菰蒲雨：灑在菰蒲上的細雨。菰、蒲，都屬水草。謝靈運《從斤竹澗越嶺溪行》句：「蘋萍泛沉深，菰蒲冒清淺。」

⑬青蓋亭亭：形容傘狀的荷葉挺立。亭亭，直立貌。

⑭爭忍：怎麽忍心。淩波去：乘波離去。淩波，原本形容美女步履輕盈。曹植《洛神賦》：「陵波微步。」陵，通「淩」。

⑮ 南浦：今福建浦城縣城南門外。江淹曾任浦城令，其《别賦》云：「送君南浦，傷如之何。」姜詞是泛指送别的地方。

⑯ 田田：形容蓮葉浮水的樣子。漢樂府《江南曲》：「江南可采蓮，蓮葉何田田。」

【輯　評】

俞陛雲《唐五代兩宋詞選釋》云：此調工於發端。「鬧紅」四字，花與人俱在其中。以下三句詠荷及賞荷之人，皆從空際着想。「翠葉」三句略點正面。接以「嫣然」二句，詩意與花香皆摇漾於水煙渺靄中。下闋懷人而兼惜花，低回不去，而留客賞荷者，託諸「柳蔭」「魚浪」，仍在空處落筆。通首如仙人行空，足不履地，宜叔夏讀之「神觀飛越也」。

沈祖棻《宋詞賞析》云：首二句，泛舟賞荷。「三十」二句，荷之盛。「翠葉」三句，花之豔冶。「嫣然」二句，香之蓊勃。過片是花是人，殆不可辨。「只恐」二句，自盛時想到衰時，温厚。「高柳」以下，言盛時不再，雖高柳、老魚，亦解勸人少住，惜此芳時；雖游人日暮，不得不歸，而在歸途，猶時有田田蓮葉縈人情思，尤可念也。「多少」，應上「無數」。

吴世昌《詞林新話》云：白石《念奴嬌·吴興荷花》有「冷香飛上詩句」，太做作，太着痕跡。

唐圭璋《唐宋詞簡釋》云：此首寫泛舟荷花中境界，俊語紛披，意趣深遠。首言與鴛鴦爲侶，即富逸趣。「三十六」兩句，寫湖遠無人，荷葉無數，亦清絶幽絶。「翠葉」三句，兼寫荷葉及雨、酒、菰蒲。「嫣然」兩句，寫荷花姿態生動，不説人聞香，而説冷香飛來，綴句峭俊。换頭，言日暮不忍便去。「只恐」兩句，言西風愁人，不得不去。「高柳」三句，言雖然擬去，但柳、魚猶留我暫住。「田田」兩句，言終於歸去，仍扣住蓮葉作收。上片寫景，下片筆筆轉换，一往情深。

夏承燾、吴無聞《姜白石詞校注》云：上片開頭從荷花盛時寫起。「鬧紅」二字，從「紅杏枝頭春意鬧」化出，寫出花開盛況。以下從「水佩風裳無數」到「冷香飛上詩句」，是對「鬧紅」二字的渲染。下片開頭由盛到衰，想到「西風」起時，荷花猶如洛神，將要淩波而去。「南浦」用「送君南浦，傷如之何」意，表示惜别之情。「留我花間住」三句表示不忍離别，是對惜别的進一層寫法。「田田」二句，用倒叙法，回憶荷葉初出水時即多次前來徜徉瞻顧的情懷。這樣錯綜地運用順叙、倒叙，在章法上就不一般化。此是一。其次，從詞序中，我們可以看到作者的構思，他把武陵、吴興、杭州西湖三地的荷花結合起來，用概括手法寫，構成一個富有詩意的境界。第三，「情人不見，爭忍淩波去」二句，作者把荷花比人，她含情脈脈，佇候情人。作者也把荷花比仙女，她「陵波微步」，風神縹緲。在作者視覺中，荷花不是植物，它簡直是人化、仙化了。第四，「嫣然摇動，冷香飛上詩句」是名句。如果説「詩人把荷花寫入詩句」這是一句平常的語言，「冷香飛上詩句」，則是詩的語言。這正如「枝上小桃紅」是常語，而「紅上小桃枝」則是詩句的道理一樣。

【評析】

白石擅長詠荷，而本篇可算壓卷之作。荷花盛開，歷來是江南水鄉之勝景。白石客居武陵，往來於臨安、吴興等地，感受强烈，觀察細微，故有此作。此詞之妙處，犖犖大者有三。

其一，抽繹各景佳色，鎔鑄荷花形象。小序中白石提及賞荷難忘者有三地，即武陵、吴興、杭州，夏承燾《姜白石詞編年箋校》將此詞「附繫吴興詞後」。但細讀此詞，其所詠之地又絶非吴興一處，白石所詠乃荷花之神韻，故可以妙筆，將各處美景匯結一端。寫到扁舟摇至藕花深處，颯颯雨後，冷香飄溢，物我兩忘，已難辨何處是武陵，何處是吴興了。

其二，詞中有人，以人寫物。上片描寫荷池景色，以比喻和擬人手法描繪荷葉荷花的美豔絶倫，説荷葉荷花如「水佩風裳」，如微醉含笑的美人，寫出了荷花的神韻。下片寫作者觀賞荷花留連難捨的情景，抒寫對荷花深深愛惜之情，荷花將謝、被西風飄落的景色，暗寓了自傷身世之感。寫荷由形到神，形神兼備，寄託了作者的人格理想。

其三，用「通感」構思，鎔鑄詞語意象。如「嫣然摇動，冷香飛上詩句」，想象力之豐富獨特，令人拍案叫絶。吴世昌先生《詞林新話》以爲此句「太做作」，非也！

姜白石詞箋注卷三

合肥、金陵、蘇州詞十三首

浣溪沙

辛亥正月二十四日①，發合肥

釵燕籠雲晚不忺②，擬將裙帶繫郎船，别離滋味又今年。　楊柳夜寒猶自舞，鴛鴦風急不成眠，些兒閑事莫縈牽③。

【箋　注】

① 辛亥：宋光宗紹熙二年(一一九一)。

② 釵燕：婦女頭上的燕形首飾。籠雲：罩着如雲的秀髮。忺，音先，如意。《方言》：「青齊呼意所好爲忺。」

③ 些兒：細小。

【輯　評】

夏承燾《姜白石詞編年箋校》云：此合肥惜别之作。白石情詞明著時地與事緣者，此首最早（此前丙午客山陽作《浣溪沙》，猶隱約其詞），時白石年將四十。初遇當在淳熙丙申、丙午間，至此蓋十餘載矣。

夏承燾、吴無聞《姜白石詞校注》云：這首詞寫離情。白石有所歡在合肥，兩情繾綣，在詞中常有反映。此詞首二句寫分離前的晚上，依依惜别。「擬將裙帶繫郎船」從女方寫。「别離滋味又今年」説明他們相戀多年，聚而復散者已不止一次了。「楊柳夜寒猶自舞」從反面烘托離情。「鴛鴦風急不成眠」從正面烘托離情。末句强作寬慰語，對戀人也對自己。

劉乃昌《姜夔詩詞選注》：這是姜夔與合肥情人惜别的一首小詞。上片寫居者對行者眷眷不捨，先寫情態、思緒，而後點明離别。下片寫行者對居者殷殷慰解，兩句旁襯，一句揭出正意。

【評　析】

宋紹熙二年（一一九一）正月二十四日，白石離開安徽合肥，臨行前與情人惜别而作此詞。上片從女方着筆。晚妝「釵燕籠雲」，雖着意打扮，但心情却不舒服。「擬將」二句寫出「不忺」的原委和心事。用衣裙飄帶繫住所戀即將乘坐的行船，當然屬癡心幻想；而不説「又一年」却説「又今年」，則殊爲不合詞語常理。但是，正是癡心幻想，見出兩情之深摯；正是不合常理的用詞，顯示「今年」之新警，之不同以往。

後片以作者口吻對對方進行勸慰。「楊柳」二句用比興手法，言楊柳不得安寧，鴛鴦難遂心願，天下事物不如意者十之八九，又豈止我倆之時聚時離呢？至此，自然逗出結句「些兒閑事莫縈牽」，勸慰加叮嚀，脱口而出，自然爽暢。

滿江紅

《滿江紅》舊調用仄韻〔一〕，多不協律；如末句云「無心撲」三字①，歌者將「心」字融入去聲，方諧音律。予欲以平韻爲之，久不能成。因泛巢湖②，聞遠岸簫鼓聲，問之舟師③，云：「居人爲此湖神姥壽也④。」予因祝曰：「得一席風徑至居巢⑤，當以平韻《滿江紅》爲迎送神曲。」言訖，風與筆俱駛〔二〕，頃刻而成。末句云「聞佩環」，則協律矣。書以緑箋，沉於白浪，辛亥正月晦也⑥。是歲六月，復過祠下，因刻之柱間。有客來自居巢云：「土人祠姥，輒能歌此詞。」按曹操至濡須口⑦，孫權遺操書曰：「春水方生，公宜速去。」操曰：「孫權不欺孤。」乃撤軍還⑧。濡須口與東關相近⑨，江湖水之所出入。予意春水方生，必有司之者⑩，故歸其功於姥云。

仙姥來時，正一望千頃翠瀾，旌旗共亂雲俱下〔三〕，依約前山⑪。命駕群龍金作軛⑫，相從諸娣玉爲冠⑬。向夜深、風定悄無人，聞佩環。　神奇處，君試看。奠淮右⑭，阻江南⑮。遣六丁雷電⑯，别守東關。却笑英雄無好手，一篙春水走曹瞞⑰。又怎知，人在小紅樓，簾影間。

【校　記】

〔一〕舊調：張本「調」作「詞」。

〔二〕俱駛：張本「駛」作「駃」。

〔三〕共亂雲：《欽定詞譜》「共」作「與」。

【箋　注】

①無心撲：周邦彦《滿江紅》（晝日移陰）尾句云：「最苦是蝴蝶滿園飛，無心撲。」

②巢湖：在今安徽合肥市東南六十里，也名焦湖。

③ 舟師：駕船的艄公。

④ 湖神姥：巢湖的女神。按當地有神姥廟。《方輿勝覽》卷四十六云：「姥山在巢湖中，湖陷，姥升此山。有廟。羅隱詩云：『借問邑人沉水事，已經秦漢幾千年。』」

⑤ 居巢：古縣名，在今安徽巢縣東北。

⑥ 辛亥：宋光宗紹熙二年（一一九一）。正月晦：正月的最後一天。晦，陰曆月終。

⑦ 濡須：古水名。源出今安徽巢縣西巢湖，經無爲東南流入長江，即今運漕河前身。古代當江淮間交通要道，魏晉時爲兵爭要地。一説爲堡塢名，東漢建安十七年（二一二）孫權令築以拒曹操，塢據濡須水口，故名。

⑧ 乃撤軍還：《三國志·吴書·吴主傳》注引《吴曆》云，漢建安十八年（二一三），曹操攻至濡須口，欲擊東吴，孫權致書與曹操，書中警告他「春水方生，公宜速去」，曹操聞訊撤軍。

⑨ 東關：故址在巢湖之東，巢縣東南。三國時吴築，隔濡須水與西關相對。

⑩ 司之者：負責管理的人。

⑪ 依約：隱約。

⑫ 軛：駕車時套在馬頸上的曲型器具，一般木制。

⑬ 相從諸娣：隨從神姥的諸位仙姑。此句下白石自注：「廟中列坐如夫人者十三人。」

⑭ 奠淮右：鎮守淮南西路一帶。淮右：宋時在淮揚一帶設置淮南東路和淮南西路。淮南西路稱淮右。巢湖屬淮右地區。

⑮ 阻江南：屏蔽江南。

⑯ 六丁：傳説中掌管雷電之類的天神。韓愈《調張籍》句云：「仙宫敕六丁，雷電下取將。」

⑰ 一篙：一竿。篙，撑船的竿。曹瞞：曹操小字阿瞞。

【輯　評】

劉克莊《後村先生大全集·詩話續集》云：姜堯章有平聲《滿江紅》，……此闋佳甚，惜無能歌之者。

俞陛雲《唐五代兩宋詞選釋》云：此調用平韻，爲白石所創，格調高亮，後來詞家每效之。……楊誠齋評白石詩有「敲金戛玉之奇聲」，此詞音節，頗類其評語。

夏承燾、吴無聞《姜白石詞校注》云：此詞爲祭祀巢湖仙姥而作。仙姥，她和曹子建筆下的洛神和屈原筆下的湘夫人一樣，都是水神，也都是女性。然而白石不采用「淩波微步，羅襪生塵」一類的藝術表現手法，而是另辟蹊徑，把仙姥和曹操聯繫起來寫，這真是别開生面的聯想。讀這首詞的下半闋，令人如讀歷史上著名的「城濮之戰」和「淝水之戰」。「奠淮右，阻江南。遣六丁雷電，别守東關。

却笑英雄無好手，一篙春水走曹瞞」短短六句，令人感到有千軍萬馬在活動。場面不可謂不大，氣氛不可謂不緊張，然而白石在結尾處輕輕一收，收到主宰這場如火如荼戰役的人，乃住在紅樓簾影間的仙姥，這已經令人感到意外。而且，作者還在「紅樓」上加一個「小」字，使「大」與「小」、「戰場」與「紅樓」産生對比作用，從而得到不一般的藝術效果。

【評　析】

白石深諳音律，久欲將《滿江紅》仄韻改爲平韻。在巢湖泛舟中，偶聞遠岸簫鼓，靈犀頓通，寫成一曲爲神姥祈壽的平韻《滿江紅》。《滿江紅》改爲平韻後，韻致亦覺舒緩了。白石在序中，津津樂道其妙手偶得的創作過程，爲此詞平添了傳奇色彩。

上片即揭開了一個神話世界的面紗。千頃緑波翻滚，旌旗揚捲，亂雲堆積，聞聲而不見人，形成極具動感的態勢。接着，從車駕、儀仗、隨從的富麗華貴，烘托出仙姥的高貴地位和非凡風姿。然而在讀者熱盼一睹的懸念下，白石却筆鋒一轉：「向夜深，風定悄無人，聞佩環。」仙姥却無影無蹤，轉瞬間風平浪靜，只剩下清脆的環佩之聲，叮咚遠去。這樣，從仙姥降臨到飄然離去，作者都避免作正面描寫，側筆取勢，構思頗爲精巧奇妙。

下片寫仙姥的神奇威力，筆調亦愈益雄奇豪放，與白石一貫的詞風不同。作者先是頌贊仙姥動績，寫其坐鎮淮西，屏障江南，調兵遣將，把守濡須，軍威如山，萬馬飛騰。接着信手拈來歷史掌故，極盡誇張、想象之能事，寓豪氣於諧謔之中，叙史實於風趣之處，游戲筆墨，汪洋恣肆。收筆却又縹緲奇幻：「又怎知，人在小紅樓，簾影間。」出人意外，主宰歷史上孫曹戰役的，竟然是端坐在簾幕間小紅樓中的那位木雕泥塑的女神。至此，以柔克剛，將一個文武雙全的女神又退歸於一份女性的自然天性之中，極盡禮贊之意。

總之，這是一首與白石詞風迥然不同的恢宏奇麗的詠仙詞。

淡黄柳

客居合肥南城赤闌橋之西①，巷陌淒涼，與江左異②，唯柳色夾道，依依可憐③。因度此闋，以紓客懷④。

空城曉角，吹入垂楊陌。馬上單衣寒惻惻⑤。看盡鵝黄嫩緑⑥，都是江南舊相識。　正岑寂〔一〕，明朝又寒食⑦。强攜酒，小橋宅〔二〕⑧。怕梨花落盡成秋色⑨。燕燕飛來，問春何在，唯有池塘自碧。

【校記】

〔一〕正岑寂：《宋六十名家詞》、《花庵詞選》及《詞律》將此三字誤屬上片。

〔三〕小橋宅：陸本作「喬」。

【箋注】

① 客居合肥：時在宋光宗紹熙二年（一一九一），白石住宅鄰近城南赤闌橋。白石有《送范仲訥往合肥》詩：「我家曾住赤闌橋，鄰里相過不寂寥。君若到時秋已半，西風門巷柳蕭蕭。」

② 江左：指江南，亦稱江東。古人在地理上以東爲左，以西爲右。

③ 依依：輕柔貌。《詩經·小雅·采薇》：「昔我往矣，楊柳依依。」

④ 紓：解除、寬解、抒發。

⑤ 惻惻：亦作側側，淒冷之感。唐韓偓《寒食夜》詩：「小梅飄雪杏方紅，側側輕寒翦翦風。」宋人詞中多作惻惻。如周邦彦《漁家傲》：「幾日輕陰寒惻惻。」

⑥ 鵝黄嫩緑：形容柳葉如鵝絨一樣金黄，似青草一樣嫩緑。王安石《南浦》：「弄日鵝黄裊裊垂。」

⑦ 寒食：節令，舊時清明節前一天爲寒食。

⑧ 小橋宅：一説，即序中所言赤闌橋西客居之處。另一説，代指合肥戀人之宅。夏承燾先生云，合

肥情遇爲姊妹二人，即白石《解連環》所謂「爲大喬能撥春風，小喬妙移箏」。喬姓本作「橋」。三國時有橋公二女，姿容極美，稱大橋、小橋，白石借指合肥所遇美人。

⑨「怕梨花」句：梨花盛開於寒食節前，此處喻擔心好景難駐。化用李賀《三月》句：「梨花落盡成秋苑。」周邦彦《蘭陵王》詞：「梨花榆火催寒食。」

【輯評】

張炎《詞源》云：白石詞如……《淡黄柳》等曲，不惟清空，又且騷雅，讀之使人神觀飛越。

沈祖棻《宋詞賞析》云：首二句，巷陌淒涼，「馬上」句，曉寒客況。「看盡」兩句，楊柳雖如舊識，而地異情殊。换頭正面點出客懷。客懷難遣，況明朝又值寒食，惟有强歡自解耳。「强攜酒」，「强」字一轉。然而又恐當前芳景，轉瞬成愁，「怕梨花落盡」，「怕」字再轉。此句用李賀《河南府試十二月樂詞》「梨花落盡成秋苑」，惟易一字耳。「燕燕」三句，更進一層，謂恐玄鳥來時，春光已去，惟有無情流水，一池自碧而已。「岑寂」屬今日，「明朝」以下，皆懸擬之詞。

陳匪石《宋詞舉》云：起二句，一片淒涼景色。「馬上」句則人在陌上所感者。細嚼此中神味，「惻惻」之「寒」是從身外來，抑從心中出？是人是天？是虚是實？雖自身亦不能辨之，此五代作法也。「看盡」句拍到柳色。「都是」句一轉，則無異江左，差足解嘲者耳。過變「正岑寂」三字，承上啟下，然如置前片之末，則語氣未了，不獨與下句「又」字呼應也。「明朝又寒食」，轉入時令。八字二句，共分兩層。如此淒涼，何心攜酒？何心訪豔？故下一「强」字爲轉語。——「小橋」借指所眷之人……蓋於荒涼寂寞中强遣客懷者。然心境不同，終覺淒異，故「怕」字又一轉。下即放筆爲之：「梨花落盡」，雖春亦秋。「燕燕飛來」「池塘自碧」。淡淡説景，而寥落無人之感見於言外。就合肥之地當時視爲邊城者觀之（據白石《淒涼犯》第二句），且寓意極深。神味雋永，意境超妙，耐人三日思。

唐圭璋《唐宋詞簡釋》云：此首寫客居合肥情況。「空城」兩句，寫淒涼景色。「馬上」一句，倒捲之筆，蓋曉起駿馬過垂楊巷陌，既感角聲淒咽，又感衣單寒重也。「看盡」兩句，寫柳色如舊識最有味。換頭，又轉悲涼。「强攜酒」三句，勉自解寬。「梨花落盡成秋苑」，長吉詩，白石只易一「色」字叶韻。「燕燕」兩句提唱，「惟有」一句，以景拍合，但言池塘自碧，則花落春盡，不言自明。

夏承燾、吴無聞《姜白石詞校注》云：起句「空城曉角」，應詞序「巷陌淒涼」。「垂楊陌」、「鵝黄嫩緑」應詞序「柳色夾道，依依可憐」二句。此詞以柳色起興。作者客居合肥，柳色從鵝黄變嫩緑，時序已從早春度入暮春。「明朝又寒食」，正面點明暮春。下片詞以惜春爲主題。因爲「怕梨花落盡成秋色」，所以才「强攜酒，小橋宅」。結句「池塘自碧」，只寥寥四字，概括出「暮春三月，江南草長」的景色。綜觀全詞，上片「馬上單衣寒惻惻」，寓飄零之感；下片「怕梨花落盡成秋色」，寓遲暮之悲。

【評　析】

這是白石一首著名的詞作，主旨是傷時感事。光宗紹熙初年，白石客居合肥，宅近赤闌橋，巷植垂柳，時當清明，詞因柳起興，抒傷時惜春之感。

起筆寫早行街景。宋南渡後，合肥城因地處宋金對峙的江北前沿，繁華都市變成了空城一座。「空城」本已蕭條寂靜，「曉角」更覺嗚咽淒厲。偏又是客居者於垂柳依依之巷陌聞之，則愴然感受油然而生。「馬上」句傳神地寫出了作者踽踽獨行的情景，「寒惻惻」者，不僅衣單，更因心冷。接着寫自己環顧四周，已是鵝黄嫩緑，滿城春色。「看盡」，隱然表示客居之無奈。「舊相識」，一方面表示柳色親切，另一方面又反映出黎明時分詞人在蕭條巷陌匹馬獨行時所感受的孤寂。

下片用「正岑寂」三字過渡，以旁觀者視角側寫家國之痛。時事既如此，於是「强攜酒，小橋宅」，詣訪所戀，排遣抑鬱。一「强」字，則矛盾心情曲折傳出。接着「怕梨花落盡成秋色」，明白地道出了内心深深的焦慮與不安。李賀原句爲「梨花落盡成秋苑」，此處改易二字，意義迥異。李賀詩句是描繪客觀景色，白石詞句是抒發主觀情感；李賀詩句是已然成秋，白石詞句是於春色可人時心生秋意。「燕燕」句用擬人手法再次暗示春盡之哀。「何在」則提問春歸何處？結句「唯有池塘自碧」，是説没有人回應燕子的提問，一池碧波，默默無語。至此，全詞升華到一個清冷的境界。

此詞聽覺、視覺、觸覺都表現得很細微，用語清新質樸，意境淒清冷雋，表現了作者很深的藝術功力。

長亭怨慢

予頗喜自制曲，初率意爲長短句，然後協以律，故前後闋多不同〔一〕。桓大司馬云①：「昔年種柳，依依漢南；今看摇落，淒愴江潭；樹猶如此，人何以堪！」此語予深愛之。

漸吹盡、枝頭香絮，是處人家，緑深門户。遠浦縈回②，暮帆零亂向何許〔二〕③。閲人多矣，誰得似長亭樹④。樹若有情時，不會得、青青如此〔三〕。日暮〔四〕，望高城不見⑤，只見亂山無數。韋郎去也⑥，怎忘得、玉環分付。第一是、早早歸來，怕紅蕚、無人爲主。算空有并刀〔五〕⑦，難剪離愁千縷。

【校　記】

〔一〕予頗喜……多不同：《宋六十名家詞》無此四句。《詞綜》不録序。

〔二〕何許：《御選歷代詩餘》卷六十四、《欽定詞譜》卷二十五作「何處」。

〔三〕如此：《御選歷代詩餘》、《欽定詞譜》作「如許」。

〔四〕日暮：《花庵詞選》、《宋六十名家詞》將此二字誤綴上片。

〔五〕算空有：《宋六十名家詞》、《詞綜》「空」作「只」，恐草書形訛。鄭文焯校張本云：「案集中《江梅引》亦作『算空有』，是其習用者。」

【箋注】

①「桓大司馬」七句：東晉桓温爲大司馬都督中外軍事，率兵北伐過金城，看到以前所種柳樹皆已老大，很感慨地説：「木猶如此，人何以堪！」事見《世説新語·言語》。此詞序中所引六句爲北周庾信《枯樹賦》中之句，白石誤以爲桓温之語。漢南，漢水之南。摇落，凋零殘落。

②遠浦縈回：伸向遠處的河道曲折蜿蜒。浦，指水岸。

③何許：何處。唐劉長卿《杪秋洞庭中懷亡道士謝太虚》：「故園復何許，江海徒遲留。」

④長亭：古代旅人休息送别之處。《唐宋白孔六帖》「館驛」條：「十里一長亭，五里一短亭。」

⑤高城：代指合肥，隱含所戀。《清泥蓮花記》引唐歐陽詹贈太原妓《初發太原途中寄太原所思》：「趨馬漸覺遠，回頭長路塵。高城已不見，况復城中人。」

⑥「韋郎去也」二句：《雲溪友議》載，韋皋游江夏，與姜使君館侍女玉簫相戀，纏綿繾綣，離時相約

七年會期，留玉指環爲信物。八年，韋皋未至，玉簫絶望，絶食而殞。後韋得到一歌姬，酷似玉簫，中指肉隆起隱然如玉環。這裏化用其事。

⑦ 并刀：并州（今山西太原）出産剪刀，以鋒利著稱。

【輯　評】

陳廷焯《白雨齋詞話》卷八云：白石《長亭怨慢》云：「閱人多矣，誰得似長亭樹。樹若有情時，不會得青青如此。」白石諸詞，惟此數語最沉痛迫烈。

俞陛雲《唐五代兩宋詞選釋》云：此詞頗有桓司馬江潭之慨。雖以怨别之詞，而實則亂愁無次，觸緒紛來。凡懷人戀闕，撫今追昔，悉寓其中。

沈祖棻《宋詞賞析》云：首句記時，二、三句記地，即蘇軾《蝶戀花》「枝上柳綿吹又少，天涯何處無芳草」意，同爲一往情深。四、五兩句寫景，景中有情。「閱人多矣」，語出《左传》。文姜云：「妾閲人多矣，未有如公子者。」以下翻用庾賦，語意新奇，感情深摯。换頭「日暮」二字，寫天色，亦暗點心情，「望高城」兩句謂關山間阻，會合無由，但遠望高城，聊抒離恨，已極可悲，况並此高城，亦望而不見，所見者惟有亂山重疊而已。高城且不可見，又况此城中之人乎？「韋郎」以下，謂對景難排，無非爲去時玉環有約耳。「第一是」兩句，乃分付之語，没齒難忘，情藴藉而語分明，而愈藴藉愈纏綿，愈分明愈淒苦，則雖有并州快剪刀，其於「離愁」，亦還是「剪不斷，理還亂」也。

俞平伯《唐宋詞選釋》云：以柳起興，以梅（紅萼）結，與《一萼紅》詞以梅起興，以柳結，作法相似。

吴世昌《詞林新話》云：有以爲此詞首三句即東坡「枝上柳綿吹又少，天涯何處無芳草」意。其實二者不同。蘇語乃從《楚辭》化出，着重在「爾何懷乎故宇」，此朝雲所以泣不成聲也。上結反用李商隱《詠蟬》：「五更疏欲斷，一樹碧無情。」又「青青如此」，「此」字出韻，故汲古閣本以「日暮」屬上片。下片「玉環」應作「玉簫」，「玉環」則可誤解爲楊妃矣。「怕紅萼無人爲主」，謂怕有力者强娶她，無人爲主以拒强暴也。

唐圭璋《唐宋詞簡釋》云：此首寫旅況，情意亦厚。首句從別時別處寫起。「遠浦」兩句，記水驛經歷。「閲人」兩句，因見長亭樹而生感，用《枯樹賦》語。「樹若」兩句，翻「天若有情天亦老」意，措語亦俊。换頭，記山程經歷，文字如奇峰突起，拔地千丈。亂山深處，最難忘玉環分付，「第一」兩句正是分付之語，言情極真摯。末以離愁難消作收。下片一氣直貫到底，仿佛蘇、辛。

夏承燾、吴無聞《姜白石詞校注》云：以硬筆高調寫柔情，是白石詞的一個鮮明的特色。如《琵琶仙》云：「春漸遠，汀洲自緑，更添了、幾聲啼鴂。」《解連環》云：「問後約、空指薔薇，算如此溪山，甚時重至。」又如此首詞中的「閲人多矣，誰得似長亭樹。樹若有情時，不會得、青青如此」則轉折拗怒，尤爲奇作。

【評析】

《長亭怨慢》又名《長亭怨》，創自白石，調名取自本篇詞意。《詞譜》、《詞律》皆列此篇爲正體。

本詞爲告别合肥情人琵琶歌女而作。上片寫暮春景色和江邊渡口景象，以景寓情，抒寫離别感傷。下片寫離别情景，特寫伊人别時的細語叮嚀，表現相愛的深情和無盡的離愁。

全詞突出的特色是多借柳抒懷。如開頭以柳絮起興，寫柳絮飄落，暗含時光流逝。「是處人家，緑深門户」兩句寫地點，「緑深」二字，不僅點染出花絮凋盡後，柳葉繁茂的色彩，也簡捷地寫出合肥佳人的門巷實景。次寫「遠浦」，將視角轉换，寫送别時女子眼中扁舟沿曲折河道漸行漸遠的景致，一種失落傷感油然而生。逼出上片結句「閲人多矣」云云，歎喟經歷長看得人多，誰又能像長亭古柳一樣不見衰老。唉，樹若有情，也會遭受離愁困擾，不會如此青翠了。依然以柳結。

下片寫盼歸心事，灑脱而不滯重。以「暮帆零亂」與「亂山無數」、「高城不見」與「遠浦縈回」一一呼應，凸現出舟中人與城中人。結句「算空有并刀，難剪離愁千縷」，在形象上還是使人想到千縷萬條的柳樹。

全詞視角隨意轉换，以物託情，以典喻情，既清空又深沉，感人至深。

醉吟商小品

石湖老人謂予云①：「琵琶有四曲，今不傳矣，曰濩索（一曰濩絃）梁州〔一〕、轉關綠腰、醉吟商湖渭州〔二〕、歷絃薄媚也。」予每念之。辛亥之夏②，予謁楊廷秀丈於金陵邸中③，遇琵琶工解作醉吟商湖渭州，因求得品絃法，譯成此譜，實雙聲耳〔三〕。

又正是春歸，細柳暗黄千縷，暮鴉啼處〔四〕。夢逐金鞍去。一點芳心休訴，琵琶解語。

【校記】

〔一〕一曰濩絃：厲鈔無此四字注。

〔二〕湖渭州：《欽定詞譜》「湖」作「胡」，是。夏承燾以爲「蓋清初人避嫌改」。

〔三〕雙聲：《欽定詞譜》「聲」下有「調」字。

〔四〕啼處：張本將全詞分作兩片，以此爲上片。

【箋　注】

① 石湖老人：范成大，字致能，號石湖居士，南宋詩人，生於宋靖康元年（一一二六），長於白石約三十歲。白石寫此詞時，石湖已六十五歲，故稱石湖老人。

② 辛亥：宋光宗紹熙二年（一一九一）。

③ 楊廷秀：楊萬里，字廷秀，南宋詩人，亦是白石知交。金陵邸中：金陵官府中，時楊爲江東漕。

【輯　評】

張文虎《舒藝室餘筆》（三）云：吴坰五總志：「馬氏南平王時，有王姓者善琵琶，忽夢異人傳之數曲，仙家紫雲之流亞也。」又云：「此譜清元昆制叙刊石於甲寅之方。與世人異者，有獨指泛清商、醉吟商、鳳鳴羽、聖應羽之類。」案，如姜序，不過舊譜失傳，偶得之於老樂工耳，吴説近於妖妄。

夏承燾、吴無聞《姜白石詞校注》云：此詞以柳起興，全首皆寫離情，似與合肥戀人有關。合肥巷陌多柳，屢見於白石詩詞。《淡黄柳》詞序謂合肥「柳色夾道，依依可憐」。《淒涼犯》詞序謂「合肥巷陌皆種柳」。此是一。又，此詞結句「琵琶解語」，也似和合肥戀人有關。白石有《琵琶仙》詞；《解連環》詞謂「大喬能撥春風」；《浣溪沙》詞謂「恨入四絃」；又加上此詞結句，表明白石的合肥戀人是一個能彈琵琶的女子；此詞所懷念的也當是這個善彈琵琶的女子。

【評　析】

這是一首琵琶曲，入雙調（夾鍾商）。從詞序知白石係借舊曲另度新腔。宋詞本調僅見此篇，故《詞譜》、《詞律》均列此首。

這是光宗紹熙二年（一一九一）初夏，白石流寓金陵時感時懷人之作。首三句寫己之居處。適值「春歸」，楊柳摇曳，暮鴉悲啼，畫面十分陰沉。這樣的氣氛當然容易傷感，容易懷人。接下去却又不寫己之懷人，而寫人之懷己。「夢逐金鞍去」，寫女子魂夢相隨。「一點芳心休訴，琵琶解語」，點出伊人因爲相思極深，而琵琶聲亦透露心事。全詞以楊柳起興，以琵琶收尾，是白石典型的懷念合肥情侣之作。

摸魚兒

辛亥秋期①，予寓合肥，小雨初霽，偃臥窗下，心事悠然。起與趙君猷露坐月飲②，戲吟此曲，蓋欲一洗鈿合金釵之塵③。他日野處見之④，甚爲予擊節也⑤。

向秋來、漸疏班扇〔一〕⑥，雨聲時過金井⑦。堂虚已放新涼入，湘竹最宜欹枕⑧。閑記省，又還是、斜河舊約今再整⑨。天風夜冷，自織錦人歸⑩，乘槎客去⑪，此意有誰領。空贏得今古三星炯炯⑫，銀波相望千頃。柳州老矣猶兒戲⑬，瓜果爲伊三請⑭。雲路迥，漫説道、年年野鵲曾並影⑮。無人與問，但濁酒相呼，疏簾自捲，微月照清飲。

【校　記】

〔一〕班扇：厲鈔「班」作「斑」。王念孫《讀書雜志》：「班、斑、辯，古字通。」

【箋　注】

① 辛亥：宋光宗紹熙二年（一一九一）。

② 趙君猷：白石友人，事迹不詳。

③ 鈿合金釵：鈿合，即鈿盒，金鑲的首飾盒。鈿合金釵指男女定情的信物。《白居易集》卷十二陳鴻《長恨歌傳》載，唐玄宗詔見楊玉環，甚悦之。「定情之夕，授金釵鈿合以固之」。

④ 野處：洪邁（一一二三—一二〇二），字景盧，號野處，南宋著名文人，著有《容齋隨筆》、《夷堅志》等。

⑤ 擊節：指稱賞他人詩文。

⑥班扇：漢成帝時，嬪妃班婕妤因趙飛燕得寵而受冷落，曾作《怨歌行》，以紈扇自喻：「新裂齊紈素，皎潔如霜雪。裁爲合歡扇，團團似明月。出入君懷袖，動摇微風發。常恐秋節至，涼飈奪炎熱。棄捐篋笥中，恩情中道絶。」後人遂稱扇子爲班扇。

⑦金井：井欄上有雕飾的井。李白《長相思》：「絡緯秋啼金井闌。」

⑧湘竹：亦稱湘妃竹，産於南方，可用制涼席。相傳舜帝南巡，崩於蒼梧（今湖南寧遠），舜之二妃尋至洞庭，聞訊哭泣，淚滴竹竿而成斑竹，投水殉夫。攲枕：斜靠在枕上休息。

⑨斜河舊約：指七夕時牛郎、織女一年一度的相會。斜河，銀河。今再整，又到了。

⑩織錦人：織女。《史記・天官書》：「織女者，天女孫也。」

⑪乘槎客：《博物志》載：「天河與海通。近世有人居海渚者，乘槎而去，至一處，有城郭狀，屋舍甚嚴，遥望宫中多織婦，見一丈夫，牽牛渚次飲之。此人問：『此是何處？』答曰：『君還至蜀郡，問嚴君平則知之。』」槎，木筏。

⑫三星：《詩經・唐風・綢繆》：「綢繆束薪，三星在天。今夕何夕，見此良人。」後人遂以三星爲男女嫁娶之代稱。

⑬「柳州」二句：唐柳宗元曾作《乞巧》文，紀七夕之事。柳州，指柳宗元。柳宗元曾貶官柳州，世稱柳柳州。

⑭ 瓜果爲伊三請：擺設瓜果，向三星銀河爲你（柳宗元）多次祝願。

⑮ 野鵲曾並影：意謂每年七夕，喜鵲搭橋，以助牛郎織女相會。

【輯　評】

夏承燾、吴無聞《姜白石詞校注》云：這是一首寫牛郎織女的詞。歷來詠七夕的詞中，秦觀的小令《鵲橋仙》比較著名。白石此詞是長調，鋪叙較多。上片首四句寫新秋情景。「斜河舊約今再整」，似是不專爲牛女而發，當是借以比擬作者和合肥戀人間的愛情波瀾。此意直貫下片，「漫説道、年年野鵲曾並影」，以及「無人與問，但濁酒相呼，疏簾自捲，微月照清飲」。在這些辭句之間，使人感到作者的含蓄的幽怨。

【評　析】

白石於此詞頗爲自負，小序中説自己追求「一洗鈿合金釵之塵」，也就是説，不落入七夕詩詞兒女情長的窠臼。

上片開首三句寫秋涼，而采用「班扇」典中却又暗含作者的孤獨心情。一場秋雨以後，欹枕而臥，倍覺冷清。此時忽然想起，今夕乃是牛郎織女相會之日，只是眼下「天風夜冷」，涼夜迢迢，誰又能夠領會得到自己的意趣呢？基調是清空的。

下片以「空贏得」領唱，發千古之遐思，意象宏闊。接着用調侃的筆觸引柳宗元詩中典故，寫牛女七夕神話，抒相思却不纏綿。現在天人遠隔，鵲橋故事虚幻無憑，不過是美好願望相傳而已，人間却是一派孤寂。至此，白石筆鋒一轉，「但濁酒相呼，疏簾自捲」。既然寂寞，那就在微弱的月光下，自酌自飲算了。這當然跡近豪放，但緊接着「微月照清飲」一句，又將瞬時的豪放冰釋，仍回轉到「清空」一路。收放自如，顯示了白石過人的駕馭語言的功力。

淒涼犯〔一〕

合肥巷陌皆種柳，秋風夕起騷騷然。予客居闔户，時聞馬嘶。出城四顧，則荒煙野草，不勝淒黯，乃著此解①。琴有淒涼調，假以爲名。凡曲言犯者②，謂以宫犯商、商犯宫之類，如道調宫「上」字住③，雙調亦「上」字住，所住字同，故道調曲中犯雙調，或於雙調曲中犯道調〔二〕，其他准此。唐人樂書云：「犯有正、旁、偏、側；宫犯宫爲正，宫犯商爲旁，宫犯角爲偏，宫犯羽爲側。」此説非也。十二宫所住字各不同④，不容相犯。十二宫特可犯商、角、羽耳。予歸行都⑤，以此曲示國工田正德⑥，使以啞觱栗角吹之⑦，其韻極美。亦曰「瑞鶴仙影」⑧。

緑楊巷陌。秋風起〔三〕、邊城一片離索⑨。馬嘶漸遠，人歸甚處，戍樓吹角⑩。情懷正惡、更衰草寒煙淡薄。似當時、將軍部曲⑪，迤邐度沙漠⑫。　追念西湖上，小舫攜歌⑬，晚花行樂。舊游在否？想如今、翠凋紅落。漫寫羊裙⑭，等新雁來時繫著。怕匆匆、不肯寄與，誤後約⑮。

【校　記】

〔一〕淒涼犯：《宋六十名家詞》調下有「仙侶調犯商調。合肥秋夕」小注，《詞綜》作「合肥秋夕」。

〔二〕雙調曲中：張本「雙」作「霻」。

〔三〕秋風：《宋六十名家詞》、《花庵詞選》、《詞綜》「秋」均作「西」。

【箋　注】

①著：指譜寫。解：樂曲一章爲一解。

②犯：音樂專名，使宫調相犯以增加樂曲之變化，類似西樂的轉調，由甲轉乙，又由乙回甲，使樂調

變化豐富。

③住：指樂曲中的尾音或結束音。《夢溪筆談》謂之「殺聲」，《詞源》謂之「結聲」，《律吕新書》謂之「畢曲」。

④十二宫：古樂調中的十二宫調，分别爲黄鍾、太簇、姑洗、蕤賓、夷則、無射、大吕、應鍾、南吕、林鍾、小吕、夾鍾。

⑤行都：指南宋都城臨安（今浙江杭州）。時金人占領淮北，南宋統治者不承認其合法性，仍定宋朝京師爲汴京，故杭州只能稱爲行在所，簡稱行都。

⑥國工：宫廷樂工。田正德：宋乾、淳間著名樂師。周密《武林舊事》卷四載乾淳教坊樂部「觱栗色、德壽宫：田正德教坊大使」。

⑦以啞觱栗角：用啞觱栗的標準音高來核准（此曲）。啞觱栗，即觱栗，西域傳到中國的一種吹奏樂器，以竹爲管，以軟蘆爲哨，其音低於横笛而高於豎簫。陳暘《樂書》稱其爲「頭管」，意爲此樂器音質爲衆樂之首。因此，宋人歌慢曲、引、近往往用啞觱栗伴奏。

⑧亦曰「瑞鶴仙影」：《舒藝室餘筆》：「此與《瑞鶴仙》句調亦大同小異。」

⑨邊城：南宋時中原淪陷，淮水已成邊界。離索：蕭條荒涼。按南宋初王之道《相山集》有《出合肥北門二首》云：「淮水東來没踝無，只今南北斷修塗。東風却與人心别，布暖吹生徧八區。」「斷

垣甃石新修壘，折戟埋沙舊戰場。闃闃凋零煨燼裏，春風生草没牛羊。」又《齊東野語》五「端平入洛」條，記端平元年全子才合淮西之兵赴汴京，從合肥渡壽州抵蒙城一帶，「沿途茂林長草，白骨相望，蝱蠅撲面，杳無人蹤」。可爲該時期淮河流域間蕭條荒涼之參證。

⑩ 戍樓：古代城牆上用於兵事的崗樓。

⑪ 部曲：古代軍隊編制單位，泛指軍隊。《續漢書·百官志》：「將軍領軍，皆有部曲。」

⑫ 迤邐：曲折連綿。

⑬ 攜歌：攜帶歌女。

⑭ 「漫寫」二句：《南史·羊欣傳》載，南朝羊欣夏天穿新絹裙晝寢，王獻之善書法，在羊的新裙上揮筆寫字。羊欣醒後見到王獻之墨跡，十分高興，把新裙墨寶珍藏起來。此處用「羊裙」代指贈予摯友的書信，意謂徒然寫好書箋等待雁兒來代捎。

⑮ 後約：日後相聚的期約。

【輯　評】

周濟《宋四家詞選》云：白石號爲宗工，然亦有俗濫處（《揚州慢》「淮左名都，竹西佳處」），寒酸處（《法曲獻仙音》「象筆鸞箋，甚而今不道秀句」），補湊處（《齊天樂》「豳詩漫與，笑籬落呼燈，世間兒女」),敷衍處(《淒涼犯》「追念西湖上」半闋),支處(《湘月》「舊家樂事誰省」),複處(《一萼紅》「翠藤共閑穿徑竹」、「記曾共西樓雅集」),不可不知。

鄧廷楨《雙硯齋詞話》云:詞家之有白石,猶書家之有逸少,詩家之有浣花。蓋緣識趣既高,興象自别。其時臨安半壁,相率恬熙。白石來往江淮,緣情觸緒,百端交集,託意哀絲。故舞席歌場,時有擊碎唾壺之意。如……《淒涼犯》之「馬嘶漸遠,人歸甚處,戍樓吹角。情懷正惡、更衰草寒煙淡薄。似當時、將軍部曲,迤邐度沙漠。」……則周京離黍之感也。

俞陛雲《唐五代兩宋詞選釋》云:詞在合肥秋夕作。上闋汴路回看,慨收京之無望;下闋臨安南望,歎俊賞之難追。合肥本屬江淮腹地,以其時南北分疆,其地遂爲防秋邊徼,故「邊城」、「鬢角」等句,宛如塞上也。度漠雄師,徒勞追念,則南朝之不振可知,下闋憶當時小舫清歌之樂,换客中西風畫角之悲,情懷更劣矣。

夏承燾、吴無聞《姜白石詞校注》云:此詞上片寫淮水前綫被兵後的荒涼景況,有如李華的《弔古戰場文》。王之道《相山集》有《出合肥北門二首》之一云:「斷垣甃石新修壘,折戟埋沙舊戰場。闃闃凋零煨燼裏,春風生草没牛羊。」又《齊東野語》卷五謂自合肥渡壽州抵蒙城一帶,「沿途茂林長草,白骨相望,虻蠅撲面,杳無人蹤」。可見南宋百餘年間淮河流域的慘狀。下片回憶西湖,則笙歌畫船,上下嬉恬,一片升平景象。上片與下片,不僅形成鮮明的對照,抑且寓有「直把杭州作汴州」的諷刺意味在內。

【評　析】

本詞約作於光宗紹熙元年（一一九〇），作者時客合肥。小序頗長，除中間部分交待本曲的音樂知識以外，開頭「合肥巷陌皆種柳」至「乃著此解」八句，點出離亂哀時的詞旨。序尾又假想，倘若本詞「以啞觱栗角吹之」，則「其韻極美」，回應序首，加濃了荒涼蕭索的藝術氛圍。應該説，這是本詞的基調。

上片寫作者躑躅塞垣，耳聞目睹的邊城殘敗氣象。合肥在北宋時曾一度是淮南西路的治所，至南宋，宋、金以淮爲界，則已是屢經兵燹的邊城了。起筆寫秋風中的楊柳，透出一派離索。接寫所見所聞，戰馬嘶鳴漸遠，戰士身影漸失，這時崗樓上却響起悲切的號角。以上種種亂離意象，却以清雅的筆墨結之：「情懷正惡、更衰草寒煙淡薄。」這就體現了白石的「清空」藝術本色。而獨自行進於此，「似當時、將軍部曲，迤邐度沙漠」，又平添了幾分氣勢，言外頗多寄託。

過片以「追念」領起，追憶往日的西湖之游。宋淳熙十四、十五年間，白石曾客居杭州。記憶中畫舫蕩舟，團花晚照，處處笙歌，恰爲目下荒涼的對照。更兼記念「舊游在否」，心底還存留一脈温情。而「想如今、翠凋紅落」。而今秋氣肅殺，西子湖畔亦當繁華消歇了吧。以下轉入對未來的期盼和擔憂。「漫寫」句借羊欣珍藏王獻之書法的傳説，表達了作者企圖將自己的心意寫在字幅信箋上託雁兒捎給心中之人。詞末在這一意象中翻出新意：「怕怱怱，不肯寄與，誤後約。」顯示出作者身處離亂時代惴惴不安的心緒，是進一層的寫法。

秋宵吟越調

古簾空①，墜月皎。久坐西窗人悄②。蛩吟苦③、漸漏水丁丁〔一〕④，箭壺催曉。引涼颸⑤，動翠葆⑥。露脚斜飛雲表⑦。因嗟念、似去國情懷，暮帆煙草〔二〕。帶眼銷磨⑧，爲近日愁多頓老。衛娘何在⑨，宋玉歸來⑩，兩地暗縈繞。摇落江楓早。嫩約無憑⑪，幽夢又杳，但盈盈⑫，淚灑單衣，今夕何夕恨未了⑬。

【校　記】

〔一〕漏水：《宋六十名家詞》、《花庵詞選》「水」作「永」。

〔二〕暮帆煙草：厲鈔作「暮煙衰草」。《花庵詞選》「帆」作「晚」，形近之訛。

【箋　注】

①古簾：陳舊的門簾。

②悄：憂愁貌。《詩經·陳風·月出》：「月出皎兮，佼人僚兮。舒窈糾兮，勞心悄兮。」

③蛩：蟋蟀，又名促織。

④漏：即銅壺滴漏，古代一種計時儀器，水滴逐漸滴入壺中，引起浮尺（即「箭」）按規律上升，以便計算時間。丁丁：漏水聲。

⑤涼颸：涼風。

⑥翠葆：原意指翠羽裝飾的車蓋，此處指青翠的緑竹。周邦彦《隔浦蓮近拍》：「新篁摇動翠葆。」

⑦露脚：指雨。李賀《李憑箜篌引》：「吴質不眠倚桂樹，露脚斜飛濕寒兔。」雲表：雲外。

⑧帶眼：腰帶上的孔。帶眼銷磨，指衣帶漸漸寬松。

⑨衛娘：漢武帝皇后衛子夫。後代指美貌女子，此處指作者合肥所戀。

⑩宋玉：戰國辭賦家，著《高唐賦》、《登徒子好色賦》等。

⑪嫩約：初約。

⑫盈盈：河水清淺貌。《古詩十九首》云：「盈盈一水間，脈脈不得語。」

⑬今夕何夕：《詩經·唐風·綢繆》：「今夕何夕，見此良人。」

【輯評】

夏承燾、吴無聞《姜白石詞校注》云：此乃秋夜不寐、思念情人之作。上片寫秋夜獨坐情景：「古簾空」、「墜月皎」、「露脚斜飛雲表」是所見；「蛩吟苦」、「漏水丁丁」是所聞。「箭壺催曉」應「久坐」句，寫通宵不寐的相思之苦。上片種種描寫，爲的是從側面烘托懷人這個主題。下片正面寫懷人。「宋玉歸來」、「衛娘何在」二句，説明他所眷戀的女人，此時不顧前約（「嫩約無憑」），已經他適或他往。結句「淚灑單衣」、「今夕何夕恨未了」，可爲「爲近日愁多頓老」的注脚。

【評析】

據夏譜，本詞作於紹熙二年（一一九一）秋白石由金陵重返合肥。

上片寫秋宵獨坐。當年簾内簾外當是歡歌笑語，春意盎然，而今一個「古」字盡顯滄桑，一個「空」字更使人想到人去樓空。「墜月皎」在承續上句的清冷外，也帶有時光流逝之意。接着「蛩吟苦」三句，寫促織伴着漏壺的丁丁水聲愁苦地悲吟。「引涼颸」三句，寫夜深風勁，細雨斜飛，進一步濃化陰冷氣氛。「因嗟念，似去國情懷，暮帆煙草。」收結到一種空蕩蒼涼的自我感覺。

下片正面抒寫懷人愁思。相思苦悶，衣帶漸寬，哀愁致人變瘦變老。歸來却不知「衛娘何在」，思念之情揮之不去，「嫩約無憑，幽夢又杳」。「嫩約」，夏承燾先生注爲「不堅固之約」。愚意當釋爲初約、早年之約爲宜。如嫩枝、嫩葉之嫩均可釋爲初、早。此又與上文「衛娘何在，宋玉歸來，兩地暗縈繞」照應。

點絳唇

金谷人歸①，緑楊低掃吹笙道。數聲啼鳥，也學相思調。　月落潮生，掇送劉郎老②。淮南好③，甚時重到？陌上生春草。

【箋　注】

① 金谷：在河南洛陽市西北。晉石崇於此建金谷園。石崇有妓名緑珠，極得寵愛，後石崇失勢，孫秀逼索緑珠，緑珠墜樓自殺。後人遂以金谷人代指名妓。

② 掇送：猶催送。劉郎：劉義慶《幽明録》載：劉晨、阮肇到天臺山采藥迷路，遇兩位仙女，被邀至家中，半年後回家，子孫已過七代，後重往天臺山尋訪，仙女已無蹤影。此處劉郎是作者自謂。

③ 淮南：淮水以南，指合肥一帶。

【輯評】

夏承燾、吴無聞《姜白石詞校注》云：陳思《白石道人年譜》定此詞爲宋光宗紹熙二年（一一九一）秋期後再自合肥東歸時的惜别之作。上片首二句的金谷笙歌，當是臨安、金陵等地繁華生活的反映。下片首二句以「劉郎老」自況，自傷遲暮。結三句與上片「也學相思調」相呼應，渲染惜别的主題。

【評析】

本詞當爲紹熙二年（一一九一）秋，白石自合肥東歸時惜别之作。惜别的對象當然是所戀的合肥女子。

上片「金谷人」點出合肥妓，接下來幾句却捨人而寫景。化用杜牧《金谷園》詩意：「繁華事散逐香塵，流水無情草自春。日暮東風怨啼鳥，落花猶似墜樓人。」緑楊、蘆笙、啼鳥都渲染着一種淡淡的幽愁，令人想起悱惻的江南相思小調，意亂神迷，情思綿綿。

下片感慨自己居無定所，日漸衰老。白石的合肥情遇，時合時離，如夢如幻，徒然「掇送劉郎老」而已。「淮南好，甚時重到」一語，平實簡潔，却藴含着深深眷戀。結尾「陌上生春草」，化《楚辭·招隱士》之句「王孫游兮不歸，春草生兮萋萋」，暗示芳草萋萋、行人無緣復歸的暗淡前景。

解連環

玉鞍重倚〔一〕，却沉吟未上，又縈離思。爲大喬能撥春風①，小喬妙移箏〔二〕，雁啼秋水②。柳怯雲鬆③，更何必、十分梳洗。道郎攜羽扇，那日鬲簾，半面曾記④。西窗夜涼雨霽，歎幽歡未足，何事輕棄。問後約、空指薔薇⑤，算如此溪山，甚時重至。水驛燈昏，又見在、曲屏近底⑥。念唯有、夜來皓月，照伊自睡。

【校　記】

〔一〕玉鞍：原作「玉鞭」。《宋六十名家詞》、《花庵詞選》、《詞綜》「鞭」均作「鞍」，是，今據改。

〔二〕大喬、小喬：張本二「喬」皆作「橋」。移箏：《詞綜》「移」作「攜」，與下句「道郎攜羽扇」重字，義遜。

【箋　注】

① 大喬：喬，亦寫作橋。大橋、小橋乃東吴美女。據《三國志·吴書·周瑜傳》，三國時東吴「橋公

兩女，皆國色也，策自納大橋，瑜納小橋」。這裏以大橋、小橋代指白石合肥戀人。撥春風：指彈琵琶。黄庭堅《次韻答曹子方雜言》：「侍兒琵琶春風手。」

② 雁啼：彈古箏，古箏有承絃之柱斜列如雁行，故云。

③ 柳怯雲鬆：柳怯，謂腰肢柔軟。雲鬆，謂雲鬢鬆亂。

④ 半面：指初次見面，即印象深刻。《後漢書·應奉傳》注言東漢應奉特善記人面孔，一次有人露半面看他，數十年後，應奉在路上見到此人，還清楚地認得。《北史·楊愔傳》亦云：「其聰記强識，半面不忘。」

⑤ 指薔薇：謂指薔薇花以爲期。杜牧《留贈》詩：「不用鏡前空有淚，薔薇花謝即歸來。」

⑥ 曲屏近底：曲折的畫屏跟前。

【輯評】

先著、程洪《詞潔輯評》云：意轉而句自轉，虚字先揉入字内。一詞之中，如具問答，抑之沉，揚之浮，玉軫漸調，朱絃應指，不能形容其妙。

許昂霄《詞綜偶評》云：「玉鞍重倚」三句冒起。「爲大喬能撥春風」以下倒叙。「柳怯雲鬆」二句，固知濃抹不如淡妝。「歎幽歡未足」二句，與起處遥接。從合至離，他人必用鋪排，當看其省筆處。「問後約空指薔薇」三句，深情無限，覺少游「此去何時見也」，淺率寡味矣。

吴衡照《蓮子居詞話》云：言情之詞，必藉景色映托，乃具深宛流美之致。白石「問後約空指薔薇，歎如此溪山，甚時重至。」……似此造境，覺秦七、黄九尚有未到，何論餘子。

夏承燾、吴無聞《姜白石詞校注》云：詞當是作者離合肥後，在「水驛燈昏」的旅途中所寫，他追念别時情景，歷歷在目，「玉鞭」三句寫行者沉吟不忍上馬遽别，情意深至。他所眷戀的女子，不僅容色姝麗，而且能彈奏絃樂。「道郎攜羽扇，那日隔簾，半面曾記」以及「何事輕棄」等句，都是女兒口吻，乃别前的喁喁情話。至「水驛燈昏」四句，始回到别後的現實中來。結句有「共看明月應垂淚，一夜相思兩處同」之意。

【評　析】

這是白石離開合肥，告别戀人之作，與前首《點絳唇》的寫作年代及背景相同。

上片開門見山，寫臨行時的遲疑徘徊，「玉鞍」三句對自我神態描摹得十分客觀。如此遲疑徘徊究竟爲什麽呢？「大喬」、「小喬」即作出回答。用五句從姐妹的才藝寫到容貌、寫到神態。其中「柳怯雲鬆」亦暗示了女子依依惜别，亦無心打扮。接着寫女子話别之言，用「道」字領起：「道郎攜羽扇，那日隔簾，半面曾記。」初見郎君時，你手持羽扇，何其翩然，印象極爲深刻。按夏承燾、吴無聞《校注》云：「《南史·後妃傳》載：『梁元帝徐妃以帝眇一目，每知帝將至，必爲半面妝以俟。』」智者千慮，注引大誤，至使詞意不通。按《後漢書·應奉傳》「時人奇之」注：「奉年二十時，嘗詣彭城相袁賀，賀時出行閉門，造車匠於内開扇，出半面視奉，奉即委去。後數十年，路見車匠，識而呼之。」是説東漢應奉特善記人面孔，一次有人露半面看他，數十年後，應奉在路上見到尚能記得。白石詞作女兒口吻，是説那天你持羽扇經過，我隔簾雖只見了半面，但至今不忘。與夏注所引「半面妝」無涉。

下片承前意，寫臨行窗下話别情事。「西窗」三句，歎正是雨過天涼、歡聚未久，爲什麽又要離别呢？於是，引出「問後約、空指薔薇，算如此溪山，甚時重至」。問後會之約，徒然指花爲期，勉强安慰，其實誰都明白，如此美好的山川，何時能再來呢。這還是女子口吻。縱筆至此，筆鋒一轉，「水驛」三句又回到眼下自己所處之境，並由此不由自主地又想象到伊人今宵的孤獨：「念唯有、夜來皓月，照伊自睡。」全詞一波三折，閃現舊境，懸想對方，叙事宛曲，思路回環，是情詞中的上乘之作。

玉梅令高平調〔一〕

石湖家自制此聲①，未有語實之②，命予作。石湖宅南，鬲河有圃曰范村③，梅開雪落，竹院深静，而石湖畏寒不出，故戲及之。

疏疏雪片。散入溪南苑。春寒鎖、舊家亭館。有玉梅幾樹，背立怨東風，高花未吐，暗香已遠④。　公來領略〔二〕，梅花能勸。花長好、願公更健。便揉春爲酒⑤，翦雪作新詩，拚一日、繞花千轉⑥。

【校　記】

〔一〕玉梅令：夏承燾云：《詞譜》依《詞緯》本，删上片「高花未吐」之「高」字，以對下片之「拚一日」，又於下片「梅花能勸」句「梅」下增「下」字，對上片「散入溪南苑」句。《詞律》亦云：「『高』字恐贅，蓋自『春寒』以下，前後同也。」案白石自謂自度曲「前後闕多不同」，見《長亭怨慢序》；《詞緯》臆改，不可從。此首宋元詞中，無他首可校。

〔二〕領略：張本、厲鈔、《宋六十名家詞》皆作「領客」。

【箋　注】

①石湖：范成大，號石湖，南宋詩人。淳熙九年（一一八二），范成大時年五十七歲，因病退居故鄉石湖，白石亦曾客居於此，兩人交往甚密。自制此聲：指范閑居時自制了《玉梅令》曲。

②未有語實之：未填寫歌詞。

③范村：范成大的園圃。范成大《梅譜》自序：「余於石湖玉雪坡既有梅數百本，比年又於舍南買王氏僦舍七十楹，盡拆除之，治爲范村。以其地三分之一與梅。」

④暗香：林逋《山園小梅》有「暗香浮動月黄昏」之句。

⑤揉春爲酒：將春色釀成美酒。

⑥翦：同「剪」。拚：亦作拼，不顧惜，猶言豁上。

【輯評】

李佳《左庵詞話》卷下云：白石詞《玉梅令》下闋……詞中寓祝壽意，寫來却見語妙意新，與俗手固自不同。

吴世昌《詞林新話》云：白石《玉梅令》下片云揉春爲酒，剪雪作詩，都是做作過甚，雅得太俗！

夏承燾、吴無聞《姜白石詞校注》云：此詞宋光宗紹熙二年（一一九一）冬客石湖家、雪中范村訪梅之作。石湖自淳熙間請病歸蘇州，至今已十餘年。詞序謂「石湖畏寒不出」，正以病故。詞中寫范村「梅開雪落」，景色極美「深静」。「玉梅幾樹，背立怨東風」，「公來領略，梅花能勸」諸句，亦爲「石湖畏寒不出」而發。「願公更健」以下諸句，乃祝願石湖病體早日康復之意。

【評析】

范成大退居石湖後，白石曾於紹熙二年（一一九一）冬，冒雪到蘇州過訪范成大，並在石湖别墅短住。范成大愛梅，卜居石湖後把三分之一的院落讓與梅花，又自制《玉梅令》，虚曲以待，授白石填詞，當然在愛梅賞梅方面兩人惺惺相惜。

上片寫雪落梅開景象。白描筆觸，寥寥數筆，淩寒玉梅，澡雪精神。「怨東風」是調侃口吻，隱含主人不出，玉梅寂寞之意，爲下片作鋪墊。

下片勸范公到園中賞梅療疾。寄平安美好心願於花草的詩詞古來甚多，而寄此心於梅花者却屬罕見，況寫、受雙方都是梅花知己，所以别有一番趣味。

本詞緊扣梅花下筆，句句寫梅，却着眼世間常情，讀來情趣盎然。

暗　香〔一〕

辛亥之冬①，予載雪詣石湖。止既月②，授簡索句③，且徵新聲④。作此兩曲，石湖把玩不已，使工妓肄習之，音節諧婉，乃名之曰《暗香》、《疏影》〔二〕⑤。

舊時月色，算幾番照我，梅邊吹笛。喚起玉人，不管清寒與攀摘。何遜而今漸老⑥，都忘却、春風詞筆。但怪得、竹外疏花⑦，香冷入瑶席。　江國⑧，正寂寂。歎寄與路遥⑨，夜雪初積。翠尊易泣⑩，紅萼無言耿相憶⑪，長記曾攜手處，千樹壓、西湖寒碧。又片片吹盡也，幾時見得。

【校　記】

〔一〕暗香：《詞綜》調名下有「石湖詠梅」字題。《宋六十名家詞》、《絶妙好詞》調名下有「仙吕宫」三字。

〔二〕名之：厲鈔、張本、《宋六十名家詞》「名」作「命」。

【箋　注】

①辛亥：宋光宗紹熙二年（一一九一）。

②止既月：停留滿一個月。

③授簡索句：指授與紙箋，要白石寫詞。

④徵新聲：請創新調。

⑤《暗香》、《疏影》：林逋《山園小梅》詩：「疏影横斜水清淺，暗香浮動月黄昏。」白石愛此二句，取

句首二字爲「自度曲」詠梅之調名。

⑥「何遜」句：梁朝詩人何遜，字仲言，酷愛梅花，寫過《詠早梅》詩。杜甫《和裴迪……逢早梅相憶見寄》：「東閣官梅動詩興，還如何遜在揚州。」作者這裏以何遜自擬，説年事漸增，昔日文采漸漸減退。

⑦竹外疏花：蘇軾《和秦太虛梅花》：「江頭千樹春欲暗，竹外一枝斜更好。」瑶席：指精美的座席。

⑧江國：猶言江南水鄉。

⑨寄與路遥：謂寄贈梅花路途遥遠。暗用南朝陸凱折梅贈長安友人范曄事。其《贈范曄詩》云：「折梅逢驛使，寄與隴頭人。江南無所有，聊贈一枝春。」

⑩翠尊：用緑色寶石制成的酒杯，這裏指酒。

⑪紅萼：指梅花。耿：耿然於心，不能忘懷。

【輯　評】

張炎《詞源》云：此數詞皆清空中有意趣，無筆力者未易到。

先著、程洪《詞潔輯評》云：落筆得「舊時月色」四字，便欲使千古作者皆出其下。咏梅嫌純是素色，故用「紅萼」二字，此謂之破色筆。又恐突然，故先出「翠尊」字配之，説來甚淺，然大家亦不外此。

用意之妙，總使人不覺。則烹鍛之工也。

許昂霄《詞綜偶評》云：「舊時月色」二句，倒裝起法。「何遜而今漸老」二句，陡轉。「但怪得竹外疏花」二句，陡落。「歎寄與路遥」三句，一層。「紅萼無言耿相憶」，又一層。「長記曾攜手處」二句，轉。「又片片吹盡也」二句，收。

宋翔鳳《樂府餘論》云：《暗香》、《疏影》，恨偏安也。蓋意愈切，則辭愈微，屈宋之心，誰能見之。乃長短句中復有白石道人也。

李佳《左庵詞話》云：白石筆致騷雅，非他人所及，最多佳作。石湖詠梅二詞，尤爲空前絶後，獨有千古。《暗香》云……《疏影》云……清虚婉約，用典亦復不涉呆相。風雅如此，老倩小紅低唱，吹簫和之，洵無愧色。

陳廷焯《白雨齋詞話》卷二云：南渡以後，國勢日非，白石目擊心傷，多於詞中寄慨。不獨《暗香》、《疏影》二章，發二帝之幽憤，傷在位之無人也。特感慨全在虚處，無跡可尋，人自不察耳。

王國維《人間詞話》云：白石《暗香》、《疏影》格調雖高，然無一語道著，視古人「江邊一樹垂垂發」（按：杜甫《和裴迪登蜀州東亭送客逢早梅相憶見寄》中詩句）等句何如耶？

陳匪石《宋詞舉》卷上云：蓋此章立言，以賞梅之人爲主，而言其經歷，述其感想，就梅花之盛時、衰時、開時、落時，反復論叙，無限情事，即寓其中。……特其旨隱微，其詞渾脱，不見寄託之跡，只運化梅花故實，説看梅者之心事。陳氏稱白石「感慨全在虚處，無跡可尋」，蓋如此乃真能「以寄託入、無寄託出」者。

劉永濟《唐五代兩宋詞簡析》云：此紹熙二年冬，堯章至石湖所作，與後《疏影》詞爲堯章集中有名之作。詞雖詠梅而非敷衍梅花故實。蓋寄身世之感於梅花，故其辭雖不離梅而又不黏著於梅。此首前半闋就作者本身言；後半闋則其感於世事之詞。「月色」而曰「舊時」，一起即有今昔之感。「梅邊吹笛」、「玉人」、「攀摘」，皆舊時賞梅情事也。「何遜而今漸老」以下，則今日觀梅之情。何遜以自比也。今何遜雖「忘却春風詞筆」，然逢花遇酒，亦不能不興感。後半闋即就所感著筆。「江國，正寂寂」句，言外有南宋朝政昏暗之意。「寄與路遥」，雖暗用陸凱寄梅故事，實追指被金人擄去之二帝、后妃及宗室而言。「路遥」、「夜雪」皆北地也。思念及此，故有「翠尊」之「泣」，與「紅萼」之「憶」。翠尊非能泣，紅萼非能憶，泣與憶皆此飲翠尊與觀紅萼之人也。而「千樹壓西湖」與「片片吹盡」句，則又以昔盛今衰作結，仍歸到梅花。此種寫法，在技術上，似詠梅而實非詠梅，非詠梅又句句與梅有關，用意空靈，此石湖所以「把玩不已」也。

沈祖棻《宋詞賞析》云：首三句從題前説起，極言情境之美。「唤起」兩句，承上，仍是舊時情事。梅邊月下，笛聲悠揚，當斯時也，復唤起玉人，犯寒摘花，月色笛聲，花光人影，融成一片，試思此何等境界、何等情致；而「何遜」兩句，筆鋒陡落，折入現狀，又何等衰颯。此周濟《宋四家詞選》所謂「盛時如此，衰時如此」，周爾墉《〈絶妙好詞〉評》所謂「以『舊時』、『而今』作開合」也。舊夢詞心，都歸遺忘，而續以「但怪得」兩句，則竹外疏花，冷香入席，又復引人幽思。未免有情，誰能遣此耶？下片仍從盛衰見脈絡。换頭起筆即用「江國，正寂寂」，點出衰時。「歎寄與」兩句，謂欲寄相思，則路遥雪積，極盡低徊往復，忠愛纏綿之情。「翠尊」兩句，則此情欲寄無從，但餘悲泣，「紅萼無言」，殆已至無可説之境地，然終耿耿不忘。其情深至，其音淒厲。「長記」兩句，復苦憶當時之盛，結二句又陡轉入此日之衰。周濟所謂「想其盛時，感其衰時」也。「又片片」句，謂一片一片，吹之不盡，終至於盡。「幾時見得」，斬釘截鐵之言，實千回百轉而後出之，如瓶落井，一去不回，意極沉痛。

俞平伯《唐宋詞選釋》云：寄贈梅花更早的故事見於《説苑》：「越使諸發執一枝遺梁王。梁王之臣曰韓子，顧左右曰：『惡有一枝梅乃遺制國之君乎！』」（《初學記》卷二十引劉向《説苑》）

夏承燾、吴無聞《姜白石詞校注》云：這首詞以盛衰爲脈絡，以今昔爲開合，到下片忽又插入懷人的主題。這好比一首交響樂的旋律，它於表現第一主題第二主題之外，有時還插入第三主題，它們錯綜地交相出現，使樂曲的旋律更加豐富，更加美聽。

唐圭璋《唐宋詞簡釋》云：此首詠梅，無句非梅，無意不深，而託喻君國，感懷今昔，尤極宛轉回環之妙。

吴世昌《詞林新話》云：白石《暗香》、《疏影》二首，游戲之作耳。雖藝術性强，實無甚深意。乍看似新穎可喜，細按則勉强做作，不耐咬嚼。此本擬人格之通病。白石以花比美人，甚至謂「暗憶江南江北」，即昭君本人又何嘗有此感念。且「環珮空歸夜月魂」，老杜已先發其想象，白石學舌，已落第二乘矣。亦峰謂此二詞「發二帝之幽憤，傷在位之無人也，特感慨全在虛處，無跡可尋，人自不察耳」。「斯爲沉鬱，斯爲忠厚」云云，全是自欺欺人之談。白石自寫情詞，與時事無關。所謂沉鬱忠厚，意凡詞叫人看不懂就好，就有寄託。《儒林外史》中有「九門提督待兄是没法説的了」，即此美也，皇帝新衣亦此類也。

【評析】

本篇《暗香》與下篇《疏影》，是宋光宗紹熙二年（一一九一）冬所作。時白石冒雪造訪范成大，應主人之請而寫了這兩首詠梅詞。

此詞的特點是將詠物與懷人相結合描寫。上片開篇即追憶昔日倚梅吹笛和美人夜摘梅花的情事。意境幽雅，美人與梅花相並，表現了梅花高雅風韻。加之用典扣合題旨，遣詞造句又十分温潤儒雅，「香冷入瑶席」，令人感受到梅花的幽雅芳姿。下片還是詠花與懷人結合。先寫手捧紅梅懷人，接着又追憶攜手同游西湖看千樹梅花綻放的情事。初春寒碧的湖水，映照着千疊如雲的紅梅，凸現了梅花絶美的芳姿神采。

全詞意境空靈，委婉情深。張炎《詞源》贊此詞：「不惟清空，且又騷雅，讀之使人神觀飛越。」至於詞中寄託，劉永濟《唐五代兩宋詞簡析》言之甚詳，有人指爲牽强。不過將白石此二詞只作詠物詞或情愛詞讀，都未免淺解了。

疏影〔一〕

苔枝綴玉①，有翠禽小小，枝上同宿②。客裏相逢，籬角黄昏，無言自倚修竹③。昭君不慣胡沙遠〔二〕④，但暗憶、江南江北。想佩環、月夜歸來〔三〕，化作此花幽獨⑤。猶記深宮舊事，那人正睡裏，飛近蛾緑⑥。莫似春風，不管盈盈⑦，早與安排金屋⑧。還教一片隨波去，又却怨、玉龍哀曲⑨。等恁時⑩、重覓幽香〔四〕，已入小窗横幅。

【校記】

〔一〕疏影：《宋六十名家詞》、《絶妙好詞》詞名下注「仙吕宫」三字。

〔二〕胡沙：許增校：「《歷代詩餘》、《欽定詞譜》『胡』皆作『龍』。清人避嫌改。」

〔三〕月夜：《詞綜》、《絶妙好詞箋》「夜」作「下」。

〔四〕重覓：厲鈔「重」作「角」。

【箋注】

① 苔枝綴玉：范成大《梅譜》和《武林舊事》均記叙了「苔鬚垂於枝間」的「古梅」。白石詞謂長滿蘚苔的枝條間，點綴着潔白如玉的花朵。

② 「有翠禽」二句：《類説》引《異人録》説：隋唐時趙師雄行羅浮山，日暮於樹林中遇一美人，與之對飲，有緑衣童子戲舞其側。師雄醉後入睡，天明醒來，「起視大梅花樹上，有翠羽刺嘈相顧，所見蓋花神。月落參横，惆悵而已。」原來趙師雄所遇美女，乃梅花之神，緑衣童子即枝上翠鳥。

③ 「無言」句：化用杜甫《佳人》詩：「天寒翠袖薄，日暮倚修竹。」這裏把梅花比作佳人。

④ 昭君：漢代宫女王嬙。《後漢書·南匈奴傳》記載，漢元帝把王嬙遠嫁給匈奴，居留北方邊塞沙漠之地。鄭文焯校本云：「考唐王建《塞上詠梅》詩曰：『天山路邊一株梅，年年花發黄雲下。昭君已没漢使回，前後征人誰繫馬。』白石詞意當本此。」

⑤ 「想佩環」二句：意謂梅花乃千古佳人昭君靈魂所化。杜甫《詠懷古蹟》詩寫王昭君，有「環珮空歸夜月魂」之句。

⑥ 「深宫舊事」三句：叙寫有關梅花的韻事。《太平御覽》引《雜五行書》載：「宋武帝女壽陽公主，

人日臥於含章殿簷下，梅花落公主額上，成五出花，拂之不去。皇后留之，看得幾時，經三日，洗之乃落。宮女奇其異，競效之，今『梅花妝』是也。」蛾緑：指眉黛。

⑦「莫似春風」二句：謂别像春風那樣無情，毫不憐惜梅花的嬌嫩輕盈。盈盈：形容女子儀態美好。《古詩》「盈盈樓上女」，此處代指梅花。

⑧安排金屋：謂對梅花如待美女般加倍珍惜。《漢武故事》載，漢武帝劉徹少時，其姑母指着自己女兒阿嬌問他，娶阿嬌如何？劉徹答：「好！若得阿嬌作婦，當作金屋貯之也。」

⑨玉龍哀曲：指笛曲《梅花落》極哀婉，玉龍，笛名，玉指其華飾，龍狀其音聲。李白《與史郎中飲聽黄鶴樓上吹笛》詩，有「黄鶴樓中吹玉笛，江城五月落梅花」之句。

⑩等恁時：到那時，等此時。

【輯評】

張炎《詞源》云：詞中用事最難，要體認著題，融化不澀；如白石《疏影》云「猶記深宮舊事，那人正睡裏，飛近蛾緑」，用壽陽事；又云「昭君不慣胡沙遠……化作此花幽獨」，用少陵事；此皆用事不爲事所使。

張惠言《張惠言論詞》云：此章更以二帝之憤發之，故有昭君之句。（見《詞話叢編》第二册）

周濟《宋四家詞選》眉批云：此詞以「相逢」、「化作」、「莫似」六字作骨。不能挽留，聽其自爲盛衰。

謝章鋌《賭棋山莊詞話》云：「那人正睡裏，飛近蛾緑」，此即熟事虛用之法。

江琭《旅譚》云：近人張氏惠言謂：「白石此詞爲感汴梁宫人之入金者。」陳蘭甫亦以爲然。鄙意以詞中語意求之，則似爲僞柔福帝姬而作。按宋史公主傳云：「開封尼靜善者，内人言其貌似柔福，靜善即自稱柔福……。」白石《疏影》詞所云「昭君不慣胡沙遠……化作此花幽獨。」言其自金逃歸也。又云：「猶記深宫舊事……早與安排金屋。」則言其封福國長公主，適高世榮也。又云：「還教一片隨波去，又却怨玉龍哀曲。」則言其爲韋后所惡，下獄誅死也。

劉永濟《唐五代兩宋詞簡析》云：此詞更明顯爲徽、欽二帝作。起數句，暗用趙師雄夢見花神事以形容梅花之麗。「客裏」三句，以梅花比倚竹美人，「無言」者，見其情岑寂也。「昭君」二句，明用徽宗《眼兒媚》詞語。徽宗此詞有故國之思，故曰「暗憶江南江北」。「佩環」二句，言魂歸故國，此時徽、欽二帝均死於北地也。後半闋一起點明「深宫舊事」，乃追念北宋未亡前，徽宗荒淫逸樂之事。「睡裏」者，正斥其醉生夢死也。「莫似」三句，又責其不重國事，而以不能惜花相比。「一片」二句，則言其國亡被擄，空託詞語以念家國。「玉龍哀曲」，則指徽宗《眼兒媚》詞中「忍聽羌管」語也。「等恁時」二句，則表面言梅花落後，只有向畫中尋覓，言外却悲國事已壞，欲重於舊時之盛，惟有空想而已。此首比前首更爲悲憤，但皆以梅花託言，故非個中人知當時事如范成大者，不能感受其深意所在也。此詞後人誤解甚多，大都不知「昭君」句之用意何在，故説來多不瑩徹。

陳匪石《宋詞舉》云：此詞以美人爲喻。「苔枝綴玉」，先點題面。「翠禽」使羅浮事，以美人素妝迎趙師雄，故以「客裏相逢」三句繼之。「無言自倚修竹」，明用杜詩《佳人》末句，暗用蘇詩「竹外一枝」，所以狀梅之孤潔，亦比石湖之清高。若以章法言，首句是梅花，二、三兩句是花神，四、五、六句是與花神相遇時所見，而「昭君」四句則由「無言」引出者也。王建《塞上梅》詩有「昭君已没漢使回」之句，兹即借以立意。「不慣胡沙」、「暗憶江南江北」、月夜魂歸「化作此花幽獨」，當然是徽欽遺恨。徽宗《燕山亭》後片曰：「憑寄離恨重重，這雙燕何曾，會人言語？天遥地遠，萬水千山，知他故宫何處？怎不思量，除夢裏有時曾去。」可爲箋注之資。張、陳諸氏謂爲「發二帝之幽憤」是已。至其命意警辟，運掉空靈，又玉田所謂「自立新意」者，實高出王、張詠物各詞之上；夢窗《郭希道送水仙・花犯》，過片即脱胎於此：不獨「佩環」句化用杜詩，使事而不爲事使，如玉田所贊賞也。過變「深宫舊事」，詞面、詞意均遥承「昭君」句。曰「猶記」，則不堪回首之情。「睡裏飛近蛾緑」，用壽陽點額事，寫一憨態，反照前之幽獨。「安排金屋」，承「飛近蛾緑」。一片護惜之情，未忍似春風之聽其開落，又不使淪入胡沙；不料淪入胡沙者，即最可憶者也。「還教」，一轉，「隨波去」後，「却怨玉龍」，誰爲爲之？此恨遂成終古！無可奈何語，以跌宕之筆出之。結拍作無聊之想，猶欲「重覓幽香」，而「小窗横幅」，惟存幻影，並香亦不能留，語更沉痛。尋味後片「飛」者、「安排」者、「隨波」者，言已落之梅花；「睡裏」喻太平時沉酣之狀；「金屋」喻忠愛之忱；「玉龍」亦隱有所指，特其言微隱耳。

沈祖棻《宋詞賞析》云：首句，寫梅之姿色；「翠禽」二句，寫翠禽安適之狀。此宴安鼎盛之時。「客裏」三句，言客中相見，時值日暮天寒，雖綴玉枝頭，而横枝籬角，無言倚竹，已自凄涼。「客裏」，有播遷意；「籬角」，有江山一角意；「倚修竹」，有翠袖單寒，伶俜可憐意。此南渡偏安之局。「昭君」二句，發二帝之憤，以「胡沙」及「江南江北」對照點出。用「暗憶」字，尤見去國之悲乃所不敢明言，惟暗憶耳。「想佩環」二句，謂故國難歸，惟有「環珮空歸夜月魂」而已。昭君之魂，化作梅花，亦猶望帝之魂，化作杜宇，再次將眼前梅花與徽宗詞中「吹徹《梅花》」綰合。四句已極傷感。换頭「深宫」，謂汴京之宫，「舊事」，謂靖康二年以前之事。「那人」二句，以前沉酣睡夢之情。「莫似」三句，惜花之心，即忠愛之意。「還教」二句，謂雖有惜花之意，而終事與願違，落花終至隨波，護花心事亦惟同付東流而已。譚獻《復堂詞話》謂此二句「跌宕昭彰」，因其已將心事和盤託出。周濟則謂「莫似」以下五句，乃謂「不能挽留，聽其自爲盛衰」，所見亦是。花已隨波，護花無計，然聞笛聲之哀，又不能不怨，極吞吐難言之苦。結句謂雖欲重覓幽香，而徒餘畫幅。盛時難再，陳跡空存。行文至此，戛然而止，所謂「發言哀斷」也。此詞善用虚字，周濟謂「以『相逢』、『化作』、『莫似』六字作骨」，是也。他如「還教」、「又却」、「已入」，亦轉折翻騰，莫不入妙。

唐圭璋《唐宋詞簡釋》云：此首詠梅，寄託亦深。起寫梅花之貌，次寫梅花之神；梅之美，梅之孤高，並於六句中寫足。「昭君」兩句，用王建詠梅詩意抒寄懷二帝之情。「想佩環」兩句，用杜詩意，拍到梅花，更見想望二帝之切……换頭，用壽陽公主事，以喻昔時太平沉酣之狀。「莫似」三句，申護花之情，即以申愛君之情。「還教」二句，言空勞愛護，終於隨波飄流，但聞笛裏梅花，吹出千里關山之怨來，又令人抱恨無限。「等恁時」兩句，用崔櫓詩，言幽香難覓，惟餘幻影在横幅之上，語更沉痛。篇中雖隸事，然運氣空靈，筆墨飛舞。

俞平伯《唐宋詞選釋》云：此係白石自度曲，二首均詠梅花，蟬聯而下，似畫家的通景。第一首即景詠石湖梅，回憶西湖孤山千樹盛開，直説到「片片吹盡也」。第二首即從梅花落英直説到畫裏的梅花。與周邦彦《紅林檎近》詞兩首，由初雪説到雪盛、殘雪，再欲雪，章法相似，却不是純粹寫景詠物，多身世家國之感，與周詞又不同。上首多關個人身世，故以何遜自比。下首寫家國之恨居多，故引昭君、胡沙、深宫等等爲喻。更有一點可注意的，「江南江北」之「北」字出韻，係用南方土音押韻。豈因主要意思所在，故不迴避出韻失律之病？因之也更覺突出。竊謂舊説大致不誤，惟亦不必穿鑿比附以求之。至謂作詞時離徽欽被擄已六十年，就未必再提舊話，此點却似無甚關繫；因南渡以後，依然是個殘局，而且更危險，是不妨有所感慨。詞多比興，雖字面上説梅花，却處處關到自己，關到家國，引用古句甚多，自是用心之作，雖稍有沉晦處，參看注文，大意可通。夏氏懷念舊歡之説，在本詞看來不甚顯明。

吴世昌《詞林新話》云：宋人詞中余最不喜蘇軾《水龍吟·詠楊花》、白石《暗香》《疏影》、夢窗《唐多令》，而歷來論客多盛譽之，真不可解也。

夏承燾、吴無聞《姜白石詞校注》云：《疏影》詞借詠梅寄託其興亡之悲。起句寫梅花姿態。「倚修竹」三句寫梅花神韻。「昭君不慣胡沙遠」二句，前人謂係指二帝后妃北行事。……「佩環」句用杜甫「環珮空歸夜月魂」詩意。亦用昭君事。下片「飛近蛾緑」三句亦梅花典故。其意或以壽陽的香夢沉酣，比擬宋廷之不自振作。「安排金屋」三句以梅花比阿嬌，以惜花之心比擬對國家的耿耿忠愛之心。「玉龍哀曲」三句以水流花謝，喻北宋的敗亡、汴京的陷落，終於無可挽回。結語謂欲重覓幽香，而梅花不見，徒餘小窗横幅而已。感慨興亡，語極沉痛。

【評析】

較之《暗香》，此篇詞境尤見深婉而悠長，寫法却迥然不同，是大量運用歷史典故和前人詩意，將與梅花有關的人事集中描寫。上片化用杜甫《佳人》及《詠懷古蹟》有關佳人和王昭君的詩句，將佳人的高潔和昭君眷戀故國的情懷和梅花的幽獨之魂合而爲一，極寫梅花不同凡俗的情韻。白石詞意是否影射政局，當然可容見仁見智。但無論如何佳人芳魂歸來，化作梅花幽獨，這樣的意象實在是美妙！下片則將壽陽公主和阿嬌的典故結合來寫梅花的絶美，抒寫憐香惜玉之情。每一層轉折，實則爲一層遞進。把愛梅和愛美人合一描寫，梅花因美人而增色，美人因梅花增彩，用事雖多，鎔鑄絶妙，空靈自如，很好地表現了梅花的絶豔幽姿和高潔品格。

此外，尚須説明的是，此篇《疏影》與前篇《暗香》是一個聯章整體，彼此呼應，意象有跡可循。前云「又片片吹盡也」，此云「還教一片隨波去」；前云「幾時見得」，此云「重覓幽香」；其章法精微處，需要細心領會。

姜白石詞箋注卷四

越中、杭州、吴松、梁溪詞十四首

水龍吟

黄慶長夜泛鑒湖①，有懷歸之曲，課予和之②。

夜深客子移舟處，兩兩沙禽驚起。紅衣入槳③，青燈摇浪，微涼意思。把酒臨風④，不思歸去，有如此水⑤。況茂陵游倦⑥，長干望久⑦，芳心事，簫聲裏。屈指歸期尚未，鵲南飛、有人應喜⑧。畫闌桂子，留香小待，提攜影底⑨。我已情多，十年幽夢，略曾如此。甚謝郎、也恨飄零，解道月明千里⑩。

【箋　注】

①黄慶長：其人不詳。鑒湖：亦稱鏡湖、慶湖，在浙江省紹興城南三里。

②課予：猶言囑予。課，要求。此乃謙詞。

③紅衣入槳：指小船没入荷花塘中。紅衣，指荷花。

④把酒臨風：范仲淹《岳陽樓記》：「登斯樓也，則有心曠神怡，寵辱偕忘，把酒臨風，其喜洋洋者矣。」

⑤「不思歸去」二句：指水爲誓，表示歸心急切。按對水發誓，是古人習慣。《左傳·僖公二十四年》記公子重耳言：「所不與舅氏同心者，有如白水。」《晉書·祖逖傳》：「祖逖不能清中原而復濟者，有如江水。」蘇軾《游金山寺》詩：「有田不歸如江水。」

⑥茂陵倦游：自比客居之地。茂陵爲漢武帝陵墓，在長安之西，漢代爲豪富聚居之區。辭賦家司馬相如「病免，家居茂陵」（《史記·司馬相如傳》）。

⑦長干望久：長干，古代金陵里巷名，故址在今南京市南。樂府古辭有《長干曲》、李白《長干行》詩寫女子盼夫歸來之情。望久，指分别後，黄慶長的妻子久久地盼望着他回去。

⑧「鵲南飛」句，舊有喜鵲鳴、行人歸的説法。劉歆《西京雜記》有「乾鵲噪而行人至」之説。

⑨提攜影底：攜手在樹影下游賞。

⑩「謝郎」二句：謝郎，指南朝宋之作家謝莊。謝莊《月賦》有「美人邁兮音塵闕，隔千里兮共明月，臨風歎兮將焉歸，川路長兮不可越」之句，抒思歸之情。此處指黄慶長。

【輯評】

俞陛雲《唐五代兩宋詞選釋》云：此乃和友人鑒湖懷歸之作。借酒杯自澆塊壘，言愁欲愁，曲折寫來，絶無平衍之筆。「鵲南飛」四句從對面着想，更饒情致。

夏承燾、吴無聞《姜白石詞校注》云：上片以寫景始。「客子移舟處」五字寫夜泛鑒湖之所見。以下入「懷歸」主題。之所以懷歸，一因客子倦游，二因閨人望久。「桂子留香」三句，乃展望歸後之樂，即杜甫「雙照淚痕乾」之意。「我已情多」三句，謂客子之感，不只是黄慶長有之，自己也有「十年幽夢」。十年，舉其成數。白石數十年間浪跡江、浙、皖、鄂各地，故借此和詞，抒發其飄零之感。

【評析】

宋光宗紹熙四年（一一九三），白石客居紹興，本詞即期間與黄慶長泛舟鑒湖的唱和之作。

上片起首便以清涼筆觸寫「夜深」情景，槳聲欸乃，微風促浪，如此輕微的聲響竟將熟睡之水禽驚飛，可見夜之寂靜。繼寫小船深入情景：「紅衣入槳，青燈摇浪，微涼意思。」外境與内心均「微涼」，自然導出「思歸」情緒。寫思歸，最忌坐實，因此白石用「茂陵」、「長干」兩個典故，以「芳心事，簫聲裹」作結，懷歸之情深宛綿密。

下片承此意緒，略點歸期未定，想象對方盼行人回歸的心理活動。接着由癡想進入幻境：「畫闌桂子，留香小待，提攜影底。」期待畫欄邊的桂樹能保留芳香，留待歸來後與親人共賞，情感十分真摯動人！「我已情多」三句，回顧人生，充滿感喟，結語以謝家風流的口吻云「解道月明千里」，不僅盡傳友人胸懷，而且遥遥與開篇呼應，是寫景，又是寫人，堪稱風韻旖旎。

玲瓏四犯〔一〕

越中歲暮①，聞簫鼓感懷〔二〕。

疊鼓夜寒②，垂燈春淺③，怱怱時事如許。倦游歡意少，俯仰悲今古④。江淹又吟恨賦⑤，記當時、送君南浦⑥。萬里乾坤，百年身世，唯有此情苦。　揚州柳垂官路，有輕盈換馬⑦，端正窺户⑧。酒醒明月下，夢逐潮聲去。文章信美知何用，漫贏得〔三〕、天涯羈旅⑨。教説與，春來要、尋花伴侣。

【校　記】

〔一〕陸本調下注：「此曲雙調，世別有大石調一曲。」《絶妙好詞》詞下注：「黄鍾商。」

〔二〕聞簫鼓感懷：《詞綜》無此五字。

〔三〕贏：張本、《宋六十名家詞》作「羸」。

【箋　注】

①越中：指今浙江紹興，春秋時代越國建都會稽（即今紹興）。歲暮：宋紹熙四年（一一九三）歲暮，時白石客居紹興。

②疊鼓：一陣又一陣的鼓聲。

③垂燈：張挂彩燈，準備過年。

④俯仰：謂仰觀俯察之間，極爲短暫。王羲之《蘭亭集序》：「向之所欣，俯仰之間，已爲陳跡，猶不能不以之興懷。」

⑤江淹：字文通，濟陽考城（今河南蘭考）人，南北朝時南朝梁文學家，作有《恨賦》、《别賦》等名作。

⑥送君南浦：南浦，泛指送别之地。江淹《别賦》有「春草碧色，春水緑波。送君南浦，傷如之何」語。

⑦輕盈：這裏指體態柔美的女郎。换馬：古樂府《雜曲歌辭》有《愛妾换馬》篇。又據《異聞實録》載：鮑生多蓄聲妓，韋生好乘駿馬，一日相遇對飲，乃以女妓换駿馬。後以「换馬」代指妓女。

⑧ 端正窺户：端正代指面貌端莊的美女。窺户，窺視門户，指情遇之事。周邦彦《瑞龍吟》：「因念個人癡小，乍窺門户。」以上兩句是説揚州美女如雲。

⑨ 羇旅：同羈旅，在外作客。

【輯評】

胡雲翼選注《宋詞選》云：宋光宗紹熙四年（一一九三），姜夔在越中度歲，寫下這首歲暮感懷的詞。他多年來在江湖上漫游作客，無所成就，不無遲暮之感。所以詞中一再感歎「倦游歡意少」，「漫贏得天涯羈旅」。「文章信美知何用」是作者懷才不遇的憤慨語，可見這位寄情山水的詩人，還是有積極要求用世的一面。

沈祖棻《宋詞賞析》云：起三句，扣題。「倦游」四句，「倦游」是一層，「歡意少」又是一層。總之，俯仰宇宙，本已抑鬱寡歡，何堪又吟《恨賦》，憶當時别况耶？「萬里」三句，言空間雖大、時間雖久，而於此混沌渺茫之中，惟此一點不變之情足以苦人耳。收縮「萬里」、「百年」於方寸之間，則此情之厚、此苦之深，斷可知矣。過片謂彼美雖「輕盈」、「端正」，然當月下酒醒，舊夢已逐潮聲而去矣。此亦杜牧「十年一覺揚州夢」之感。「文章」二句，沉痛。「説教與」二句，質直中見深婉，執拗得妙，癡頑得妙，以見此「要」字乃從肺腑中來，當知此所要之「尋花伴侣」，即南浦所送之「君」，故非要不可也。「换馬」，换或作唤，非。《愛妾换馬》，本樂府古辭，今不傳，見《樂府解題》。唐人詩、賦亦有以之爲題者，如張祜即有《愛妾换馬》之詩。此以「换馬」爲美女之代語，與「窺户」同。「窺户」，見周邦彦《瑞龍吟》：「因念個人癡小，乍窺門户。」

夏承燾、吴無聞《姜白石詞校注》云：白石一生坎坷不得志，生活困窮，常靠朋友周濟。他四十三歲到四十五歲，上《大樂議》及《宋鐃歌十二章》，得「免解」與試進士，但仍不及第。他一生除賣字外，常寄食於蕭德藻、范成大、張平甫諸家。作此詞的宋紹熙四年（一一九三）之春，白石曾陪張平甫游紹興禹廟。直至歲暮，仍留越中。「文章信美知何用，漫贏得天涯羈旅」乃是他懷才不遇的牢騷話。在别的詞中，他也曾流露飄零之感，遲暮之悲，都比較隱約。像此二句的直率傾吐，較爲少見。

吴世昌《詞林新話》云：白石《玲瓏四犯·越中歲暮聞簫鼓感懷》「文章信美知何用，漫贏得天涯羈旅」，二句淺薄。此介存所以譏其貌爲恬淡而實熱中也。

【評　析】

《玲瓏四犯》創自周邦彦，故《詞律》、《詞譜》皆列周作爲定式。白石此詞無論所犯宫調及字句都不同於周氏《玲瓏四犯》，當爲白石自度曲，《詞律》亦列爲别體。

宋光宗紹熙四年（一一九三），白石旅居紹興，年節將臨，聽窗外簫鼓頻傳，感室内夜寒難耐，遂寫此詞抒懷。

上片起筆三句寫歲暮光景，於年節氣氛中又隱約透出些許孤寂情味。接下來，「倦游歡意少，俯仰悲今古」，一股深沉的悲哀壓抑不住，終於噴薄而出。「俯仰」一詞沿用了王羲之《蘭亭集序》「向之所欣，俯仰之間，已爲陳跡，尤不能不以之興懷」，內涵當然非常深刻。「萬里乾坤，百年身世」續「今古」之氣勢而下，暗用杜甫名句「萬里悲秋常作客，百年多病獨登臺」。「萬里」就空間言，「百年」就時間言，「乾坤」就外在客觀言，「身世」就內在主觀言。這八個字的涵蓋力是十分廣闊的，却以一句「唯有此情苦」結之，使人不禁潸然涙下。

下片由憶昔而折入歎今。「揚州」五句寫曾經紙醉金迷的生活，沉溺於花紅柳緑、鶯歌燕舞之中，但酒醒處惟見明月空曠，一切皆化虛無。「文章信美知何用，漫贏得、天涯羈旅」，自己滿腹文才，却功名無份，只落得清客生計，沉淪人海。這是發自內心的深長感歎，至此失意的鬱憤噴湧到極境。結尾又一抑，以尋花爲伴聊以自解：「教說與，春來要、尋花伴侶。」即便來年春風拂煦，以自己之景況又能如何呢？ 最多不過是重複着尋花爲伴的無聊生活而已。全詞至此戛然而止，一波三折，令人回味無窮。

鶯聲繞紅樓

甲寅春①，平甫與予自越來吴②，攜家妓觀梅於孤山之西村③，命國工吹笛④，妓皆以柳黄爲衣。

十畝梅花作雪飛，冷香下、攜手多時。兩年不到斷橋西⑤，長笛爲予吹。　人妒垂楊緑，春風爲染作仙衣⑥。垂楊却又妒腰肢，近前舞絲絲〔一〕。

【校　記】

〔一〕近前：夏承燾校：各本「近」字下皆注「平聲」二字。《舒藝室餘筆》：「案『近』有上去二音，無平聲，此音疑誤。」案《花庵詞選》白石《解連環》「曲屏近底」句，「近」字下亦注「平聲」。

【箋　注】

① 甲寅：宋光宗紹熙五年（一一九四）。

②平甫：張鑒，字平甫，張俊之孫，張鎡（功父）之異母兄弟。張俊爲南宋大將，有莊園在無錫。白石與張鑒友情最深，相處較久。周密《齊東野語》卷十二收載有《姜堯章自序》，其中云：「舊所依倚，惟有張兄平甫，其人甚賢。十年相處，情甚骨肉。而某亦竭誠盡力，憂樂同念。」自越來吴：指自紹興來杭州。杭州有吴山，春秋時爲吴國南界。

③孤山：在杭州西湖，裏外二湖之間。西村：周密《武林舊事》卷五：「西陵橋又名西林橋，又名西泠橋，又名西村。」

④國工：指宫廷樂師。

⑤斷橋：在孤山西，西湖著名景點，因雪後橋似斷而得名。《武林舊事》卷五：「斷橋，又名『段家橋』，萬柳如雲，望如裙帶。白樂天詩云：『誰開湖寺西南路，草緑裙腰一帶斜。』」

⑥仙衣：指小序中所説的樂妓柳黄色的舞衣。

【輯　評】

夏承燾、吴無聞《姜白石詞校注》云：此爲紀游詞。「攜手多時」應詞序「平甫與予」句。「長笛」應詞序「國工吹笛」句。下片應詞序「妓皆以柳黄爲衣」句。「人妒垂楊緑」二句，以顔色刻劃家妓衣着之美；「垂楊却又妒腰肢」二句，則以舞姿刻劃家妓體態之輕盈。而且垂楊會妒人的腰肢，則其人體態之美可想而知。

【評析】

這是白石的自度曲，主題是紀游。

宋光宗紹熙五年（一一九四），白石與好友張鑒由紹興來到杭州，暢游西湖，觀賞梅花，作此以紀之。上片起句即不凡，「十畝梅花作雪飛」，寫梅花素以「一枝」、「數枝」的姿態出現，此云「十畝」，何其壯闊！而且以「作雪飛」形容花瓣飄舞之勢，畫面一下子奇麗鮮活起來，與岑參的詠雪名句「忽如一夜春風來，千樹萬樹梨花開」有異曲同工之妙。接下來寫斷橋聽笛，高雅宜人，情致幽雅可想而知。

上片借梅起興，寫游湖之快意，下片則以人、柳互比，寫景象之美妙。「人妒」兩句先從人這方面寫，垂楊之緑鮮翠清亮，使女子頓生企羨，於是裁制緑羅裙來與楊柳春色媲美，而春風多情相助，也賦予少女美妙的性靈和容顔。「垂楊」兩句接着從柳這方面寫，女子們身着柳黄色衣裙，纖腰摇擺，翩翩起舞，此情此景，使楊柳也平添妒羨。以美人的舞腰狀垂柳，有庾信《和人日晚景宴昆明池》「上林柳腰細」；以楊柳狀美人，則有白居易「楊柳小蠻腰」。白石此詞將人、柳互相襯托，交結糾葛，筆鋒愈加美妙入神，顯示了很深的藝術功力。

角招 黃鍾角

甲寅春①，予與俞商卿燕游西湖②，觀梅於孤山之西村③，玉雪照映④，吹香薄人⑤。已而商卿歸吴興，予獨來，則山横春煙，新柳被水，游人容與飛花中，悵然有懷，作此寄之。商卿善歌聲，稍以儒雅緣飾；予每自度曲，吟洞簫，商卿輒歌而和之，極有山林縹緲之思。今予離憂，商卿一行作吏⑥，殆無復此樂矣。

爲春瘦，何堪更、繞西湖盡是垂柳〔一〕，自看煙外岫，記得與君，湖上攜手。君歸未久，早亂落、香紅千畝。一葉淩波縹緲，過三十六離宫⑦，遣游人回首。　猶有，畫船障袖⑧，青樓倚扇⑨，相映人爭秀。翠翹光欲溜⑩，愛著宫黃⑪，而今時候。傷春似舊，蕩一點，春心如酒。寫入吴絲自奏⑫，問誰識、曲中心，花前友〔二〕。

【校　記】

〔一〕繞西湖：朱孝臧、夏承燾「西」字誤衍，是。觀宋趙以夫及元邵亨貞同調詞知此句應爲九字，三六句法也。

〔二〕花前友：夏承燾校：「陸本、厲鈔『友』作『後』。鄭文焯校張本，主當作『友』，謂『此結處蓋用對句例』。」

【箋　注】

①甲寅：宋光宗紹熙五年（一一九四）。

②俞商卿：俞灝，字商卿，世代居杭州，號青松居士，有《青松居士集》。姜夔客居湖州、杭州時與之交游。

③孤山之西村：即西泠橋，在孤山後。

④玉雪照映：指梅與雪互相輝映。

⑤吹香薄人：梅花香氣襲人。薄，迫近。

⑥商卿一行作吏：《咸淳臨安志》：「俞灝紹熙四年登第。」按嵇康《與山巨源絶交書》：「一行作吏，此事便廢。」一行，猶言一去。

⑦三十六離宫：指南宋臨安的衆多宫殿。駱賓王《帝京篇》：「秦塞重關一百二，漢家離宫三十六。」

⑧ 畫船障袖：指畫船上游女以袖遮面。周邦彦《瑞龍吟》：「障風映袖，盈盈笑語。」

⑨ 青樓倚扇：青樓：歌妓住處，古顯貴之家亦稱青樓。劉邈《萬山見采桑人》詩：「倡女不勝愁，結束下青樓。」倚扇：謂持扇佇立。

⑩ 翠翹：指美人首飾。白居易《長恨歌》：「翠翹金雀玉搔頭。」

⑪ 宫黄：宫女化妝，以黄粉塗額，又稱額黄。

⑫ 吴絲：指琴絃。李賀《李憑箜篌引》：「吴絲蜀桐張高秋，空白凝雲頹不流。江娥啼竹素女愁，李憑中國彈箜篌。」

【輯　評】

陳鋭《裒碧齋詞話》云：庚戌之秋，沈子培提學以仿刻姜白石詞見遺，其後題嘉泰壬辰。辰當爲戌，以嘉泰無壬辰也。至詞中誤字，亦往往而有，如《角招》起句云：「爲春瘦，何堪更，繞湖盡是垂柳。」按此調第三句本只六字，不知何時湖上多一「西」字，遂使旁注少一宫譜，此皆沿舊本之誤。

俞陛雲《唐五代兩宋詞選釋》云：此調爲重過西湖，梅花已落，懷人而作。獨客傷春之際，花落人遥，舊歡回首，誰能遣此！前半首隨筆寫來，含思凄婉；轉頭六句皆追寫伊人情態，至「春心如酒」句爲題珠所在！舊歡則歡如蜀荔，新愁則酸若江梅，兩味相蕩，渾如中酒。後主所謂「别有一番滋味在心頭」也。以「花前友」三字結束全篇，悲愉之境，前後迥殊矣。

【評　析】

這是一篇憶舊游的友情詞。南宋紹熙五年（一一九四）春，白石與好友俞商卿游西湖，於孤山西村踏雪賞梅。而今俞商卿歸吴興，西湖雖湖光山色依舊，獨游人却别有懷抱，不堪回首。

上片開篇點題：「爲春瘦。」本來春色撩人，傷春則更使人消瘦。更何況垂柳依依，煙外遠岫，一片朦朧美景。接着回憶與友人湖上攜手的温馨往事，這種回憶又是結合景物的變化來寫的。時已暮春，當年兩人共賞時那「玉雪照映，吹香薄人」的千畝紅梅，早已零落，一派蕭瑟，怎不令人心傷呢？而今駕着一葉小舟，蕩漾於煙波之中，經過連綿的行宫，回首顧望，當然往事縈懷了。

下片寫蕩舟所見，畫船青樓，歌娃舞女。詞人寫佳麗面額上塗着的宫黄，珍貴的頭飾熠熠發光，工筆描繪，功力不讓南朝宫體。接下來，「蕩一點，春心如酒」，擺脱坐實，又回復白石一貫的清空的詞境。寫憂思如同春酒，而將這憂思醉意溶入吴越琴絲，那撥弄琴絃的纖纖玉指，正是情意相通的妙齡女子吧。最後「問誰識」三句，則分明是説：知我者，非子莫屬。至此，又與小序結語扣合。小序云：「商卿一行作吏，殆無復此樂矣。」按嵇康《與山巨源絶交書》有「游山澤，觀魚鳥，心甚樂之。一行作吏，此事便廢」之語，白石語意本此，較深地體現了感春懷友，知心難遇的内涵。

鷓鴣天

予與張平甫自南昌周游西山玉隆宫①，止宿而返，蓋乙卯三月十四日也②。是日即平甫初度③，因買酒茅舍，並坐古楓下。古楓，旌陽在時物也④。旌陽嘗以草屨懸其上，土人謂屨爲屩〔一〕⑤，因名曰挂屩楓。蒼山四圍，平野盡緑，鬲澗野花紅白，照影可喜，使人采擷，以藤糾纏著楓上。少焉，月出大於黄金盆，逸興横生，遂成痛飲，午夜乃寢。明年平甫初度，欲治舟往封禺松竹間⑥。念此游之不可再也，歌以壽之。

曾共君侯歷聘來⑦，去年今日踏莓苔。旌陽宅裹疏疏磬⑧，挂屩楓前草草杯。　呼煮酒，摘青梅，今年官事莫徘徊。移家徑入藍田縣⑨，急急船頭打鼓催。

【校　記】

〔一〕謂屨：陸本「謂」作「以」。

【箋　注】

①張平甫：張鑒。詳見前《鶯聲繞紅樓》注②。西山：又名南昌山，在江西省新建縣西，玉隆宫，新建縣的一座宫觀。

②乙卯：宋寧宗慶元元年（一一九五）。

③初度：俗稱生日。屈原《離騷》：「皇覽揆余初度兮，肇錫余以嘉名。」

④旌陽：指曾任旌陽令的許遜。《豫章古今記》：「許真君遜，字敬之，南昌人。晉永和二年（三四六）八月十五日，合家仙去。其宅今游帷觀是也。」《能改齋漫録》卷十一：「晉許真君爲旌陽令，時江西有蛟爲害，旌陽與其徒吴猛仗劍殺之。遂作大鐵柱，以鎮壓其處。今豫章有鐵柱觀，而柱猶存也。」

⑤屨：麻、葛制成的草鞋。屩：草鞋。

⑥封禺：山名，封山、禺山合稱封禺，在今浙江德清縣。此處代指湖州。

⑦君侯：指張鑒。歷聘：意同游訪。

⑧磬：石制樂器。後佛寺中用銅制，作爲敲擊集合僧人的工具。

⑨藍田縣：屬陝西省，古以出産美玉著稱。境内藍田山，因産美玉，亦稱玉山。此處比張鑒的封禺别業。

【輯　評】

夏承燾、吴無聞《姜白石詞校注》云：此詞壽張平甫初度。全首以記游占絶大篇幅，而差無祝壽俗套。所用兩個典故：一個是許真君遜，他合家成仙，仙人是長生不老的。另一個是藍田山，杜甫《去矣行》："「未試囊中餐玉法，明朝且入藍田山。」藍田山産美玉。古人有煉玉法，李白詩："「仙人煉玉處，羽化留遺蹤。」亦有餐玉法。認爲「玉是陽精之純者，食之以禦水氣」。見《周禮·天官·玉府》「王齊，則供食玉」句注。《後魏書》載：李預居長安，羨古人餐玉之法，「乃采訪藍田，掘得若環璧雜器者，大小百餘……預乃椎七十枚爲屑食之。」綜此兩典，其隱寓祝願平甫長壽之意甚明。

吴世昌《詞林新話》云：亦峰曰："「白石詞，雅矣正矣，沉鬱頓挫矣。然以碧山較之，覺白石猶有未能免俗處。」曰「未能免俗」，意在求「雅」，此正「未能免俗」，或雅得太「俗」。其所謂白石俗處，當指《鷓鴣天》諸闋，則正是白石近乎人情處。白石非仙人也，安得不俗乎？若到真「免俗」，則無人味矣。世之一味求雅者，正是俗不可耐耳。

【評　析】

這首詞是宋寧宗慶元元年（一一九五）三月十四日，白石與張平甫游賞南昌西山一年之後所寫的一首紀游詞。這天也恰好是張平甫的生日，所以詞中也寄寓了祝願友人長壽之意。

上片起筆追憶往日同游："「曾共君侯歷聘來，去年今日踏莓苔。」「去年今日」即詞序所云「乙卯三月十四日」。因張鑒做過山陰宰，故稱「君侯」。作爲知己的張、姜二人時常結伴出游，游興悠然。接下來記叙此日同游的内容：晉代許遜時的古楓樹挺然屹立，旌陽故宅中擊磬的聲音斷續響起，我們在挂屬樹前舉酒把杯，席地野餐。

下片繼續寫同游之樂。「呼煮酒」的一個「呼」字，寫出了兩人之親密無間。酒筵間議論到「今年官事」，「今年」當即丙辰年（公元一一九六年）也，白石則激勵友人於有爲之年奮力建樹。結尾兩句寫可惜平甫即將移家湖州，作爲摯友，自己願友人盡享林泉之樂，雖則也惋惜因此而失去了共游之樂，心中有無限的依戀和懷念。

這首小詞語言簡約而用意平實周至，與白石清空的詞風頗有不同。

阮郎歸

爲張平甫壽①，是日同宿湖西定香寺②。

紅雲低壓碧玻璃，惺憁花上啼③。静看樓角拂長枝，朝寒吹翠眉。休涉筆④，且裁詩⑤，年年風絮時。繡衣夜半草符移⑥，月中雙槳歸。

【箋　注】

①張平甫：見前篇。

②定香寺：杭州西湖的寺觀。《武林舊事》卷五「西湖三堤路」條：「旌德觀，元係定香寺舊址。」

③惺憁：鳥鳴聲。元稹《春六十韻》：「燕巢才點綴，鶯舌最惺憁。」

④涉筆：動筆。與下文「詩」對舉，筆當指公文符移一類文字。

⑤裁詩：作詩。杜甫《江亭》：「故林歸未得，排悶强裁詩。」

⑥繡衣：夏注云：「繡衣直指，漢官名。《漢書》：『侍御史有繡衣直指，出討奸滑，治大獄。』……此句謂官令禁深夜游湖。」杜子莊注《姜白石詩詞》（江西人民出版社一九八二年版）云：「繡衣，這裏是指官署裏的隸役、差人（相當於巡捕）。……這句是説，半夜裏差人傳下擬好的公告（指當時官令禁止深夜游湖的事）。」愚意以爲所釋繡衣皆不當，説「深夜不能游湖」更屬不經。按《後漢書・伏諶傳》：「五遷至王莽時，爲繡衣執法。」繡衣執法爲官名。時張平甫爲州推官，相當於今法院院長，此句繡衣當指張平甫。全句是説，因爲張平甫晚上還要起草公文，所以乘月而歸了。又前云「休涉筆，且裁詩」，筆與詩對舉，筆當指公文符移一類文字。整首詞都是切合張平甫的身份的。

【評析】

據清乾隆間姜虬緑編校《白石集》所附年譜，本篇與下篇《阮郎歸》均作於宋慶元二年（一一九六），是作者與友人張平甫同游西湖兼爲張慶壽所作。

上片寫西湖早景，「紅雲」喻春花成片，「碧玻璃」喻一湖春水，「翠眉」喻柳葉嬌嫩。比喻精巧，色彩明麗，加上「低壓」、「拂」、「吹」等狀行動，「惺憁」狀聲音，構成一幅有聲有色的迷人的湖景彩卷。

下片寫盡興而歸。「涉筆」暗用李昭玘《永興提刑謝到任》：「據鞍涉筆，擁有文墨之紛紜。」勸慰友人擺脱公文勞頓，「月中雙槳」，享受美好時光。「年年風絮時」，也暗含祝頌友人青春長駐之意。

又

旌陽宫殿昔徘徊①，一壇雲葉垂②。與君閑看壁間題，夜涼笙鶴期③。　茅店酒，壽君時，老楓臨路歧。年年强健得追隨，名山游遍歸。

【箋　注】

①旌陽宫殿：指晉朝旌陽令許遜的故宅遺址，在江西南昌，舊名游帷觀，宋時改稱玉隆宫。《豫章古今記》曾記載許遜「合家仙去」。

②雲葉：可能指前《鷓鴣天》所述玉隆宫中的挂屬楓。

③笙鶴期：吹笙乘鶴的期約。劉向《列仙傳》「王子喬」載：「王子喬者，周靈王太子晉也。好吹笙，作鳳凰鳴，游伊洛之間。道士浮丘公接以上嵩高山。三十餘年後……果乘白鶴駐山頭，望之不可到，舉手謝時人，數日而去。」

【輯　評】

夏承燾、吴無聞《姜白石詞校注》云：這兩首《阮郎歸》，題曰「爲張平甫壽」，實際上也是記游之作。前首記夜泛西湖，後首追憶玉隆觀之游。在記游中帶出「年年風絮時」、「年年强健得追隨」兩句。如此作法，不落俗套。

【評　析】

前已叙及，本篇與上篇均作於宋慶元二年（一一九六）。本篇是爲好友張平甫所作的壽詞，手法上則借追憶慶元元年（一一九五），姜、張南昌西山之游而抒祝壽之願。因此，慶元元年所作紀游詞《鷓鴣天》（曾共君侯歷聘來）的小序正可作爲理解本詞的注脚。

上片追憶當年西山之游。《鷓鴣天》小序説「止宿」玉隆宫，本篇即寫夜間活動，在玉隆宫徘徊游賞，階前土臺間一棵老楓，緑葉如碧雲四垂，留下巨大的陰影，悠閑地觀看古觀牆壁上的題詠，入夜凉風習習，令人飄飄欲仙。這裏要特别指出的是，白石用了王子喬成仙的典故「笙鶴期」，不僅切合「合家仙去」的旌陽令許遜，而且也表達了對張平甫的美好祝願。

下片繼續追憶當日舉酒祝壽事。《鷓鴣天》小序説：「買酒茅舍，並坐古楓下。古楓，旌陽在時物也。」本篇則叙説：「茅店酒，壽君時，老楓臨路歧。」結尾歸結到祝壽：「年年强健得追隨，名山游遍歸。」以年年强健，歷覽名山勝水相期許，應酬之作而不失風雅，很得體地表現了兩人的友情。

齊天樂 黄鍾宫〔一〕

丙辰歲①，與張功父會飲張達可之堂②，聞屋壁間蟋蟀有聲，功父約予同賦，以授歌者。功父先成，辭甚美③。予徘徊茉莉花間，仰見秋月，頓起幽思，尋亦得此。蟋蟀，中都呼爲促織④，善鬥，好事者或以三、二十萬錢致一枚，鏤象齒爲樓觀以貯之⑤。

庾郎先自吟愁賦⑥，淒淒更聞私語。露濕銅鋪⑦，苔侵石井，都是曾聽伊處。哀音似訴，正思婦無眠，起尋機杼⑧。曲曲屏山⑨，夜涼獨自甚情緒。　西窗又吹暗雨，爲誰頻斷續，相和砧杵⑩。候館迎秋⑪，離宮弔月⑫，別有傷心無數。豳詩漫與⑬，笑籬落呼燈，世間兒女。寫入琴絲，一聲聲更苦〔二〕⑭。

【校　記】

〔一〕齊天樂：《宋六十名家詞》調下云：「蟋蟀，中都呼爲促織。」不録序。

〔二〕《詞綜》末以小字注云：「張叔夏云：『全章精粹所詠，瞭不留滯於物。』」

【箋　注】

① 丙辰：宋寧宗慶元二年（一一九六）。

② 張功父：張鎡，字功父，是南宋名將張俊之後代，乃張平甫的異母兄弟。有《玉照堂集》，今存詞八十多首。張達可：據楊萬里《誠齋集》卷二十一「張功甫舊字時可」。達可當是張功甫的兄弟輩。

③ 辭甚美：張功甫詞題爲《滿庭芳·促織兒》，見於《南湖詩餘》，《全宋詞》第三册收録。全文爲：

「月洗高梧，露溥幽草，寶釵樓外秋深。土花沿翠，螢火墜牆陰。靜聽寒聲斷續，微韻轉，淒咽悲沉。爭求侶，殷勤勸織，促破曉機心。兒時，曾記得，呼燈灌穴，斂步隨音。任滿身花影，猶自追尋。攜向花堂戲鬥，亭臺小，籠巧妝金。今休説，從渠床下，涼夜伴孤吟。」

④ 中都：都城的泛稱，指南宋都城臨安。

⑤ 鏤象齒：刻象牙。爲樓觀：用象牙雕成樓觀狀的籠子。《西湖老人繁勝録》：「促織盛出，都民好養，或用銀絲爲籠，或作樓臺爲籠。」

⑥ 庾郎：指庾信，字蘭成，南北朝文學家，著《哀江南賦》等，今本《庾子山集》未收《愁賦》，其《愁賦》見葉廷珪《海録碎事》卷九，中有「誰知一寸心，乃有萬斛愁」之句。

⑦ 銅鋪：銅質的鋪首。鋪首：門上獸面形狀的安裝門環的底座。

⑧ 機杼：織布機。《古詩十九首》其十：「纖纖擢素手，札札弄機杼。」

⑨ 屏山：畫有遠山的屏風。

⑩ 砧杵：古代婦女用以擣衣的工具。擣衣石爲砧，擣衣棒爲杵。《樂府詩集》中《子夜四時歌·秋歌》：「佳人理寒服，萬結砧杵勞。」

⑪ 候館迎秋：化用王褒《四子講德論》「蟋蟀候秋吟」句意。候館，客館。《周禮·地官·遺人》：「五十里有市，市有候館。」

⑫ 離宮弔月：化用李賀《宫娃歌》「啼蛄弔月鈎欄下」句意。離宫，本爲帝王的行宫，《漢書·枚乘傳》：「修治上林，雜以離宫。」

⑬ 豳詩：《詩經·豳風·七月》寫蟋蟀：「七月在野，八月在宇，九月在户，十月蟋蟀入我床下。」漫與：隨意揮灑之意。杜甫《江上值水如海勢聊短述》詩：「老去詩篇渾漫與，春來花鳥莫深愁。」

⑭ 寫入琴絲：白石自注：「宣政間，有士大夫制《蟋蟀吟》。」琴絲，代指曲譜。

【輯　評】

張炎《詞源》云：最是過片不要斷了曲意，須要承上接下，如姜白石詞云：「曲曲屏山，夜凉獨自甚情緒。」於過片則云：「西窗又吹暗雨。」此則曲之意脈不斷矣。《齊天樂》賦促織云……此皆全章精粹，所詠瞭然在目，且不留滯於物。

賀裳《皺水軒詞筌》云：「稗史稱韓幹畫馬，人入其齋，見幹身作馬形，凝思之極，理或然也。作詩文亦必如此始工。如史邦卿詠燕，幾於形神俱似矣。次則姜白石詠蟋蟀……數語刻劃亦工。蟋蟀無可言，而言聽蟋蟀者，正姚鉉所謂賦水不當僅言水，而言水之前後左右也。

許昂霄《詞綜偶評》云：將蟋蟀與聽蟋蟀者，層層夾寫，如環無端，真化工之筆也。「候館吟秋」三句，音響一何悲。「笑籬落呼燈」二句，高絶。

宋翔鳳《樂府餘論》云：詞家之有姜白石，猶詩家之有杜少陵，繼往開來，文中關鍵。其流落江湖，不忘君國，皆借託比興，於長短句寄之。如《齊天樂》，傷二帝北狩也。

劉熙載《藝概》卷四云：東坡《水龍吟》起云：「似花還似非花。」此句可作全詞評語，蓋不即不離也。時有舉史梅溪《雙雙燕》詠燕，姜白石《齊天樂》賦蟋蟀，令作評語者，亦曰：「似花還似非花。」

陳廷焯《白雨齋詞話》卷二云：白石《齊天樂》一闋，全篇皆寫怨情，獨後半云：「笑籬落呼燈，世間兒女。」以無知兒女之樂，反襯出有心人之苦，最爲入妙。用筆亦别有神味，難以言傳。

沈祖棻《宋詞賞析》云：起句寫人。庾郎，自況。次句寫蟋蟀。以下皆人、蛩夾寫。先自聽者説起，未聞之前，已「先自吟愁賦」，則何堪「更聞」耶？以「私語」狀蛩鳴，甚切而新。「更聞」應上「先自」，透進一層。「露濕」二句，聽蛩之地。「哀音」應「私語」，「語」非獨「私」也，其「音」亦「哀」，又透進一層。「正思婦」二句，聽蛩之人。「曲曲」二句，似問似歎，亦問亦歎，益見低徊往復之情。過片爲張炎所賞，以其「曲之意脈不斷」（《詞源》）也。「暗雨」應上「夜涼」，「夜涼」已是「獨自甚情緒」，況「又吹暗雨」耶，再透進一層。「爲誰」二句，更作一問，理愈無愈妙，情愈癡愈深。「豳詩」句，周濟所謂「補湊處」（《宋四家詞選》序論）……一結又綰合「私語」、「哀音」，有餘不盡。收尾蛩「聲更苦」，亦與開頭人「先自吟愁賦」呼應。

俞平伯《唐宋詞選釋》云：庾信有《愁賦》，今本庾集不載。《海録碎事》卷九下「愁樂門」：「庾信《愁賦》曰：『誰知一寸心，乃有萬斛愁。』」另條：「庾信《愁賦》：『攻許愁城終不破，蕩許愁門終不開。何物煮愁能得熟，何物燒愁能得然。閉門欲驅愁，愁終不肯去。深藏欲避愁，愁已知人處。』」周邦彦《片玉集》卷五《宴清都》詞下陳注亦引下四句，「閉門」作「閉户」，餘同。是子山實有《愁賦》，當在庾集舊本中，故周、姜云然。又黄庭堅《山谷内集》卷十九《四休居士詩》三首，注引《愁賦》凡十句，此下更有「欹眠眼睫未嘗摻，强戲眉頭那得伸」兩句。蘇軾《次韻孔毅父久旱已而甚雨》三首之三施注引《愁賦》：「細酌榴花一兩杯，蕩彼愁門終不開。」按其次句與前引同，其首句又不似六朝人作，恐非賦之原文，附記於此。

夏承燾、吴無聞《姜白石詞校注》云：詠物而有所寄託，在我國文學史上有悠久的傳統。《離騷》以「美人」、「香草」寄託君臣。杜甫詠馬的「所向無空闊，真堪托死生」與陳亮詠梅的「欲傳春消息，不怕雪埋藏」，都是寫人的品格。白石此詞詠蟋蟀，鄭文焯謂其「下闋寄託遥深」，此語甚是。蟋蟀雖小，但從人們養蟋蟀、鬥蟋蟀的活動中，却可以反映出有關家國興亡的大問題。《負暄雜録》載：「鬥蛩之戲始於天寶間，長安富人鏤象牙爲籠而蓄之，以萬金之資，付之一啄。」白石此詞自注云：「宣政間，有士大夫制《蟋蟀吟》。」《類書纂要》也載：「賈似道於半閑堂鬥蟋蟀。」可見從唐初到宋末，養蟋蟀、鬥蟋蟀之風非常盛行。賈似道在南宋末年平章軍國事，襄陽被元軍圍困數年，他隱匿不報，却在西湖葛嶺的半閑堂鬥蟋蟀。白石……爲這種玩物喪志的現象而憂愁、而歎息。所以此詞起句即有

「庾郎」、「愁賦」。庾信《愁賦》説：「誰知一寸心，乃有萬斛愁。」（見《海録碎事》卷九下「愁樂門」）白石此詞以愁字領起全篇，説明他寸心中也有萬斛之愁。他在詞中采用六種聲音，即吟聲、私語聲、機杼聲、雨聲、砧杵聲、琴聲來描繪和襯托蟋蟀的鳴聲，這六種聲音，都帶有哀愁的色彩。只有小兒女「籬落呼燈」兩句，是用歡樂來反襯愁苦的。「候館迎秋，離宫弔月，别有傷心無數」三句，當是感念二帝北行。鄭文焯所謂「下闋寄託遥深」者，也許是指此三句而言。聯繫白石自注數語，其用意就更明顯。政和、宣和，是汴京陷落前的徽宗年號。而白石所見鬥蟋蟀的年代，南宋政局也已經是日落西山，摇摇欲墜了。白石此詞在「愁」字背後，隱約含蓄地透露出興亡之感，這就是這首詠物詞的寄託吧！

【評　析】

本篇是白石有名的詠物詞，作於宋寧宗慶元二年（一一九六）。前有小序，興味盎然，關於詠蟋蟀的因由來去，已詳作交代。特别是張鎡有詞在先，張詞筆觸細膩，一絲不苟，其逼真的生活細節，使作品具備了寫實性的藝術價值。白石要想各擅勝場，只能另辟蹊徑。

本篇上片開頭先點「愁」字：「庾郎先自吟愁賦。」庾信身世，《愁賦》主題，詠物與詠懷結合，生活細節與歷史傳説結合，含藴十分豐富，而情思盡歸淒涼。接下來以竊竊私語狀蟋蟀鳴聲，着意寫蟋蟀鳴聲引起思婦無眠，抒寫離人的幽怨，將蟋蟀鳴聲和聽蟋蟀的各種人層層夾寫，凡有生活經驗者讀之無不有身臨其境之感。

下片換頭最妙：「西窗又吹暗雨。」以環境氛圍烘托鳴聲悽切，以雨聲狀蟋蟀啼鳴，和搗衣聲相合，引起客中游子悲秋和後宮女子弔月傷懷。「傷心無數」云云，意蘊深沉，應該説涵蓋了諸種人世的遺恨、時代的悲慨。結尾以給蟋蟀鳴聲譜曲收束，總寫蟋蟀鳴聲是最能引發人幽愁暗恨的傷心曲。這樣，白石此詞就以憂時傷世感慨興亡勝出了張功父之作，構思新奇，文筆清婉，託物寓情，「寄託遥深」，成爲一篇有名的詠物詞。

慶宮春

紹熙辛亥除夕①，予別石湖歸吴興②，雪後夜過垂虹③，嘗賦詩云④：「笠澤茫茫雁影微⑤，玉峰重疊護雲衣。長橋寂寞春寒夜，只有詩人一舸歸。」後五年冬⑥，復與俞商卿、張平甫、銛朴翁自封禺同載詣梁溪⑦，道經吴松⑧，山寒天迥，雲浪四合〔一〕，中夕相呼步垂虹⑨，星斗下垂，錯雜漁火，朔吹凜凜，卮酒不能支。朴翁以衾自纏，猶相與行吟，因賦此闋，蓋過旬塗稿乃定。朴翁咎予無益，然意所耽不能自已也⑩。平甫、商卿、朴翁皆工於詩，所出奇詭，予亦强追逐之。此行既歸，各得五十餘解⑪。

雙槳蒓波⑫，一蓑松雨，暮愁漸滿空闊。呼我盟鷗⑬，翩翩欲下，背人還過木末⑭。那回歸去，蕩雲雪，孤舟夜發。傷心重見，依約眉山⑮，黛痕低壓⑯。　采香徑裏春寒〔二〕⑰，老子婆娑⑱，自歌誰答。垂虹西望，飄然引去，此興平生難遏。酒醒波遠，政凝想、明璫素襪⑲。如今安在，唯有闌干，伴人一霎。

【校　記】

〔一〕雲浪：張本、厲鈔「雲」皆作「雪」。

〔二〕采香徑：陸本「徑」作「逕」，張本作「逕」。

【箋　注】

① 紹熙辛亥：宋光宗紹熙二年（一一九一）。

② 石湖：位於今蘇州西南，與太湖通。詩人范成大晚年居住於此，自號石湖居士。

③ 垂虹：吴江利往橋，宋慶歷年間建，橋長千餘尺，構造華麗，前臨太湖，風光絶勝。其上有垂虹亭。

蘇舜欽有句云：「長橋跨空古未有，大亭壓浪勢亦豪。」

④賦詩：姜夔當時曾寫有《除夜自石湖歸苕溪》十首絶句，這裏所引是其中第七首。

⑤笠澤：松江亦名笠澤，是太湖的分流，在今吴江縣境。

⑥後五年：指宋寧宗慶元二年（一一九六）。

⑦俞商卿：俞灝，字商卿，居杭州。張平甫：張鑒，字平甫，張俊之孫。銛朴翁：指葛天民，字無懷，初爲僧時曾取名義銛，字朴翁，山陰人，隱居杭州。封禺：封山、禺山的合稱，在今浙江省。梁溪：水名，在今江蘇無錫城西，舊時無錫亦别稱梁溪。

⑧吴松：指松江，即今吴江，在江蘇南部。

⑨中夕：半夜。

⑩「意所耽」句：言沉溺於反複修改詞稿，無法停止。

⑪「各得」句：謂寫出五十多首，樂曲一章稱一解。

⑫蒓波：蒓菜飄浮的水波。蒓菜：生長於江浙湖澤中，可作藥，可食用。

⑬盟鷗：曾經與之訂盟的鷗鳥。古人以與鷗鳥訂盟，同住水雲鄉中比喻退隱。陸游《雨夜懷唐安》：「小閣簾櫳頻夢蝶，平湖煙水已盟鷗。」

⑭木末：樹梢。屈原《九歌》：「采薜荔兮山中，搴芙蓉兮木末。」

⑮依約：隱約。眉山：如眉毛似的遠山。

⑯黛痕：形容遠山呈現淡淡的青黑色，仿佛美人眼眉上的黛痕。黛，古代女子畫眉用的青黑色顏料。

⑰采香徑：蘇州古跡，香山旁的小溪。《蘇州府志》：「采香徑在香山之旁，小溪也。吴王種香於香山，使美人泛舟於溪以采香。今自靈岩山望之，一水直如矢，故俗名箭徑。」

⑱老子：作者自稱。婆娑：盤旋、徘徊。

⑲政：同「正」。明璫素襪：明珠的耳飾，潔白的羅襪，代指所思念的美人。曹植《洛神賦》：「獻江南之明璫。」「陵波微步，羅襪生塵。」

【輯　評】

俞陛雲《唐五代兩宋詞選釋》云：起筆即秀逸而工，承以「鷗盟」三句，着筆輕靈。此下回首前游，悽然前望，山壓眉低，此中當有人在，故下闋言舊地重過，已明璫人去，酒醒波遠，倚欄之惆悵可知……白石賦此詞，幾經塗稿而成，知吟安一字之難。以横溢之天才，而審慎如是，學詞者未可輕心掉之。

夏承燾、吴無聞《姜白石詞校注》云：首二句「雙槳蒓波，一蓑松雨」以寫景開始，是很工整的對仗。接下來第三句由寫景到抒情，「暮愁」的「愁」領起全篇。「盟鷗」三句，當指俞商卿、張平甫等同游者。「那回歸去」以下五句，開始進入一種夢幻那樣的回憶境界：五年以前，也是在嚴寒的冬天，白石辭别范石湖由蘇州歸苕溪，石湖以青衣小紅相贈。在那次歸途中，白石作《除夜自石湖歸苕溪》七絶十首，其中二句云：「少小知名翰墨場，十年心事轉淒涼。」反映其久困科場的悽楚心情。當時白石還作了一首《過垂虹》的七絶……事隔五年，白石此次重到垂虹，又值隆冬之夜，寒山黛色，仍如愁眉。「傷心重見」四字，既點明兩次過垂虹的游蹤，復與上文「暮愁」的「愁」字相呼應，起到「一箭雙雕」的作用。下片縱筆史事，「采香徑」、「垂虹西望，飄然引去」諸句，説的是西施之事。他借這個故事，來表明「此興平生難遏」的幽思。「如今安在」三句，又回到實際生活中來。此詞情節有虚有實；有向往；有回憶；以向往和回憶襯托其「暮愁滿空闊」的現實生活和淒涼心情。這首《慶宫春》，在白石諸詞中，色澤較爲穠密，在夢窗、清真之間，然而仍然有清遠幽渺的風致。如云：「垂虹西望，飄然引去……唯有闌干，伴人一霎。」翡翠蘭苕間，仍有鸞飛鳳舉氣象。或謂此詞爲懷念小紅而作，從詞序所言的時間和地點來考察，亦差可信。柔情綺懷，能爲高調，非周清真、吴夢窗所能及。

【評析】

這是一首紀游懷人之作。小序簡明有致，交代了寫作背景：宋紹熙二年（一一九一）除夕，作者從范成大蘇州石湖別墅乘船回湖州，有侍女小紅伴隨同行，雪夜過垂虹橋，曾賦詩紀勝。五年後，即慶元二年（一一九六）冬，作者偕俞灝、張鑒等友人由湖州入太湖經吴松江沿運河往無錫梁溪張鑒的別墅，夜游垂虹，大家散步吟詩。作者因重過舊地，憶及已逝去三載的石湖及上次同行的小紅，撫今追昔，百感交集，寫成此詞。因此，此詞涵蓋是十分深廣的。

上片寫泛舟憶舊。「雙槳」三句描寫冬末初春寂寥景色，定下了發人愁思的基調。繼寫岸邊沙鷗，「呼我」三句寫鷗鳥飛掠而去的神態十分傳神，充滿生活情趣。鷗鳥仿佛是舊友，自然逗起了心底的回憶：「那回歸去，蕩雲雪，孤舟夜發。」這是追述五年前「別石湖歸吴興」的情景。當時一葉扁舟，萬頃煙雪，有范成大所贈侍女小紅陪同，白石曾作《過垂虹》云：「自作新詞韻最嬌，小紅低唱我吹簫。曲終過盡松陵路，回首煙波十四橋。」而今重游舊地，老友已故去，平添了青山依舊、物是人非的惆悵。「傷心」三句，寫遠山似美人，愁思凝重，不僅筆法新奇，而且隱含傷逝懷人之情。

下片觸景傷懷，表現了作者胸襟開闊、逸興騰飛的風致。先寫游采香徑的放歌，次寫閑步垂虹亭的情趣。而在游興達到高潮，與友人舉杯勸飲之際，一念忽來：「酒醒波遠，政凝想、明璫素襪。」「明璫素襪」代指佳人，這佳人或是古代的吴娃，或是上次同游的小紅，不得而知，正留下想象空間。結尾「如今」三句抒寫知音不在的失落，塵世猶夢的感傷流溢紙背。全詞意境空靈渾融，格調高雅清遠，辭采精工秀逸。白石自己說，此詞「過旬塗稿乃定」，當然是精心吟就的力作了。

江梅引

丙辰之冬①，予留梁溪②，將詣淮而不得〔一〕③，因夢思以述志。

人間離别易多時，見梅枝，忽相思。幾度小窗幽夢手同攜。今夜夢中無覓處，漫徘徊，寒侵被，尚未知。　濕紅恨墨淺封題④，寶箏空，無雁飛⑤。俊游巷陌，算空有、古木斜暉。舊約扁舟，心事已成非。歌罷淮南春草賦⑥，又萋萋。飄零客，淚滿衣。

【校　記】

〔一〕淮而：夏承燾校：「朱孝臧校張本：『而』當作『南』，倪鴻刊本作『南』。」

【箋　注】

① 丙辰：宋寧宗慶元二年（一一九六）。

② 梁溪：地名，在今江蘇無錫。張鑒有莊園在無錫，白石此時依張鑒在梁溪居留。

③淮而：而，南形訛。淮南，指安徽合肥。

④濕紅恨墨：濕紅一説紅淚。《麗情集》載蜀妓灼灼以軟綃聚紅淚寄裴質。陸游《釵頭鳳》亦云：「淚痕紅浥鮫綃透。」一説濕紅恨墨言濕透紅箋、充滿離恨的墨跡。晏幾道《思遠人》：「淚彈不盡當窗滴，就硯旋研墨。漸寫到別來，此情深處，紅箋爲無色。」

⑤無雁飛：指無人彈奏，雁柱不動。雁，古箏上調絃的短柱。李商隱《昨日》：「十三絃柱雁行斜。」

⑥淮南春草賦：淮南小山《招隱士》：「王孫游兮不歸，春草生兮萋萋。」白石五年前離合肥時曾作《點絳唇》（金谷人歸）：「淮南好，甚時重到？陌上生春草。」

【輯評】

沈祖棻《宋詞賞析》云：上片冬留梁溪，下片詣淮不得，因夢述志。「見梅枝」兩句，從盧仝《有所思》「相思一夜梅花發，忽到窗前疑是君」來。「歌罷」兩句用淮南小山《招隱士》「王孫游兮不歸，春草生兮萋萋」，仍是離別之感，綰合起句。離別之難，相思之苦，似應度日如年矣，而言「易多時」，是一拗。既已多時，似不相思矣，而承以「忽相思」，又是一轉。相思在「見梅枝」之後，似見花而懷人，然證之「幾度」一句，則固未嘗一日忘也。或謂「幾度小窗幽夢」亦可在「見梅枝」之後，然其下緊接「今夜夢中」，作一對比，則此「幾度」，固謂「今夜」以前。

夏承燾、吴無聞《姜白石詞校注》云：此是懷念合肥戀人之作。白石於紹熙二年辛亥離開合肥，至此已越五年。《白石道人詩集·送范仲訥往合肥三首》的第一首説：「壯志只便鞍馬上，客夢長在江淮間。」説明他對合肥戀人的一往情深。第三首説：「小簾燈火屢題詩，回首青山失後期。未老劉郎定重到，煩君説與故人知。」則表明他對失約的歉疚，以及還要到淮南與戀人相會的決心。

【評　析】

本篇作於宋寧宗慶元二年（一一九六），時白石寓居無錫梁溪張鑒莊園，睹梅思人而作。白石詞中有梅花情結，除《暗香》、《疏影》、《小重山令》（人繞湘皋月墜時）等專詠梅花之作，《一萼紅》（古城陰）、《探春慢》（衰草愁煙）、《浣溪沙》（春點疏梅雨後枝）、《鶯聲繞紅樓》（十畝梅花作雪飛）、《鷓鴣天》（憶昨天街預賞時）等篇也都在詞中提到梅花。一説白石與合肥情侶相識，期間至少有兩次離别是梅花開放時節，故「見梅」最易相思。

上片寫結想成夢，起首「人間離别易多時」，是大白話，然頗富哲理。「易多時」者，容易感到時間漫長也。「見梅枝，忽相思」二句化用盧仝《有所思》「相思一夜梅花發，忽到窗前疑是君」，這一「忽」，其實不是忽然想起，而是根本不曾忘記，鬱結心中已久，偶然觸發而已。接下來「幾度」五句寫昔日夢境，醒而夢，夢而醒，思之不得，輾轉反側，至於「寒侵被，尚未知」。

下片寫醒後離思。「濕紅」三句寫獨處空房之離恨。紅箋爲淚痕所濕，字跡已變得模糊不清。伊人當年妙指彈奏的寶箏已塵積絃斷，人面不知何處去，空留下這傷心之物喚起離人的幽恨。「俊游巷陌」四句，以舊景懷舊情，追憶曾經結伴游賞之地，以紀念當時美好的時光。而今却心事成非，古木斜陽，徒有舊約！「歌罷」兩句引入《楚辭》「王孫游兮不歸，春草生兮萋萋」，借感歎暮春來臨，王孫不歸，傾訴自己無盡的相思。結尾「飄零客，淚滿衣」，將離思酸楚推繹到極致，與白居易《琵琶行》「江州司馬青衫濕」有異曲同工之妙。

鬲溪梅令〔一〕

丙辰冬①，自無錫歸，作此寓意。

好花不與殢香人②，浪粼粼。又恐春風歸去綠成蔭③，玉鈿何處尋④。　木蘭雙槳夢中雲，水橫陳〔二〕⑤。漫向孤山山下覓盈盈⑥，翠禽啼一春⑦。

【校　記】

〔一〕鬲溪梅令：《宋六十名家詞》調下小字云：「仙吕調。無錫歸寓意。」不録序。

〔二〕水横陳：「水」原作「小」，今從《詞律》及《欽定詞譜》。

【箋　注】

①丙辰：宋寧宗慶元二年（一一九六）。

②殢香人：爲花香所陶醉之人。殢，滯留，困擾。

③「又恐春風」句：《全唐詩》載杜牧《歎花》詩：「自恨尋芳到已遲，往年曾見未開時。如今風擺花狼藉，緑葉成蔭子滿枝。」此句化用杜牧詩意，擔心錯過花期。

④玉鈿：精美的女性首飾，此處一語雙關，代指美人與花。

⑤水横陳：陳亮《念奴嬌》（危樓還望）：「一水横陳，連崗三面，做出爭雄勢。」

⑥孤山：杭州西湖孤山，宋人游覽勝地，多種梅花。盈盈：形容佳麗姿容嬌柔。《古詩十九首》：「盈盈樓上女，皎皎當窗牖。」此處以美人代指梅花。

⑦翠禽：《龍城録》載翠鳥化童子的傳説，見前《疏影》注②。

【輯評】

俞陛雲《唐五代兩宋詞選釋》云：此詞原題「自無錫歸，作此寓意」，實則憶西湖看梅往事。觀詞中「雙槳」、「孤山」等句可知，與《角招》詞之憶孤山梅花，同一感懷。此言玉鈿難覓，即《角招》詞翠翹羅袖之感。結句不着邊際，含情無限，如趙師雄之羅浮夢醒，但聞翠羽飛鳴耳。

夏承燾、吴無聞《姜白石詞校注》云：此詞以落花起興，主要是寫離情。「好花不與殢香人，浪粼粼」二句，寫水流花謝，是暮春景象。「又恐春風歸去緑成蔭」是承上啟下句：它既補充上文的傷春，又引導詞意折入思念情人這個主題。使下接「玉鈿何處尋」句，得以順理成章。下片首二句，回憶往日「木蘭雙槳」同泛西湖之樂，如今舊游如夢，不堪回首。末二句説：一春來枉自向「孤山山下」尋覓舊情人，而伊人不見，惟聞翠禽啼聲，仍如往昔而已。白石作詞，好用杜牧詩句，如「揚州十年一夢」（《漢宫春·次韻稼軒》）、「豆蔻詞工，青樓夢好」（《揚州慢》）等等。此詞「又恐春風歸去緑成蔭」句，疑亦用杜牧事。據《太平廣記》載：杜牧游湖州，見一小女，國色也。因以重幣與女母，約十年來娶。越十四年，牧始再至。至則女嫁已三年，且生三子。牧俯首移晷，因賦詩以自傷。詩云：「自恨尋芳到已遲，往年曾見未開時。如今風擺花狼藉，緑葉成蔭子滿枝。」則白石詞在「又恐春風歸去緑成蔭」句下，接「玉鈿何處尋」，當是其舊情人，此時或已他適。

【評　析】

這是白石的自度曲，《詞律》、《詞譜》皆收到此篇，同調宋詞僅見此篇。所謂「鬲溪梅」，大約即爲溪水所阻隔之梅花。調名就體現出一種事與願違的無奈。

這是一首託物思人的小令。

上片借花爲喻，追尋不果。「嫲香人」者，癡情人也。事與願違者，「多情却被無情惱」也。「春風」也罷，「緑成陰」也罷，總是讓作者與「玉鈿」緣慳一面。結句「玉鈿」雙指，巧妙地將「好花」過渡到美人。

下片追憶舊游。意象上是寫人，運用了「盈盈」、「雙槳」等字眼，但因爲是「夢中雲」，所以恍惚之中，也可以説是在寫花。結句「翠禽啼一春」，用《異人録》趙師雄梅花樹下遇美人的典故，暗示事如春夢，只餘得翠禽聲聲而已。

全詞以「好花不與」起興，以「翠禽」收束，筆法奇巧，亦花亦人，隱秘曲折地表達了自己的追求。

浣溪沙

丙辰臘①，與俞商卿、銛朴翁同寓新安溪莊舍〔一〕②，得臘花韻甚〔二〕③，賦二首。

花裏春風未覺時，美人呵蕊綴横枝④，鬲簾飛過蜜蜂兒。　書寄嶺頭封不到⑤，影浮杯面誤人吹，寂寥惟有夜寒知。

又

翦翦寒花小更垂，阿瓊愁裏弄妝遲⑥，東風燒燭夜深歸。　落蕊半黏釵上燕，露黄斜映鬢邊犀〔三〕⑦，老夫無味已多時。

【校　記】

〔一〕莊舍：張本脱「莊」字。

〔二〕臘花：夏承燾校：厲鈔「臘」作「蠟」。鄭文焯校：「案『臘』當作『蠟』，此因上『臘』字並列成訛。詞中用『蜜蜂』烘托『蠟』字，用庾『嶺』暗切『梅』字，是詠梅可證。」又校下首：「結句用嚼蠟事甚新。」許增校「『花』舊鈔本作『梅』。」陳疏引范成大《梅譜》：「人言臘時開故以『臘』名，非也，爲色正如黄蠟耳。」

〔三〕露黄：陸本「黄」作「横」。

【箋　注】

① 丙辰臘：宋寧宗慶元二年（一一九六）臘月。

② 俞商卿：俞灝，字商卿，見《角招》詞序。銛朴翁：葛天民曾名義銛，字朴翁，故稱銛朴翁，姜夔之友，見《慶宮春》詞序。新安溪莊舍：新安，鎮名，在無錫東南三十里。溪莊舍：指張平甫的莊園。張鎡《南湖集》有《題平甫弟梁溪莊園》詩。

③ 臘花韻甚：臘梅花甚有韻致。

④ 横枝：指梅枝，林逋《梅花》：「雪後園林才半樹，水邊籬落忽横枝。」

⑤ 書寄嶺頭：《太平御覽》卷七九〇盛弘之《荆州記》：「陸凱與范曄友善，自江南寄梅花一枝詣長安與曄，並贈詩曰：『折梅逢驛使，寄與隴頭人。江南無所有，聊贈一枝春。』」嶺頭，指大庾嶺，在今廣東江西交界處，唐代通廣東的要道，張九齡曾督修新路，多種梅樹，又稱梅嶺。

⑥ 阿瓊：泛指美女。弄妝遲：温庭筠《菩薩蠻》：「懶起畫蛾眉，弄妝梳洗遲。」

⑦ 鬢邊犀：指犀簪，用犀角製成的髮簪。吴融《和韓致光侍郎無題三首十四韻》：「珠佩元消暑，犀簪自辟塵。」

【評　析】

這兩首《浣溪沙》作於慶元二年（一一九六）臘月，時白石寓居無錫張鑒莊園。這是兩首詠梅小詞。

第一首寫臘梅開花，吸引了美人和蜜蜂。上片「美人呵蕊」見出美人憐花，而又引來隔簾的蜜蜂兒，是花香，抑或是美人噓氣成蘭？襯得美人如花，花似美人了。下片直抒愛花惜花之情。首寫相思遥遠，「書寄」難達。次寫梅花，不正面寫，而寫梅影。試想梅影落杯中，又誤以爲墜物，欲吹去，意象奇特而豔麗。結句「寂寥惟有夜寒知」，歸於「清空」風格，又造荒寒之境，試想這美麗嬌嫩的花兒在這漫漫長夜該何等孤單，何等招人憐愛呵！

第二首寫美人觀梅。上片第一句「蒴蒴」句白描梅花，二、三句寫佳人燃燭觀梅，可見梅花魅力，亦可見美人情趣。下片「落蕊」兩句將花與佳人混合描寫，互相映襯。「釵上燕」、「鬢邊犀」都是精美的婦女頭飾，而飛落的花瓣、閃露的蕊黄黏留其上，何其豔麗！結尾一句「老夫無味已多時」，陡然一落千丈，寫出内心寂落，在花團錦簇的文字中可謂驚人之句。

浣溪沙

丙辰歲不盡五日①，吴松作。

雁怯重雲不肯啼，畫船愁過石塘西②，打頭風浪惡禁持③。春浦漸生迎棹緑，小梅應長亞門枝④，一年燈火要人歸。

【箋注】

①丙辰：宋寧宗慶元二年（一一九六）。歲不盡五日：距本年終結還差五天，指除夕前五日。

②石塘：在蘇州小長橋附近。《方輿勝覽》：「小長橋在石塘，壘石爲之。」

③打頭風浪：頂風、逆浪。白居易《小舫》詩：「黄柳影籠隨棹月，白蘋香起打頭風。」惡：猛，厲害。禁持：宋人口語，猶言擺布。辛棄疾《鷓鴣天》：「一夜清霜變鬢絲，怕愁剛把酒禁持。」

④亞：猶旁、靠。柳永《二郎神》詞：「擡粉面，雲鬟相亞。」

【輯評】

沈祖棻《宋詞賞析》云：「春浦」句，客中之景，謂可以歸矣。「小梅」句，家中之景，謂待人歸去。

夏承燾、吴無聞《姜白石詞校注》云：此詞是歸舟過吴松作。陳思《白石道人年譜》謂白石「此年（丙辰）移家行都（臨安）依張鑒，居近冬青門」。白石是年浪游武康、無錫各地，至年終始歸。上片三句寫歸舟，連用「重雲」、「愁過」、「風浪惡禁持」等辭，使人感到作者心情的沉重，下片稍露歸家的喜悦。見船頭春波漲緑；想到小梅應長出亞門新枝，以迎遠客。此小梅，亦可比喻家中幼小兒女。結句寫出家人盼望歸人之殷切。

【評　析】

宋寧宗慶元二年（一一九六），白石「移家行都（今杭州）依張鑒，居近冬青門」（陳思《白石道人年譜》）。這年歲暮，白石由無錫返回杭州，其時距年夜只有五天，歸舟至吴松，乃作此詞。

這首小詞寫來極有波瀾起伏之致。上片情緒較壓抑。起句借雁寫人：「雁怯重雲不肯啼。」「怯」是擔心密雲阻隔，影響行程，也帶有一點「近鄉情更怯」。「不肯啼」見出其集中精力，疾力飛回舊巢。接下來言「畫船愁過」，實則自己愁深。西塘，蘇州府小長橋，漸近餘杭，還是頂風逆浪，重雲密布，怎不令人心愁呢？

下片柳暗花明，情緒一變。船過餘杭後，「春浦漸生迎棹緑」，兩岸春風漸漸吹來，迎接雙槳的是一江緑波，於是詞人心情亦由孤旅的愁悶轉爲歸家的欣悦，進而翻出對家園的猜想：「小梅應長亞門枝。」有人將「小梅」釋爲白石的小女，按王維《雜詩》云：「君自故鄉來，應知故鄉事。來日綺窗前，寒梅著花未？」故園的「梅」本來就是游子美好的隱秘的期望，不必坐實。篇末一語點睛：「一年燈火要人歸。」「燈火」二字寫盡了舊俗過年的熱鬧景象。「要人歸」則簡潔樸實而又歡快地表達出作者急於歸家團聚的心情。

姜白石詞箋注卷五

杭州、越中、華亭、括蒼、永嘉詞二十四首

鷓鴣天

丁巳元日①

柏綠椒紅事事新②，鬲籬燈影賀年人。三茅鐘動西窗曉③，詩鬢無端又一春。慵對客，緩開門，梅花閑伴老來身。嬌兒學作人間字，鬱壘神荼寫未真④。

【箋注】

①丁巳元日：宋寧宗慶元三年（一一九七）正月初一日。

②柏綠：柏酒呈綠色，古代風俗，以柏葉浸酒，元旦共飲以祈壽。《荊楚歲時記》：正月一日，「長幼悉正衣冠，以次拜賀，進椒、柏酒，飲桃湯」。杜甫《元日示宗武》：「飄零還柏酒，衰病只藜床。」椒紅：用椒實泡酒，色發紅。《初學記》四「四民月令」載：正月朔日，「子婦曾孫，各上椒酒於家長，稱觴舉壽，欣欣如也」。陳造《聞師文過錢塘》：「椒酒須分歲，江梅巧借春。」

③三茅鐘：泛指寺觀的鐘聲。《咸淳臨安志》十三：「寧壽觀在七寶山，本三茅堂。紹興中賜古器玩三種……其二唐鐘，本唐澄清觀舊物……禁中每聽鐘聲以爲寢興食息之節。」陸游《縱筆》詩「三茅鐘殘窗欲明」，又《天竺晚行》詩「三茅聽徹五更鐘」。

④鬱壘神荼：二神名，傳説能驅鬼，舊時奉爲門神。王充《論衡·訂鬼》引《山海經》言：滄海之中有度朔之山，「上有二神人，一曰神荼，一曰鬱壘，主閲領萬鬼。惡害之鬼，執以葦索而以食虎。於是黄帝乃作禮以時驅之，立大桃人，門户畫神荼鬱壘與虎，懸葦索以禦。」應劭《風俗通義》云：「神荼、鬱壘爲兩兄弟，掌伺察諸鬼。」

【輯　評】

劉永濟《微睇室説詞》云：「三茅鐘」，《咸淳臨安志·行在所録》：「寧壽觀在七寶山，本三茅堂。紹興中賜古器玩三種，……其二唐鐘……禁中每聽鐘聲以爲寢興食息之節。」「柏緑椒紅」皆元日故事。《玉燭寶典》：「正月爲端月，其一日爲元日。……庭前爆竹，進椒柏酒。」「詩鬢無端」句，「無端」言其容易又一年春到也。以上皆叙元日事。换頭乃寫元日人情。曰「慵」，曰「緩」，曰「閑」，寫出老人逢令節情態如此。歇拍二句换寫兒童過元日之事，皆老人眼中所見者，閑閑説來，自有風味。「鬱壘神荼」，二神名，相傳能縛鬼，見《風俗通》。後人元日書二神名於門，以禦凶物。「鬱壘」

二字筆畫甚繁，故兒童寫不真也。

【評　析】

本篇在時間上緊接上篇，是白石自無錫趕回家中後，於慶元三年（一一九七）元旦所寫的一首新年節令詞。詞中充溢着節日之慶與天倫之樂，也流露出歲月蹉跎的無奈歎喟。

「柏緑椒紅事事新，鬲籬燈影賀年人」。年節是古代最重視的一個節日，在這一天，碧緑的柏酒與嫣紅的椒酒都擺了上來，萬象亦仿佛發出了新的光彩。竹籬外面，燈火閃爍，鄰居們已經開始了互相慶賀新年。這是室外之鬧，與之相對應的是室内之靜。始歸的游子安詳地聽到寺觀的鐘聲，慨歎飄蕭雙鬢，無奈地又進入了一個春天。「無端」即無緣無故，隱含無奈之意。

下片承上片末句，由「事事」集攏到自身。佳節本是親朋相互走訪問候的日子，白石却懶於應酬。「慵對客，緩開門」，既寫老來之態（依姜譜白石時年五十二歲），也是性情使然。因爲「梅花閑伴老來身」，有清雅的梅花爲侣，透出作者自甘寂寞，超塵脱俗。結尾歸結到因團聚而感受的天倫之樂。回頭一看，嬌縱的小兒趴在桌上學寫字，可是連門神的名字尚且寫不清呢！「鬱壘神荼寫未真」，筆鋒一轉，妙趣横生，令人回味無窮。

鷓鴣天

正月十一日觀燈

巷陌風光縱賞時①，籠紗未出馬先嘶②。白頭居士無呵殿③，只有乘肩小女隨④。　花滿市，月侵衣，少年情事老來悲。沙河塘上春寒淺⑤，看了游人緩緩歸。

【箋　注】

① 縱賞：縱情觀賞。孟元老《東京夢華録》卷六：「向晚，貴家婦女縱賞關賭。」

② 籠紗：蒙紗罩的燈籠，即紗籠。《夢粱録》卷一「元宵」條載元夕臨安：「競誇華麗。公子王孫，五陵少年，更以籠紗喝道，將帶佳人美女，遍地游賞。」

③ 呵殿：前呼後擁。呵，呼喝開路。殿，跟隨殿後。

④ 乘肩小女：指坐在肩頭上的小女兒。黄庭堅《陳留市隱》：「乘肩嬌小女，邂逅此生同。」其詩序云：「陳留市上有刀鑷工，年四十餘無室家子姓，惟一女年七歲矣。日以刀鑷所得錢，與女子醉飽，醉則簪花吹長笛，肩女而歸。」白石意指惟有小兒女在肩頭相隨爲伴。

⑤沙河塘：在杭州城南五里，是當時錢塘繁華之地。蘇軾《湖上夜歸》詩：「睡眼忽驚矍，繁燈鬧河塘。」查注引《西湖游覽志》云「沙河塘，宋時居民甚盛，碧瓦紅簷，歌管不絶。」又《望海樓晚景》之五：「沙河燈火照山紅，歌鼓喧呼笑語中。爭問少年心在否？角巾攲側鬢如蓬。」

【輯評】

況周頤《蕙風詞話》卷二云：姜白石《鷓鴣天》云：「籠紗未出馬先嘶。」七字寫出華貴氣象，却淡雋不涉俗。……白石詞「少年情事老來悲」，宋朱服句「而今樂事他年淚」，二語合參，可悟一意化兩之法。

沈祖棻《宋詞賞析》云：「籠紗」句，《蕙風詞話》云：「七字寫出華貴氣象。」是也。先出此句，則後「白頭」兩句之清冷自見。「紗籠喝道」，見《夢粱録》，即呵殿也。過片兩句，言風光依舊。「少年」句，言心境情事都非，徒增忉怛耳。章穎《小重山》所謂「舊游無處不堪尋，無尋處，惟有少年心」也，朱服《漁家傲》所謂「寄語東陽沽酒市，拚一醉，而今樂事他年淚」也。「沙河」二句，秦觀《金明池》所謂「縱寶馬嘶風，紅塵拂面，也只尋常歸去」也。

夏承燾、吴無聞《姜白石詞校注》云：此正月觀燈詞，但亦寓身世之感。以「籠紗未出馬先嘶」與「白頭居士無呵殿」二句對比顯宦與寒士生活，形象極其鮮明。歸結到「少年情事老來悲」。白石詩中曾有兩句：「少小擅名翰墨場，百年心事只淒涼。」可作爲「老來悲」句的注脚。

【評析】

本篇作於寧宗慶元三年（一一九七）正月十一日，時白石攜女外出觀燈，感而賦此。周密《武林舊事》云：「禁中自去歲九月賞菊燈之後，迤邐試燈，謂之『預賞』。一入新正，燈火日盛。」可知臨安的元宵燈節是一年之盛事，白石此詞正是描寫元宵節前預賞燈景的情況。

俗云：未見其人先聞其聲。起首二句正是以聲傳情，從側面繪出了王孫公子、貴族少年外出觀燈的華貴氣派。「白頭」二句，筆鋒一轉，以富豪門第之排場襯自身之潦倒落寞，而這種潦倒落寞中又透出幾分安閑隨性。同是觀燈，「白頭居士」則只有小女兒乘肩。形象何等逼真，而對比何等鮮明！

過片「花滿市，月侵衣」，形容花燈充滿街巷，月光照射人群，與歐陽修「花市燈如畫」、辛棄疾「東風夜放花千樹」，可鼎足而三，寫盡古代燈市風光。面對此徹夜簫鼓，自身境遇清苦，故「少年情事」觸發「老來悲」。「少年」七字是對半世情緣的惋惜與追憶。結尾兩句「沙河塘上春寒淺，看了游人緩緩歸」，寫觀燈已罷，興盡而歸。「緩緩歸」者包括作者在內的平民百姓，摩肩接踵，漫步歸家，留下一抹淡淡的餘味，令人揮之不去。

鷓鴣天

元夕不出①

憶昨天街預賞時②，柳慳梅小未教知③。而今正是歡游夕，却怕春寒自掩扉。　簾寂寂，月低低，舊情惟有絳都詞④。芙蓉影暗三更後⑤，臥聽鄰娃笑語歸。

【箋　注】

①元夕：農曆正月十五，即元宵。

②天街：京城的街道。王建《宫詞》詩：「天街夜色涼如水，臥看牽牛織女星。」預賞：宋代舊俗，自臘月十五開始，至正月十五日元宵節前進行試燈，稱爲「預賞」。

③柳慳：形容柳葉嫩芽初萌。慳，吝惜之意。梅小：梅花初綻。

④絳都詞：「絳都春」爲詞調名，《詞律》、《詞譜》均載録。北宋丁仙現有《絳都春》（融和又報）一首，詠汴京燈夕，疑爲此詞所指。

⑤芙蓉：荷花，亦曰芙渠。此處指花燈。陸游《燈夕有感》詩：「芙渠紅緑亦參差。」

【輯　評】

劉永濟《微睇室説詞》云：「預賞」，陳思《白石詞疏》引《武林舊事》：「元夕禁中自去歲九月賞菊燈之後，迤邐試燈，謂之預賞。」「絳都詞」，夏承燾《箋校》引《草堂詩餘》丁仙現詞「融和又報」一首詠汴都燈夕爲證。按白石此語，或係記昔日曾作此調，寫元夕觀燈事，未必定指丁作。「芙蓉」，花燈也。以上三詞，反復吟詠，如見此老當日情態。蓋由其情真景實，不假雕琢，自能動人。

夏承燾、吴無聞《姜白石詞校注》云：詞題是「元夕不出」。上片「而今正是歡游夕」，應「元夕」；「却怕春寒自掩扉」，應「不出」。爲什麽元夕不出游？這在「舊情惟有絳都詞」一句中透露出來。所謂「春寒」也者，乃是託詞。李清照有一首《永遇樂》詠元宵詞，其結句云：「如今憔悴，風鬟霧鬢，怕見夜間出去。不如向簾兒底下，聽人笑語。」李清照以回憶往日汴京元夕盛況與目前遭亂後的飄泊心情相對照，所以「怕見夜間出去」。白石則以丁仙現《絳都春》詞反映的汴京元夕盛況和臨安的元夕對照，亦隱含故國之思。「芙蓉影暗三更後，臥聽鄰娃笑語歸」二句，與「不如向簾兒底下，聽人笑語」的藝術表現手法頗相似。

吴世昌《詞林新話》云：白石《鷓鴣天·元夕不出》：「憶昨天街預賞時，柳慳梅小未教知。而今正是歡游夕，却怕春寒自掩扉。　簾寂寂，月低低，舊情惟有《絳都詞》。芙蓉影暗三更後，臥聽鄰娃笑語歸。」夢窗有《絳都春》，乃憶舊悼亡之作，白石之《絳都》詞，當亦爲《絳都春》，以紀念其所歡者，但不必爲悼亡之作，以下首占之，則其人故猶在也，否則不至「兩處沉吟」矣。集中不見《絳都春》詞，殆作者不欲騙人，或年久失傳矣。

【評析】

本篇寫作時間緊接上篇，以「憶」字提醒。上篇是「正月十一日觀燈」，此篇却是「元夕不出」。上片四句，極盡一波三折之妙。「憶昨」十一日既爲觀燈，却又「柳慳梅小」，春色單薄，一折。今夕正逢「歡游」，二折。自己「却怕春寒」是「元夕不出」的原委了。

下片筆鋒一轉，寫「掩扉」後的落寞，讓讀者明白，之所以「不出」，是「心寒」，而非「春寒」。對於「舊情惟有絳都詞」，劉永濟先生認爲，白石往日當作有《絳都春》，今本已佚。而夏承燾先生則以爲指丁仙現之《絳都春·上元》，此詞詠唱汴京燈夕盛況，其中「翠幰競飛，玉勒爭馳都門道」，寫皇京繁華；「鰲山彩結蓬萊島，向晚色雙龍銜照」，寫彩燈豔麗；「迤邐御香，飄滿人間聞嬉笑」，寫升平景象，此日憶之，對比臨安的元夕，詞人隱含故國之思。二說都各有理。結尾兩句頗有李清照「不如向簾兒底下，聽人笑語」的淒涼意味。所不同者，李清照是主動聽隔簾笑語，聊温舊夢；姜白石是無意中「聽鄰娃笑語」。總之，結句藴含不露，令人感慨良多，而無論劉、夏兩説，均可圓通。

鷓鴣天

元夕有所夢

肥水東流無盡期①，當初不合種相思②。夢中未比丹青現③，暗裏忽驚山鳥啼。　春未緑，鬢先絲。人間别久不成悲。誰教歲歲紅蓮夜④，兩處沉吟各自知。

【箋　注】

① 肥水：源出今安徽合肥紫蓬山，分東西兩支，東流經合肥入巢湖，西流經壽縣入淮。此指東流的一支。

② 不合：不應該。相思：樹名，其材理堅硬。左思《吴都賦》：「楠榴之木，相思之樹。」

③ 丹青：泛指繪畫。

④ 紅蓮夜：指元宵燈節。紅蓮，指蓮花燈。歐陽修《驀山溪·元夕》：「纖手染香羅，剪紅蓮滿城開遍。」周邦彦《解語花·元宵》：「露浥紅蓮，燈市花相射。」

【輯　評】

沈祖棻《宋詞賞析》云：水流無盡，重見無期，翻悔前種相思之誤。別久會難，惟有求之夢寐；而夢境依稀，尚不如對畫圖中之春風面，可以灼見其容儀，況此依稀之夢境，又爲山鳥所驚，復不得久留乎？上片之意如此。下片則言未及芳時，難成歡會，而人已垂垂老矣，足見別之久、愁之深。夫「黯然消魂者，惟别而已矣」，而竟至「不成悲」，蓋緣飽經創痛，遂類冥頑耳。然而當「歲歲紅蓮夜」，則依然觸景生情，一念之來，九死不悔，惟兩心各自知之，故一息尚存，終相印也。戴叔倫《湘南即事》云：「沅湘日夜東流去，不爲愁人住少時。」魚玄機《江陵愁望寄子安》云：「憶君心似西江水，日夜東流無歇時。」可與首二句比觀。

吴世昌《詞林新話》云：白石《鷓鴣天·元夕有所夢》：「肥水東流無盡期，當初不合種相思。夢中未比丹青現，暗裏忽驚山鳥啼。　春未緑，鬢先絲，人間别久不成悲。誰教歲歲紅蓮夜，兩處沉吟各自知。」上結「暗裏忽驚山鳥啼」，湊。

唐圭璋《唐宋詞簡釋》云：此首元夕感夢之作。起句沉痛，謂水無盡期，猶恨無盡期。「當初」一句，因恨而悔，悔當初錯種相思，致今日有此恨也。「夢中」兩句，寫纏綿顛倒之情，既經相思，遂不能忘，以致入夢，而夢中隱約模糊，又不如丹青所見之真。「暗裏」一句，謂即此隱約模糊之夢，亦不能久做，偏被山鳥驚醒。換頭，傷羈旅之久。「别久不成悲」一語，尤道出人在天涯況味。「誰教」兩句，點明元夕，兼寫兩面，以峭勁之筆，寫繾綣之深情，一種無可奈何之苦，令讀者難以爲情。

【評　析】

此詞作於慶元三年（一一九七）元夕之夜，是白石記夢之作。前推十年，淳熙十四年（一一八七）元日，白石旅次金陵，夜夢合肥情人，曾作《踏莎行》（燕燕輕盈）以記之。可見白石合肥戀情之刻骨銘心。

「肥水東流無盡期」。起句以「肥水」起興，一則點明所思之地；二則以「無盡期」象征時光流轉不息，相思也無窮無盡。第二句「當初不合」貌似後悔，實則是爲相思所煎熬折磨的無奈喧泄。相思着一「種」字，將抽象的情思具體化，暗用木質堅硬不移的相思樹的典故，十分精當。接下來「夢中」兩句直接描寫夢境。夢中伊人的姿容再不如分別時所贈畫像那樣清晰；正值恍惚迷離之際，忽聞山鳥啼鳴，驀然驚覺，醒後愈發怏怏。

下片扣緊元夕。首二句以白髮衰鬢與「春」、「緑」對照，讀來頗感淒涼。「人間別久不成悲」，不是悲苦的化解，而是離恨沉潛到心靈深層，是白石人過中年後才積澱而得的人生感悟。結尾再點「元夕」：「誰教歲歲紅蓮夜，兩處沉吟各自知。」「紅蓮」既點明燈節，又令人想到滿城炫目的盛景。「兩處」一筆兩寫，見出彼此相思的酸楚，與李清照《一剪梅》「一種相思，兩處閑愁」同一機杼。

鷓鴣天

十六夜出

輦路珠簾兩行垂①，千枝銀燭舞僛僛②。東風歷歷紅樓下③，誰識三生杜牧之④。　歡正好，夜何其⑤，明朝春過小桃枝。鼓聲漸遠游人散〔一〕，惆悵歸來有月知。

【校　記】

〔一〕游人：陸本「游」作「行」。

【箋　注】

①輦路：亦稱輦道，天子車駕常經過的大道。輦，人推挽的車，後特指君后所乘車。《唐詩紀事》卷二文宗《宮中題》：「輦路生春草，上林花滿枝。」

②僛僛：形容舞擺之狀。《詩經·小雅·賓之初筵》：「屢舞僛僛。」王安石《春雨》詩：「城雲如夢柳僛僛。」

③歷歷：分明可數。崔灝《黄鶴樓》詩：「晴川歷歷漢陽樹，春草萋萋鸚鵡洲。」紅樓：泛指華美樓閣，多貴婦所居。李白《侍從宜春苑奉詔賦》：「東風已緑瀛洲草，紫殿紅樓覺春好。」

④三生：佛家説法，指前生、今生、來生。此處指前生。杜牧之：唐代詩人杜牧，字牧之，白石時以杜牧自擬，如《琵琶仙》云：「十里揚州，三生杜牧，前事休説。」

⑤夜何其：猶言夜如何，意爲夜深。《詩經·小雅·庭燎》：「夜如何其？夜未央。」其，語尾助詞。

【輯評】

夏承燾、吴無聞《姜白石詞校注》云：此詞寫元夕觀燈，實則借以抒發身世之感。「東風歷歷紅樓下，誰識三生杜牧之」二句，回顧自己「酒祓清愁，花銷英氣」的生活，如今惟餘惆悵而已。白石以杜牧自比，問有誰知道杜牧（包括白石）呢？杜牧有一首《遣懷》詩：「落魄江湖載酒行，楚腰纖細掌中輕。十年一覺揚州夢，赢得青樓薄幸名。」落魄者，失意之謂。杜牧著《罪言》，其生平以濟世才自負。然壯志不遂，故縱情聲色，借以消愁。《遣懷》是杜牧自解之詩，而此首《鷓鴣天》，亦可視爲白石自解之詞。

【評析】

此首時間緊接上首，慶元三年（一一九七）白石居杭州，「元夕不出」，而「十六夜出」所作的觀燈詞。

上片起首兩句寫臨安燈市夜景。官家車駕經行的通衢大道兩側懸挂着珍珠簾幕，千萬支璀璨的燭光在風中翩翩起舞。第三句「東風歷歷紅樓下」承上，概寫一派奢華世界；第四句一折：「誰識三生杜牧之。」杜牧生當晚唐之世，懷曠世之才而「困躓不振，怏怏難平」（《唐才子傳》）。更兼其早歲「落魄江湖載酒行」、「十年一覺揚州夢」（均見《遺懷》），縱情聲色，故白石在詩詞中屢屢以之自況。「誰識」二字，包含了多少世態炎涼，人情冷落！

下片前三句再扣十六觀燈。歡聲笑語不斷，不知不覺夜色已深，天明後嫩小的桃枝在春風中當會綻放。而當「鼓聲漸遠游人散」之時，作者也悄然歸來。末句「惆悵歸來有月知」，以「惆悵」襯托他人之「歡正好」，以「有月知」呼應前面的「誰識」，孤寂頓時浸出，動人心脾。

月下笛

與客攜壺，梅花過了，夜來風雨。幽禽自語①，啄香心，度牆去。春衣都是柔荑剪〔一〕②，尚沾惹、殘茸半縷③。悵玉鈿似掃〔二〕④，朱門深閉，再見無路。凝佇，曾游處。但繫馬垂楊，認郎鸚鵡⑤。揚州夢覺⑥，彩雲飛過何許⑦。多情須倩梁間燕〔三〕，問吟袖、弓腰在否⑧？怎知道、誤了人，年少自恁虛度⑨。

【校　記】

〔一〕都是：張本「都」作「多」。

〔二〕似掃：張本「似」作「侶」，蓋「侶」之形訛。

〔三〕梁間：夏承燾校：「張本、厲鈔『間』作『上』，案此字對上片『荑』字，應用平聲『間』字。」

【箋　注】

① 幽禽：幽谷之鳥。

② 柔荑：以柔嫩白晰的茅草比喻美人的纖纖玉手。《詩經·衛風·碩人》：「手如柔荑，膚如凝脂。」荑，茅草的嫩芽。

③ 殘茸：刺繡縫衣等針綫活用過的綫頭。

④ 玉鈿：婦女的名貴首飾，此處喻指吹落的梅花。

⑤ 認郎鸚鵡：意爲只有架上的鸚鵡尚能認識我。鸚鵡能學舌，又能認人。劉禹錫《詠鸚鵡》詩：「頻學喚人緣性慧，偏能識主爲情通。」

⑥揚州夢覺：此處追憶當年的縱情聲色，化用杜牧《遣懷》詩：「十年一覺揚州夢，贏得青樓薄幸名。」

⑦彩雲：象征美好事物或薄命佳人。李白《宮中行樂詞》：「只愁歌舞散，化作彩雲飛。」晏幾道《臨江仙》詞：「當時明月在，曾照彩雲歸。」

⑧吟袖：詩人的衣袖，指狎客。弓腰：指善舞的佳麗。《酉陽雜俎》前集載，有士人醉臥，見婦人踏歌曰：「舞袖弓腰渾忘却，蛾眉空帶九秋霜。」

⑨恁：如此。

【輯評】

夏承燾《姜白石詞編年箋校》云：此亦追念合肥人詞。陳譜定爲此年作，謂「上年秋，范仲訥往合肥，曾煩寄聲，是年冬留梁溪，將詣淮而不得，因夢述志，作《江梅引》，本年元夕又有所夢，作《鷓鴣天》」；玩此詞『尚惹殘紅』、『再見無路』、『揚州夢覺』、『問吟袖弓腰在否』諸句，一往情深，前後輝映。」

【評析】

這首詞是白石舊地春游，懷念往日情人之作。上片寫春景，然情景結合。詞意可分三層。前六句第一層，寫夜來風雨，已是滿地花瓣，一片狼藉。與詞人同樣惜春的還有「幽禽」黄鶯，此刻竟寂寞地「自語」着，啄取花心，淩空而去。舊地重游，花落鳥驚，於是勾起藴藏心底的懷人憶念。「春衣都是柔荑剪」三句是第二層，寫得十分細密。試想身上的春衣出自纖纖玉手，或許還帶着伊人的芳馨，想來已令人銷魂，何況「尚沾惹、殘茸半縷」呢！與蘇軾《青玉案》「春衫猶是，小蠻針綫」同一機杼。接下來，第三層又歸結到晚春景致。「悵玉鈿似掃」從白居易《長恨歌》「花鈿委地無人收」化出，不過此處「玉鈿」喻梅花花瓣，言之高潔。可惜一夜風雨，香消玉殞，竟無痕跡，眼下「朱門深閉」，兩人雲天遠隔，「再見無路」了。

上片以寫景爲主，情景結合，下片則以抒情爲主，詞意分爲兩層。「凝佇，曾游處」五字領起，看似大白話，然「凝佇」寫狀態，亦寫神韻。呆呆地凝望什麽呢？「繫馬垂楊，認郎鸚鵡」八字以清淡瀟灑的筆觸寫眼下的落寞無奈，以見出昔日的旖旎風流。「揚州夢覺」明用杜牧《遣懷》「十年一覺揚州夢，贏得青樓薄幸名」，「彩雲」化用晏幾道《臨江仙》「當時明月在，曾照彩雲歸」，大夢已覺，彩雲飛過，不知飄向何處。以上是第一層，直抒物是人非、事過境遷之感。「多情」以下六句是第二層，既然不能得見往日倩影，那就請多情念舊的梁上燕子打探一下伊人消息。「倩梁間燕」頗有李商隱「蓬萊此去無多路，青鳥殷勤爲探看」的意境。結尾「怎知道」三句是自問，既情緣難償，又自愧歲月蹉跎，心緒紛繁，莫可名狀。全詞多處以物寫情，針脚綿密，真摯感人。

喜遷鶯慢

功父新第落成①

玉珂朱組②，又占了道人，林下真趣。窗户新成，青紅猶潤，雙燕爲君胥宇③。秦淮貴人宅第④，問誰記六朝歌舞⑤。總付與，在柳橋花館，玲瓏深處。居士⑥，閑記取。高臥未成⑦，且種松千樹⑧。覓句堂深，寫經窗静⑨，他日任聽風雨。列仙更教誰做，一院雙成儔侶〔一〕〔二〕⑩。世間住，且休將雞犬，雲中飛去⑪。

【校　記】

〔一〕儔侶：厲鈔「儔」作「伴」。

〔二〕「列仙」兩句：夏承燾校云：《舒藝室餘筆》：「此與前段『秦淮貴人宅第』句同而缺一字，或移入下句首『做』字韻，不知此句本不須韻，文義又不通，而下句仍缺一字，雖宋人亦有六字句者，而與本詞前後又不合。」案《詞譜》、《喜遷鶯》下引此詞「一院雙成儔侶」上多一「伴」字，以與上片「問誰記六朝歌舞」句相對，然與上文語意不相承，似不可從。

【箋注】

①功父：張鎡字功父，號約齋，張鑒的異母弟，著有《南湖集》。新第落成：張功父新第在杭州北城南湖。《齊東野語》稱其「園池聲妓服玩之麗甲天下」。《浙江通志》載：「白洋池一名南湖。宋時張鎡功甫構園亭其上，號曰桂隱。後捨爲廣壽慧雲寺，俗呼張家寺。」

②玉珂：潔白如玉的馬勒。晉張華《輕薄篇》：「文軒樹羽蓋，乘馬鳴玉珂。」朱組：古代繫佩玉或印章的紅色絲帶，官員服飾。《禮記》：「諸侯佩山玄玉而朱組綬。」

③窗户新成，青紅猶潤：化用蘇軾《水調歌頭·快哉亭作》詞「知君爲我新作，窗户濕青紅」。胥宇：觀看宅舍，胥，意爲相。宇，居宅。《詩經·大雅·綿》：「爰及姜女，聿來胥宇。」

④秦淮：秦淮河，流經南京城，北入長江，沿河一帶古來即爲繁華之地。

⑤六朝：吴、東晉、宋、齊、梁、陳，相繼建都於建康(今南京)，史稱六朝。

⑥居士：指張鎡，鎡自號約齋居士。

⑦高臥：休閑，一般指隱居不仕。《晉書·陶潛傳》：「嘗言夏月虚閑，高臥北窗之下，清風颯至，自謂羲皇上人。」

⑧松千樹：張鎡桂隱北園有「蒼寒堂」，種青松二百株。

⑨寫經窗靜：據《武林舊事》載，桂隱園中有「寫經寮」。

⑩ 雙成：董雙成，古代傳説女仙名。《漢武帝内傳》載，雙成侍西王母，煉丹宅中，丹成得道，駕鶴飛昇成仙。白居易《長恨歌》：「金闕西廂叩玉扃，轉叫小玉報雙成。」此處指功父家姬妾。

⑪「且休將雞犬」二句：化用神仙故事。王充《論衡·道虚》載：淮南王學道，招集天下有道之人會於淮南，「奇方異術，莫不爭出。王遂得道，舉家昇天，畜産皆仙，犬吠於天上，雞鳴於雲中。」

【評　析】

這是一首應酬之作，作於寧宗慶元六年（一二〇〇）。應酬的對象是他的衣食倚依張鎡，應酬的節目是張鎡的桂隱園新第落成。此詞思想意義當然平平，遣詞用句却十分得體。

上片三句是一篇綱要，從儒道互補來贊美斯人斯事。張鎡是南宋大將張俊之孫，自己又擔任奏議郎，因此用「玉珂朱組」頗爲貼切。「玉珂朱組」與「林下真趣」結合，這就贊美了主人入世而又出世的灑脱。寫新第落成，必定要渲染新鮮的風貌：「窗户新成，青紅猶潤，雙燕爲君胥宇。」這三句描寫宅第油漆未乾，就連燕子也没有來得及做巢，只是先來窺察庭宇。正當讀者浮現出「舊時王謝堂前燕」的詩句時，白石筆鋒深入：「秦淮貴人宅第，問誰記六朝歌舞。」依照填詞的筆法，固屬是用前代「貴人宅第」的敗落，反襯張氏園林的風流高雅；但臨安與建康都是偏安一隅，又多少讓人感受到一些絃外之音。接下來「總付與」三句，又歸結到對張氏園林的贊歎。據《武林舊事》，張氏桂隱園規模宏闊，建築華麗，人歎爲：「一棹徑穿花十里，滿城無此好風光。」的確如白石詞所云：「柳橋花館，玲瓏深處」。

下片繼續鋪陳張氏園林，以徑呼「居士」領起，不僅肯定了張鎡的「林下真趣」，而且規導了園林描寫的内容。其中所描寫的「種松」、「覓句」、「寫經」、「聽風雨」，不僅在桂隱園有具體地點可依托，而且也贊美了張氏的士大夫文人的園林情趣。既以「居士」相許，當然便以「成仙」相期。接着「列仙」五句，説有此情趣，有此園林，住世間，也意味着出世間。園林如仙境，主人如神仙，連帶着雞犬都要在「世間住」。這樣，就緊扣了「功父新第落成」的主題。

徵招

越中山水幽遠。予數上下西興、錢清間①，襟抱清曠。越人善爲舟，卷篷方底②，舟師行歌，徐徐曳之，如偃臥榻上，無動摇突兀勢，以故得盡情騁望。予欲家焉而未得，作《徵招》以寄興。《徵招》、《角招》者，政和間大晟府嘗制數十曲③，音節駁矣。予嘗考唐田畸《聲律要訣》云④「徵與二變之調⑤，咸非流美」，故自古少徵調曲也。徵爲去母調，如黄鍾之徵⑥，以黄鍾爲母，不用黄鍾乃諧，故隋唐舊譜不用母聲。琴家無媒調、商調之類皆徵也，亦皆具母絃而不用。其説詳予所作《琴書》⑦。然黄鍾以林鍾爲徵⑧，住聲於林鍾⑨，若不用黃鍾聲，便自成林鍾宮矣；故大晟府徵調兼母聲，一句似黃鍾均，一句似林鍾均，所以當時有落韻之譏⑩。予嘗使人吹而聽之，寄君聲於臣民事物之中⑪，清者高而亢，濁者下而遺，萬寶常所謂「宮離而不附」者是已⑫。因再三推尋唐譜並琴絃法而得其意：黃鍾徵雖不用母聲，亦不可多用變徵蕤賓、變宮應鍾聲⑬；若不用黃鍾而用蕤賓、應鍾，即是林鍾宮矣；餘十一韻均徵調仿此，其法可謂善矣。然無清聲，只可施之琴瑟，難入燕樂⑭；故燕樂缺徵調，不必補可也。此一曲乃予昔所制，因舊曲正宮齊天樂慢前兩拍是徵調，故足成之；雖兼用母聲，較大晟曲爲無病矣。此曲依晉史，名曰黃鍾下徵調，《角招》曰黃鍾清角調。

潮回却過西陵浦⑮，扁舟僅容居士。去得幾何時，黍離離如此⑯。客途今倦矣，漫贏得、一襟詩思。記憶江南，落帆沙際，此行還是。迤邐剡中山⑰，重相見、依依故人情味。似怨不來游，擁愁鬟十二⑱。一丘聊復爾⑲，也孤負、幼輿高志[一]⑳。水葓晚㉑，漠漠摇煙㉒，奈未成歸計。

【校記】

[一] 高志：厲鈔「志」作「致」。

【箋　注】

①西興：古地名，在浙江蕭山縣西北，今爲鎮名。錢清：錢清江，在今浙江紹興市西北。

②卷篷方底：指船帆爲轉折之形，船底是方形。

③政和：宋徽宗年號，從一一一一年至一一一八年。大晟府：徽宗時成立大晟府，是朝廷設置的音樂機構。據《宋史·樂志》，徽宗政和間，詔以大晟雅樂施於燕饗。

④唐田畸《聲律要訣》：《聲律要訣》，音律之書，唐代司馬田畸撰，一説爲司馬田疇撰，該書已佚。

⑤徵與二變之調：徵，古代五音之一。二變，古音樂中指變宫、變徵二調。

⑥黄鍾：古樂十二律之一。

⑦《琴書》：白石的音樂專著，已失傳，以下所論及有關古樂方面的話題，因所引多佚，多難以索解和考釋。

⑧林鍾、黄鍾：皆爲古樂十二律之一。

⑨住聲：即殺聲，古代音樂術語。

⑩落韻之譏：落韻猶云出韻。據葉夢得《避暑録話》卷一載，崇寧初年，大樂缺徵調，有人獻議請補，命教坊樂工爲之，大使丁仙現反對，他認爲音已久亡，非樂工所能恢復，不能隨意妄增。蔡京不聽，强使樂工勉爲其難，後譜成數曲獻上，聲調不諧，引起懂行人的「落韻」之譏。

⑪「寄君聲」句：《樂記》云：「宮爲君，商爲臣，角爲人，徵爲事，羽爲物。」意即寄林鍾宮於商、角、徵、羽。

⑫「萬寶常」句：萬寶常：隋代民間音樂家。他曾根據宮商變化規律，將樂曲定爲八十四調。「宮離而不附」句，據《北史》卷九十《萬寶常傳》附樂人王令言事，爲王令言之語。又《碧雞漫志》卷三載寧王憲談涼州曲時，亦有「宮離而不屬」之語，用意略同。

⑬蕤賓：古樂十二律之一。

⑭燕樂：燕射之樂，指隋唐以來在吸收少數民族聲樂的基礎上所形成的宮廷雅樂。

⑮西陵：即浙江西興。

⑯黍離離：破敗荒涼的樣子。《詩經·王風·黍離》：「彼黍離離，彼稷之苗。行邁靡靡，中心搖搖。」

⑰迤邐：蜿蜒不斷。剡中山：剡縣一帶的山。剡縣，今浙江嵊縣，其地有剡山、剡溪。李白《秋下荆門》詩：「此行不爲鱸魚鱠，自愛名山入剡中。」

⑱愁鬟十二：形容剡山諸峰，猶如女子螺鬟排列。黄庭堅《雨中登岳陽樓望君山》詩：「滿川風雨獨憑欄，綰結湘娥十二鬟。」

⑲一丘：指退隱安身之地。《世説新語·品藻》載：「明帝問謝鯤：『君自謂何如庾亮？』答曰：

『端委廟堂，使百官准則，臣不如亮；一丘一壑，自謂過之。』」張方平《都官葉紓郎中歸三衢》詩：「一丘一壑平生志，況有門人伴釣游。」聊復爾：姑且如此。《世説新語》載阮咸回答別人的責難，曰：「未能免俗，聊復爾耳。」

⑳幼輿高志：謝鯤，字幼輿，陽夏（今河南太康）人，少小知名，任達不拘，能歌善琴。王敦引用他爲長史，他看出王敦不能匡正世事，遂優游自適，不屑於政事。明帝曾召見他，後來曾任豫章太守。《晉書》有傳。

㉑水葓：草名，生於池塘草澤之中。李賀《湖中曲》：「長眉越沙采蘭若，桂葉水葓春漠漠。」

㉒漠漠：形容晚煙迷濛。李白《菩薩蠻》詞：「平林漠漠煙如織，寒山一帶傷心碧。」

【輯　評】

俞陛雲《唐五代兩宋詞選釋》云：曲中自古少徵調。大晟府嘗制徵調，而音節近駁。白石乃自制此曲，雖兼用母聲，較大晟府爲無病。因憶越中水鄉風景，賦此寄興，音諧而辭婉。「依依故人」三句尤摇曳生姿。

【評　析】

《徵招》是白石自度曲。《孟子·梁惠王下》云，齊景公「召太師曰：『爲我作君臣相説之樂。』蓋徵招、角招是也。」調名源出於此。白石在詞序中談及許多音樂理論，因所引大多已佚，故今已難考索。此詞是他泛舟西興紀游，抒寫了自己對越中山水的愛戀。

白石此前多次游賞越中山水，而此次重游，一葉扁舟，滿目所見，「黍離離如此」，已是一派蕭條。由此感喟年近五旬，功業無成，仍舊是清客生涯：「客途今倦矣，漫贏得、一襟詩思。」「一襟詩思」四字極爲精練，概括了作者的生活道路。上片結語「記憶江南」三句，回憶往昔情景，與下片開始連成一氣。

下片緊承上片意脈，寫越中景觀。「迤邐剡中山」五句情景交融，極有風韻。接下去引謝鯤典故，抒發出關於仕與隱的感慨。末三句筆鋒一折，寫眼前景而以歎身世飄零作結，其間化用李賀《湖中曲》「桂葉水葓春漠漠」，意境幽遠，傳達出一絲淡淡的哀愁。

驀山溪

題錢氏溪月①

與鷗爲客，緑野留吟屐②。兩行柳垂陰，是當日〔一〕、仙翁手植。一亭寂寞，煙外帶愁横。荷苒苒③，展涼雲，横臥虹千尺④。　才因老盡⑤，秀句君休覓。萬緑正迷人，更愁入〔二〕、山陽夜笛⑥。百年心事，惟有玉闌知。吟未了，放船回，月下空相憶。

【校記】

〔一〕是當日：《宋六十名家詞》「日」作「年」，《花庵詞選》「日」作「時」，對照下片，此字應作仄聲，則作「日」義勝。

〔二〕更愁入：張本「愁」作「秋」。

【箋注】

①錢氏溪月：錢良臣的園林。錢良臣，字友魏，宋紹興二十四年（一一五四）進士。歷官端明殿學士、簽書樞密院事、參知政事等職。錢氏在華亭（今上海市松江区）有住宅園囿。據光緒《華亭縣志》，錢參政良臣園，有東岩堂、巫山峰、觀音岩、桃花洞等諸多景點。

②緑野：唐裴度因平定藩鎮有功，憲宗時爲宰相。晚年辭官退居洛陽，建別墅，名緑野堂。此處代指錢氏園林。吟屐：指吟詩者的脚步。屐：本爲木齒鞋，後爲鞋的泛稱。

③苒苒：草木茂盛。唐白居易《題小橋前新竹招客》：「橋前何所有，苒苒新生竹。」

④虹：陽光照射太空水氣折射成虹霓，亦可作橋的美稱。陸龜蒙《和襲美詠皋橋》詩：「横截春流

架斷虹。」

⑤ 才因老盡：南朝江淹，字文通，以文見稱，晚年文思衰退，人稱江郎才盡。

⑥ 山陽夜笛：魏晉時向秀行經山陽舊居，聞鄰里笛聲，引起對亡友嵇康、吕安的懷念，因作《思舊賦》。事見《晉書·向秀傳》。後以山陽笛爲懷念舊友掌故。

【輯　評】

夏承燾、吴無聞《姜白石詞校注》云：錢氏園主良臣，宋淳熙五年（一一七八）由給事中除端明殿學士，簽書樞密院，復除參知政事，故白石以唐宰相裴度的緑野堂來比擬錢氏園。陳思《白石道人年譜》謂：細玩「緑野留吟屐」、「更愁入山陽夜笛」等句，白石於淳熙戊申（一一八八）、己酉（一一八九）間，不但受知於錢良臣，且嘗游斯園。

【評　析】

此詞是寧宗嘉泰二年（一二〇二）秋，白石客寓松江，重游錢氏園林作。十五年前，因范成大而得識錢良臣；此次重游，錢早已過世，故此詞充滿物是人非的感慨。

上片寫園中情景。起句「與鷗爲客，緑野留吟屐」，不僅寫出了自己的野逸性情，而且交待了與錢氏園林的因緣，「吟屐」是説自己曾來此賞景吟詩。接下來，借兩行垂柳自然憶起植柳之人，物是人非，格外淒傷。在這樣的情緒支配下，「一亭」五句寫園内風光，當然「帶愁」、「寂寞」，正所謂景中含情。

下片感慨自己人老才盡。「秀句君休覓」回應上片的「吟屐」，「萬緑正迷人」回應了上片「緑野」、「柳垂陰」、「荷苒苒」等景物描寫。正當此時，傳來「山陽夜笛」，令人無限感傷。結句更進一層，「吟未了」三句，思緒綿綿，言已盡而意無盡，貫注着懷友憶友之思。

漢宮春

次韻稼軒①

雲曰歸歟②，縱垂天曳曳③，終反衡廬④。揚州十年一夢⑤，俯仰差殊。秦碑越殿⑥，悔舊游、作計全疏。分付與、高懷老尹⑦，管絃絲竹寧無。　知公愛山入剡，若南尋李白，問訊何如⑧。年年雁飛波上，愁亦關予。臨皋領客，向月邊、攜酒攜鱸⑨。今但借、秋風一榻⑩，公歌我亦能書⑪。

【箋注】

①次韻稼軒：辛棄疾於宋嘉泰三年（一二〇三）以朝請大夫、集英殿修撰知紹興府，兼浙江東路安撫使，六月十一日到任，年末召赴行在。任内稼軒曾建造會稽秋風亭，撰有《漢宮春·會稽秋風亭觀雨》詞。當時有多人奉和，此篇即白石次稼軒韻而作。

②歸歟：猶曰歸隱。《論語·公冶長》：「子在陳曰：『歸歟！歸歟！』」范成大《病起初見賓僚時上書丐祠未報》詩：「迨此良辰公事少，天恩倘許賦歸歟。」

③垂天曳曳：形容大鵬飛翔之氣勢。《莊子·逍遥遊》寫大鵬高飛，「翼若垂天之雲」。曳曳：牽引拖長。

④衡廬：衡山、廬山，代指隱退境地。《宋書·王僧達傳》：「生平素念，願閑衡廬。」衡廬，亦可解作衡宇，指簡樸的住宅。陶潛《歸去來辭》：「乃瞻衡宇，載欣載奔。」

⑤「揚州」句：杜牧《遣懷》詩：「十年一覺揚州夢。」

⑥秦碑越殿：秦碑，指會稽秦望山的碑刻，秦始皇登此山，曾令李斯刻石。越殿：指臨安遺存的古代宫殿，其中亦有春秋時越國所建宫觀。

⑦老尹：指辛棄疾，時辛棄疾任紹興知府兼浙東路安撫使。尹：古代官名。

⑧「知公」三句：言稼軒暢游剡山，與詩人李白可引爲同調。李白曾遨游剡山，其《秋下荆門》詩

云：「此行不爲鱸魚鱠，自愛名山入剡中。」

⑨「臨皋領客」二句：宋元豐五年（一〇八二），蘇軾帶領客人游黄州赤壁，寫了《後赤壁賦》，賦中云：「是歲十月之望，步自雪堂，將歸於臨皋，二客從予……仰見明月，顧而樂之。……於是攜酒與魚，復游於赤壁之下。」臨皋，臨皋亭，在黄岡縣南，長江邊上。

⑩秋風：秋風亭，稼軒所建。張鎡《漢宫春》（城畔芙蓉）詞序云：「稼軒帥浙東，作秋風亭成，以長短句寄余……因次來韻，代書奉酬。」

⑪我亦能書：白石擅書法。陶九成《書史會要》：「姜堯章書法，迥脱脂粉，一洗塵俗，有如山人隱者，難登廟堂。」《硯北雜志》：「宋人書習鍾法者五人……姜夔堯章……」

【輯評】

周濟《宋四家詞選》云：白石脱胎稼軒，變雄健爲清剛，變馳驟爲疏宕；蓋二公皆極熱中，故氣味吻合，辛寬姜窄，寬故容薉，窄故鬬硬。

夏承燾、吴無聞《姜白石詞校注》云：辛稼軒以宋寧宗嘉泰三年癸亥（一二〇三）六月起知紹興府兼浙東安撫使（見《會稽續志》）。旋於紹興建秋風亭成，作《漢宫春·會稽秋風亭觀雨》詞索和。當時次韻酬唱的有張鎡、丘崈等，白石是其中之一。稼軒原唱有「故人書報，莫因循、忘却蒓鱸」。是才經起廢，而歸興已濃，故白石和詞首起亦有「歸歟」與「終反衡廬」之句。「揚州十年一夢」到「作計全疏」，乃白石自道。「高懷老尹」，以下五句，又謂稼軒。「老尹」，切稼軒起知紹興府。「入剡」切紹興山水。白石且以李白、蘇軾來比稼軒，因爲他們才氣相似。結二句，白石把自己和稼軒合而言之。在南宋詞家中，辛稼軒是豪放派代表作家；姜白石詞則以清剛著稱。這兩位大詞人在浙中相遇，白石且欲「借秋風一榻」，與稼軒盤桓，這是南宋詞壇上的一件大事。「公歌我亦能書」，顯示這兩位大詞人的唱酬之樂。

【評　析】

孝宗嘉泰三年（一二〇三）六月。閑居已久的辛棄疾被召爲知紹興府、浙東安撫使，旋築秋風亭，作《漢宮春·會稽秋風亭觀雨》以言志。白石時正在紹興，故有此詞之作。和他人的詩詞，依照原作之韻次而寫叫「次韻」。本篇題「次韻稼軒」，韻次及句意均與原作有關聯。稼軒原作如下：

漢宮春　會稽秋風亭觀雨

秋風亭上，記去年裊裊，曾到吾廬。山河舉目雖異，風景非殊。功成者去，覺團扇，便與人疏。吹不斷、斜陽依舊，茫茫禹跡都無。　千古茂陵詞在，甚風流章句，解擬相如。只今木落江冷，眇眇愁予。故人書報：莫因循、忘却蒓鱸。誰念我，新涼燈火，一編太史公書。

稼軒詞「山河舉目」云云，抒發家國悲慨，而「覺團扇」云云，又透露世事炎涼之感。但因懷有「太史公書」之志，辭氣之間，迴蕩着辛詞特有的豪邁之氣。白石次韻之作，雖亦受稼軒豪氣感染，而因個性有別，詞風相異，雖也宣發「俯仰差殊」之感，但面對「山河舉目雖殊」，却應以「揚州十年一夢」，暴露了才子本色。從「分付與、高懷老尹」以下，筆鋒轉换到稼軒，將一些高雅韻事交由稼軒來體現。

下片换頭「知公」以下一連八句，寫稼軒的風雅情懷。結語體現了兩位詞人的酬酢相得。「但借秋風一榻」，緊扣秋風亭，也回應稼軒原唱起句「秋風亭上」。「公歌我亦能書」，亦真亦謔，不經意間透露了唱酬之樂。

漢宮春

次韻稼軒蓬萊閣①

一顧傾吴②，苧蘿人不見③，煙杳重湖④。當時事如對奕⑤，此亦天乎。大夫仙去⑥，笑人間、千古須臾。有倦客、扁舟夜泛，猶疑水鳥相呼。　秦山對樓自緑⑦，怕越王故壘⑧，時下樵蘇。只今倚闌一笑，然則非歟。小叢解唱⑨，倩松風、爲我吹竽。更坐待、千岩月落，城頭眇眇啼烏⑩。

【箋　注】

①蓬萊閣：指浙江會稽的蓬萊閣。《會稽續志》載：「蓬萊閣在州治設廳之後臥龍山下，吳越王錢鏐所建。」

②一顧傾吳：據《吳越春秋》載，吳越交兵，越國先戰敗，范蠡尋求美女西施，進獻於吳王夫差，夫差沉溺宴樂，越國發憤圖强，終於滅吳。漢李延年《北方有佳人》云：「北方有佳人，絶世而獨立，一顧傾人城，再顧傾人國。」

③苧蘿人：指西施。西施是越國苧蘿村（今浙江諸暨）人。

④重湖：指鑒湖，在浙江紹興西南。

⑤對奕：下棋，指吳越兩國鬥爭。杜甫《秋興》詩：「聞道長安似奕棋，百年世事不勝悲。」

⑥大夫：指越國大夫文種，文種輔助越王勾踐滅吳後，范蠡勸其辭職引退，文種不聽，終被勾踐所殺。文種墓在會稽臥龍山。

⑦秦山：秦望山，在會稽東南，爲群峰之冠，秦始皇曾登之以望南海。

⑧越王故壘：指越王勾踐遺跡，如越王臺之類。《浙江通志》載，越王臺在臥龍山之西。

⑨小叢解唱：侍女盛小叢善歌，此借指辛棄疾的侍兒。《碧雞漫志》卷五：「崔元範自越州幕府拜侍御史，李訥尚書餞於鑒湖，命盛小叢歌，坐客各賦詩送之。」

⑩ 眇眇：形容微小，望不清楚。《楚辭・九歌》：「帝子降兮北渚，目眇眇兮愁予。」啼烏：啼叫的烏鴉。張繼《楓橋夜泊》：「月落烏啼霜滿天，江楓漁火對愁眠。」

【輯評】

劉熙載《藝概》云：白石才子之詞，稼軒豪傑之詞；才子豪傑，各從其類，愛之强論得失，皆偏辭也。

俞陛雲《唐五代兩宋詞選釋》云：白石學清真，心摹手追，猶覺挽强命中而未能穿孔。和辛稼軒二首，則工力相等。宜杜少陵評詩謂材力未能跨越，有「鯨魚」「翡翠」之喻也。

夏承燾、吴無聞《姜白石詞校注》云：「一顧傾吴……」。一開頭即給人一個「劈空而來」的感覺。全詞以絶大篇幅議論吴越之事，此亦不平常。……這首詞是次韻和辛稼軒《漢宫春・會稽蓬萊閣懷古》的，辛詞下片：「誰向若耶溪上，倩美人西去，麋鹿姑蘇。」談西施事。故白石據之而發千古興亡的感慨。「大夫仙去」的大夫，是詠文種事。……「怕越王故壘，時下樵蘇」，則是自後人觀之，越王與文種，同屬古人。所以説：「笑人間、千古須臾。」但是在范蠡與文種兩人中，與其説白石同情文種的有功而見殺，無寧説白石尤其欣賞范蠡的功成而引退。詞中説：「有倦客、扁舟夜泛，猶疑水鳥相呼。」水鳥，當是用來比擬泛舟五湖的范蠡的。「怕越王故壘，時下樵蘇」，跟「倩美人西去，麋鹿姑蘇」，同樣是對一代霸業消亡的感慨。白石生當偏安江左的南宋時期，外有强鄰壓境，内有權臣誤國，作爲一個敏感的詞人，撫事興悲，觸目傷懷，當有不能自已者。結句「更坐待、千岩月落，城頭眇眇啼烏」，正是這位多愁善感的詞人，終宵耿耿不寐的寫照。這首詞議論的是千古興亡大事，筆致蒼涼沉鬱；唯獨下片「小叢解唱，倩松風、爲我吹竽」數句，是頗饒生活情趣的。這猶如東坡《念奴嬌》（大江東去）詞，寫的是赤壁之戰，中間忽插入「遥想公瑾當年，小喬初嫁了，雄姿英發」一段文字。於大題目中加點小風趣，可見這兩位大詞人具有同樣的天趣和技巧。

【評析】

本篇爲次和稼軒詞而作，辛詞原作如次：

漢宮春 會稽蓬萊閣懷古

秦望山頭，看亂雲急雨，倒立江湖。不知雲者爲雨，雨者雲乎。長空萬里，被西風、變滅須臾。回首聽、月明天籟，人間萬竅號呼。 誰向若耶溪上，倩美人西去，麋鹿姑蘇。至今故國人望，一舸歸歟。歲雲暮矣，問何不、鼓瑟吹竽。君不見、王亭謝館，冷煙寒樹啼烏。

稼軒登會稽蓬萊閣即地懷古，天馬行空，景象闊大，一氣運轉，萬象靈動，帶有强烈的以文爲詞的風格，將人生感慨、歷史反思，都歸於西風啼烏、冷煙寒樹。白石次和，當然不能沿襲以文爲詞，而是采取了聰明的小中見大的路徑。

因爲辛詞下片論及西施、范蠡事，所以白石詞即就此發揮。上片起句即述説西施傾吴，接着面對一派煙霧迷濛的鑒湖，展開懷古，筆墨則十分流暢，與稼軒雲雨變幻的詞句相呼應，最後以眼前游賞蓬萊作結：「有倦客、扁舟夜泛，猶疑水鳥相呼。」「倦客」是作者自謂。「扁舟夜泛」、「水鳥相呼」的境界，加一「疑」字，頓覺神韻悠遠。

下片寫其地自然景觀和歷史舊跡，以暢懷古之情。因爲此地有越王臺，也有文種墓，而文種因有功而死於越王刀下，故「秦山」三句就此發表議論。越王臺早已荒草彌漫，成爲樵蘇往來之地，當年勝利的王侯已經灰飛煙滅，空留陳跡，以供游人「倚闌一笑」。這「一笑」十分冷峭，十分理性。以下扣題寫游閣情事，點到稼軒的侍女，點到松風吹竽，饒有情趣。最後寫自己的登臨，俯仰今古，慨歎無盡。總之這首詞較之稼軒原作，論豪氣則讓之，論神韻則過之，俞陛雲《唐五代兩宋詞選釋》認爲與原作「工力相等」、「有『鯨魚』『翡翠』之喻」，是頗有見地的。

洞仙歌

黄木香贈辛稼軒①

花中慣識，壓架玲瓏雪②，乍見緗蕤間琅葉〔一〕③。恨春風將了，染額人歸④，留得個、裊裊垂香帶月。鵝兒真似酒⑤，我愛幽芳，還比酴醿又嬌絶⑥。自種古松根，待看黃龍，亂飛上、蒼髯五鬣⑦。更老仙、添與筆端春，敢喚起桃花⑧，問誰優劣。

【校　記】

〔一〕乍見：張本「乍」作「可」。緗蕤：張本「蕤」作「枝」。

【箋　注】

① 黃木香：即木香，蔓生植物，暮春開花，色或白或黃，氣味芳香。

② 壓架：形容攀附花架。玲瓏雪：形容花蕊小巧，顏色潔白似雪。

③ 緗蕤：形容淺黃花蕊下垂。緗，淡黃色調。蕤，花朵下垂貌。琅葉：似玉一般的美葉。琅玕，如玉的石頭。

④ 染額人：代指美女，古代女子一種化妝習慣，額上塗以黃色。南朝梁簡文帝《戲贈麗人》詩（見《玉臺新詠》）：「同安鬟裏撥，異作額間黃。」

⑤「鵝兒」句：形容木香淡黃色如同鵝黃酒的顏色。鵝黃，酒名。杜甫《舟前小鵝兒》詩：「鵝兒黃似酒，對酒愛新鵝。」

⑥酴醾：落葉灌木，初夏開花，有香氣，也作荼蘼。蘇軾《酴醾花菩薩泉》詩：「酴醾不爭春，寂寞開最晚。」

⑦蒼髯五鬣：形容松葉如蒼髯五鬣。蒼髯：青色的長髯。五鬣，五鬣松，馬鬣般松針的松樹。《酉陽雜俎》云段成式修竹里私第，「大堂前有五鬣松」。

⑧喚起桃花：畫出一枝桃花。

【評　析】

歌詠某事物，用以贈予某人，是古代詩詞常用的題材。本篇作於寧宗嘉泰三年（一二〇三）正月，時辛棄疾被召入京，將被任命爲浙東安撫使，白石便寫了此詞相贈。此詞既是描寫黄木香，又是以花中之珍喻國之良將，亦花亦人，最忌坐實。

上片正面描寫黄木香。開端寫黄色木香較爲少見。其中以「玲瓏雪」形容白色木香，以「緗蕤間琅葉」形容黄色木香，用語非常精妙。接下來從色、香兩方面寫黄木香。黄木香花兒猶如額頭染黄的美人飄然而至，其裊裊細枝在月色中散放着清香。寫無形無跡的花香，暗用「疏影横斜水清淺，暗香浮動月黄昏」，有一唱三歎之妙。

過片以酒色比擬花色，以酴醾襯映木香。「鵝兒真似酒」借用杜詩「鵝兒黄似酒」，僅易一字，杜狀禽鳥，姜比花卉，巧奪化工。然後陡轉筆鋒，用「松根」、「黄龍」、「蒼髯五鬣」的形象來描繪木香的枝條及根莖，筆墨飛動有致。最後「更老仙」三句逗引稼軒，呼喚「桃花」出來一試高低，歸結到贈詞本意。

念奴嬌

毁舍後作①

昔游未遠，記湘皋聞瑟②，澧浦捐褋〔一〕③。因覓孤山林處士④，來踏梅根殘雪。獠女供花⑤，傖兒行酒⑥，卧看青門轍⑦，一邱吾老〔二〕⑧，可憐情事空切。曾見海作桑田⑨，仙人雲表，笑汝真癡絶。誰與依依王謝燕⑩，應有涼風時節。越只青山⑪，吴惟芳草，萬古皆沉滅。繞枝三匝⑫，白頭歌盡明月。

【校　記】

〔一〕捐褋：厲鈔「褋」作「瑮」，誤。按《九歌·湘夫人》云：「捐余袂兮江中，遺余褋兮澧浦。」作「褋」是。

〔二〕一邱：四庫全書本《白石道人歌曲别集》「邱」作「丘」。按「邱」同「丘」，以下重見不再出校。

【箋注】

①毀舍：宋寧宗嘉泰四年（一二〇四），姜夔杭州的住宅曾被火災焚毀。據《宋史》卷六十三《五行志》，當年三月「行都大火，燔尚書中書省、樞密院、六部、右丞相府。火作時，分數道，燔二千七十餘家」。

②湘臯：湘水之濱。聞瑟：屈原《遠游》：「使湘靈鼓瑟兮，令海若舞馮夷。」當指湖南文壇耆舊蕭德藻將姪女嫁給白石爲妻。

③澧浦：澧水之濱。澧水，湖南四大水系之一，東流入洞庭。《楚辭·湘夫人》：「捐余袂兮江中，遺余褋兮澧浦。」捐褋：丟棄單衣。褋，單衣。此句意謂與妻子時而分離。

④林處士：北宋隱士林逋。林逋，字君復，錢塘人，隱居西湖孤山，妻梅子鶴，終身不仕，卒謚和靖，有《林和靖先生集》。

⑤獠女：指面貌不美的侍女。獠，貌醜。

⑥傖兒：粗鄙的童僕。

⑦青門：《咸淳臨安志》：「城東東青門，俗呼菜市門。」即南宋臨安府的城東門，又叫菜市門。

⑧一邱：泛指簡陋的藏身之地。《太平御覽》卷七九《苻子》載，黃帝謂容成子曰：「吾將鈞於一壑，棲於一丘。」

⑨海作桑田：指世事變化很大。葛洪《神仙傳·王遠》：「麻姑自説云：『接待以來，已見東海三爲桑田。』」

⑩王謝燕：指舊時富貴人家的梁間燕，東晉貴族王導、謝安等大家族曾卜居南京烏衣巷。劉禹錫《烏衣巷》詩：「舊時王謝堂前燕，飛入尋常百姓家。」

⑪「越只」兩句：古越國如今只剩下座座青山，古吴國也只有萋萋芳草。古越國建都會稽（今浙江紹興）。古吴國建都於吴（今江蘇蘇州）。

⑫繞枝三匝：曹操《短歌行》：「月明星稀，烏鵲南飛。繞樹三匝，何枝可依。」三匝，三圈或三周。白石意謂張鑒已逝，屋舍又毁，不知日後何處棲身。

【輯評】

夏承燾、吴無聞《姜白石詞校注》云：此詞上片追昔游，從湘澧之行寫到臨安定居，有一丘終老之想。不料「海作桑田」，臨安寓舍被毁，使得這位白頭詞仙，對明月歌曹孟德的詩句：「繞樹三匝，何枝可依。」據陳思《白石道人年譜》引張炎《臺城路》「迷却青門瓜圃」之句，定張平甫新宅近臨安的東青門。又引白石此詞「臥看青門轍」以及劉過寄白石詩「東城有佳士，詞筆最華逸」，定白石寓所亦近冬青門，去平甫宅不遠。宅毁之後，白石在此詞下片有「應有涼風時節」、「萬古皆沉滅」等句，説明他對毁舍小事，能夠提到盛衰成敗皆自然之理這個角度來認識。那麼，所謂「仙人雲表」，實際是「夫子自道也」。

【評析】

本篇作於寧宗嘉泰年間杭州大火後，時白石寓所被焚毁，故情緒十分低落。

上片回憶自己前半生的飄泊遭際。「昔游」三句追述客游湖南一帶。這種追述不是直白，而是用「湘皋聞瑟」、「澧浦捐褋」這樣美麗的典故含蓄地表達。然後説明移家杭州定居。「因覓」五句具體描述了杭居生活：自己來杭尋訪林逋勝跡，踏雪賞梅。時或仰卧石岩，看到青門路邊小店，有粗俗的侍女供花、寒傖的市人斟酒。總之，一切都十分閑適宜人。末兩句筆鋒陡轉：「一邱吾老，可憐情事空切。」本來指望有此居宅可以終老，可憐一場火災化爲烏有。

下片就毁舍感慨人生無常。「曾見」三句化用《神仙傳》的故事，叙述古今滄桑。「説與」云云，意謂告訴依依墟梁間之燕，就是如王謝般世家貴族也有敗落的時候，還請轉移棲息之地。這是看透世事語，也是寬解自慰語。接着「越只青山，吴惟芳草，萬古皆沉滅」，進一步領悟歷史興衰。王朝如此，何況個人，這也是寬解自慰。末「繞枝」兩句，因宅毁而緬懷贈宅之人，因贈宅之人張鑒已過世，而産生無枝可依之感。百感交集中，借重曹操詩意的蒼凉渾茫，使整首詞的情緒低沉而不頹廢，疏寂而不淒慘，意象格調中都透出一股瘦硬風骨。這應該是白石詞獨特的藝術魅力所在。

永遇樂

次稼軒北固樓詞韻〔一〕①

雲鬲迷樓〔二〕②，苔封很石〔三〕③，人向何處。數騎秋煙，一篙寒汐④、千古空來去。使君心在〔四〕，蒼厓緑嶂，苦被北門留住⑤。有尊中酒、差可飲⑥，大旗盡繡熊虎⑦。前身諸葛，來游此地，數語便酬三顧⑧。樓外冥冥，江皋隱隱、認得征西路⑨。中原生聚，神京耆老⑩，南望長淮金鼓〔五〕⑪。問當時、依依種柳⑫，至今在否。

【校　記】

〔一〕次稼軒北固樓詞韻：夏承燾校：「陸本作『北固樓次稼軒韻』，張本作『次韻稼軒北固樓』，厲鈔作『稼軒北固樓詞永遇樂韻』，厲鈔題前不另列詞調。」

〔二〕雲鬲：陸本「鬲」作「隔」。

〔三〕很石：張本「很」，作「狠」。

〔四〕使君：厲鈔「使」作「史」。

〔五〕長淮：張本「長」作「清」。

【箋　注】

①稼軒北固樓詞：指辛棄疾的《永遇樂·京口北固樓懷古》詞。北固樓，在鎮江城北北固山上，下臨長江，三面環水。晉蔡謨起蓋此樓，梁武帝幸京口登北固樓，遂改名北顧。

②迷樓：在揚州，與鎮江北固山隔江相對，係隋煬帝幸江都時所建。《古今詩話》言隋煬帝臨幸曰：「使真仙游此，亦當自迷。」

③很石：在鎮江北固山甘露寺内，石狀如伏羊，人稱很石。《苕溪漁隱叢話》前集卷二十四，引《蔡寬夫詩話》云：「相傳孫權嘗據其上，與先主（劉備）論曹公。壁間舊有羅隱詩板云：『紫髯桑蓋兩沉吟，很石空存事莫尋』。」陸游《入蜀記》：「石亡已久，寺僧輒取一石充數。」

④汐：夜潮日汐，此泛指海潮。

⑤北門：《舊唐書·裴度傳》：唐開成二年（八三七）「文宗遣吏部郎中盧弘往東都宣旨曰：『卿雖多病，年未甚老，爲朕臥鎮北門可也。』」北門，此處指鎮守北方邊廷門户，時鎮江爲抗金的北疆門户。

⑥「尊中酒」句：用桓温故事，《晉書·郄超傳》載桓温云：「京口酒可飲，兵可用。」這裏以桓温喻稼軒。差可，大可以。

⑦貔貅熊虎：熊虎比喻猛將，貔貅熊虎，象徵軍士勇敢。

⑧酬：報答。三顧：劉備爲請諸葛亮出山曾三顧茅廬。諸葛亮《前出師表》：「先帝不以臣卑鄙，猥自枉屈，三顧臣於草廬之中。」

⑨征西路：諸葛亮曾西取益州；東晉桓温曾拜征西大將軍，在京口一帶率軍北征苻秦；辛棄疾從山東退到江南，亦熟悉北方山川。此處借征西代指北伐。

⑩神京耆老：指北宋京城的父老，代指淪陷區百姓。

⑪長淮金鼓：長淮指淮水，南宋時成爲邊防前綫。金鼓指北征的出軍號令。

⑫依依種柳：《晉書·桓温傳》：「桓温自江陵北行，經少時所種柳樹，皆十圍，蹴然歎曰：『木猶如此，人何以堪？』」庾信《枯樹賦》：「桓大司馬聞而歎曰：『昔年種柳，依依漢南；今看摇落，悽愴江潭。樹猶如此，人何以堪！』」

【輯　評】

夏承燾、吴無聞《姜白石詞校注》云：據《續通鑑》載：「宋嘉泰四年（一二〇四）正月，時金爲北鄙淮部等所擾，無歲不興師討伐，府倉空匱……有勸（韓）侂胄立蓋世功名以自固者，侂胄然之。遂定議伐金。……浙東安撫使辛棄疾入見，言金必亂亡，願屬元老大臣備兵爲倉卒應變之計。侂胄大喜……用師之意益鋭。」於是差辛棄疾知鎮江府，預爲恢復之圖。棄疾到浙江任，作《永遇樂·京口北固亭懷古》詞，故白石這首和詞中以裴度、諸葛亮、桓温來比擬辛棄疾。「有尊中酒、差可飲，大旗盡繡熊虎」三句，不僅點明京口形勢重要，而且表示辛棄疾爲恢復中原進行着積極的準備。下片「中原生聚，神京耆老，南望長淮金鼓」三句，則以中原父老的盼望南師北伐，痛斥南宋君臣的軟弱和苟安。在白石詞作中，發家國民族的大感慨，此數句最爲顯露。白石在晚年，幾次與辛棄疾唱和，詞風有所改變。這首詞中的「有尊中酒，差可飲，大旗盡繡熊虎」以及「中原生聚，神京耆老，南望長淮金鼓」等句，氣派闊大，接近辛詞的鏜鞳之聲。

【評　析】

寧宗嘉泰四年（一二〇四），知紹興府兼浙東安撫使辛棄疾奉召入京，陳奏抗金方略，三月後派知鎮江府，這年秋天，辛登北固山賦《永遇樂·京口北固亭懷古》，白石此詞即爲和作。

辛詞原作是千古名篇，詞云：

千古江山，英雄無覓、孫仲謀處。舞榭歌臺，風流總被、雨打風吹去。斜陽草樹，尋常巷陌，人道寄奴曾住。想當年，金戈鐵馬，氣吞萬里如虎。元嘉草草，封狼居胥，赢得倉皇北顧。四十三年，望中猶記，烽火揚州路。可堪回首，佛狸祠下，一片神鴉社鼓。憑誰問，廉頗老矣，尚能飯否。辛詞當然是英雄霸氣，非胸懷大志腹有良謀者不能道。白石一介文士，起而和之，則以典雅瘦勁别開一徑。

上片起始三句，寫北固樓周邊風物，仿佛是一個被歷史塵封的世界，其潛臺詞當然是英雄很久以來被人遺忘。次三句「數騎秋煙，一篙寒汐，千古空來去」，寫眼前景物，筆鋒則落到稼軒的現實處境和時代重任。二十幾年來，辛棄疾始終致力於抗金復國，四十二歲受排擠罷職閑居江西上饒，此次六十四歲高齡又被起用，遭際令人歎惋。故「使君心在」三句，委婉地寫出這一過程，其中一「苦」字，强調此次鎮守「北門」任務之重要。接着化用桓温「京口酒可飲，兵可用」的典故，激勵抗金老將的禦敵壯志。

下片緊承上文，先以諸葛亮來比擬稼軒的才略。「數語便酬三顧」，隱指辛的殿前陳奏受到皇帝的賞識。接下來「樓外」三句寫京口戰略地位的重要：樓外曠宇深遠，大江岸堵隱約可見，歷史上大軍收復中原的路綫呈現眼前。當然這些都是辛棄疾了然於胸的。次寫中原父老的企盼，「中原」三句説明收復中原、統一山河是人心所向，此句亦是對稼軒的激勵。因爲辛詞以「廉頗老矣，尚能飯否」結束，表示了英雄尚未衰老而被朝廷棄用的苦澀感受，所以白石用桓温故事，一方面表達了對稼軒北伐的殷殷期待，一方面以歲月無情告誡世人，恢復大計不可一再蹉跎。與辛詞相同，都是用反問句結束，精警内斂，發人深思。

虞美人

括蒼煙雨樓①，石湖居士所造也②。風景似越之蓬萊閣③，而山勢環繞、峰嶺高秀過之。觀居士題顔④，且歌其所作《虞美人》〔一〕，夔亦作一解⑤。

闌干表立蒼龍背，三面巉天翠〔二〕。東游纔上小蓬萊〔三〕，不見此樓煙雨未應回。　而今指點來時路，却是冥濛處。老仙鶴馭幾時歸⑥，未必山川城郭是耶非⑦。

【校　記】

〔一〕且歌其所作《虞美人》：張本無「虞美人」三字。

〔二〕巉天翠：厲鈔「巉」作「攙」。

〔三〕纔上：張本「纔」作「繞」。

【箋　注】

① 括蒼：古縣名，在處州（今浙江麗水東南），因括蒼山而得名。《唐書·地理志》：「麗水縣有括蒼山。」煙雨樓：《浙江通志·處州·喻良能舊州治記》：「由好溪堂層級三休至煙雨樓。憑欄四顧，目與天遠。」

② 石湖居士所造：范成大，字致能，號石湖居士，任職括蒼時興建煙雨樓。據《石湖詩集·桂林中秋賦》有「戊子守括蒼」句。戊子，爲宋孝宗乾道四年（一一六八）。

③ 越：指紹興府。蓬萊閣：指浙江會稽的蓬萊閣，在卧龍山上，吴越王錢鏐所建。

④ 居士題顔：指范石湖居士爲煙雨樓題額。范成大擅書法，葉昌熾《語石》稱許其爲南渡第一。《浙江通志》引《方輿勝覽》：「煙雨樓在州治，范致能書。」

⑤ 一解：猶一闋、一首。范成大作《虞美人·寄人覓梅》四首，不涉煙雨樓。疑白石所歌者另有所指，該詞已佚。

⑥ 老仙：指范成大。鶴馭：猶言鶴駕，指仙人乘鶴飛昇之行。古人對死的避諱説法。時成大已卒十三年。

⑦ 「山川城郭」句：《搜神後記》載一則故事説：丁令威，漢遼東人，在靈虚山學道成仙，化鶴歸來，落城門華表柱上，有少年欲射之，鶴飛鳴作人言曰：「有鳥有鳥丁令威，去家千年今始歸，城郭如

故人民非，何不學仙冢累累。」唱罷飛去。

【評　析】

此詞係舊地重游而寫景懷人之作。處州煙雨樓係范成大所建。范亡後十餘年，白石再登煙雨樓，不禁睹物思人，遂成此詞。

上片描寫煙雨樓形勝。起筆「闌干」兩句描寫樓巍然屹立於山脊。第三句拈出紹興府蓬萊閣相比，接着説：「不見此樓煙雨未應回。」言下隱然有更勝一籌的意味。

下片悼念亡友。换頭「而今」兩句，是説回眸來時經行的路徑，只見迷濛幽遠模糊不清。這朦朧景象自然使詞人幻覺頓生，自然過渡到對亡友的憶念。《搜神後記》有丁令威成仙後化鶴返歸故里，感歎「城郭如故人民非」之事，白石反用其意，謂老友如駕鶴歸來，未必對此地的山川城郭感到陌生吧！這樣就以虛擬之筆，讓煙雨樓及周圍景物都染上了温馨的感情色彩。

水調歌頭

富覽亭永嘉作①

日落愛山紫，沙漲省潮回。平生夢猶不到，一葉眇西來②，欲訊桑田成海③，人世了無知者，魚鳥兩相推④。天外玉笙杳，子晉只空臺〔一〕⑤。　倚闌干，二三子，總仙才。爾歌遠游章句⑥，雲氣入吾杯。不問王郎五馬⑦，頗憶謝生雙屐⑧，處處長青苔。東望赤城近⑨，吾興亦悠哉。

【校　記】

〔一〕只空臺：厲鈔「只」作「亦」。

【箋　注】

① 富覽亭：《永嘉縣志》載，富覽亭「在郭公山上，不越几席，而盡山水之勝」。永嘉，今浙江温州。《萬曆温州府志》：「郭公山在郡城西北，晉郭璞登此卜居，故名。」

② 一葉：指小舟。蘇軾《前赤壁賦》：「駕一葉之扁舟。」眇西來：遠遠地自西而來。眇，通渺，遼遠之意。此句言己之行蹤。

③ 桑田成海：指世事變化大。温州地處海邊，故白石有此感觸。晉葛洪《神仙傳》載麻姑自言：「接待以來，已見東海三爲桑田。」

④ 魚鳥兩相推：意謂對於作者的問訊，魚鳥互相推諉，不予回答。

⑤「天外」二句：是說自王子晉成仙去後，再也聽不到那清徹入雲的笙曲，只剩下了這座空臺。《列仙傳》載，周靈王太子晉，好吹笙，作鳳凰鳴。游於伊洛之間，浮丘生接引上嵩山。後乘白鶴至緱氏山頭，舉手謝時人，數日而去。據傳永嘉有吹笙臺。《永嘉縣志》引《名勝志》：「吹臺山在城南二十里，上有王子晉吹笙臺。」

⑥遠游：楚辭有《遠游》篇，爲屈原所作，多托游仙以抒情。

⑦王郎五馬：王羲之的五馬坊。據《永嘉縣志》載：「五馬坊在舊郡治前。王羲之守永嘉，庭列五馬，繡鞍金勒，出即控之。今有五馬坊。」又據《浙江通志》考辨，王羲之本傳無守永嘉之事，他書亦不載此，或由後人誤讀《晉書·孫綽傳》中「會稽内史王羲之引爲右軍長史、轉永嘉太守」之語，並附會成五馬坊、洗硯池等古跡。又，古代以五馬代稱太守。古樂府《日出東南隅行》：「使君從南來，五馬立踟躕。」

⑧謝生雙屐：謝生，指南朝宋詩人謝靈運。謝靈運好游山水，曾爲永嘉太守。雙屐，指謝公屐，是一種有齒的木鞋。謝靈運嘗穿木屐游山，上山則去其前齒，下山則去其後齒。見《宋書》本傳。李白《夢游天姥吟留别》：「脚著謝公屐，身登青雲梯。」

⑨赤城：山名，在台州，今浙江天台縣北，爲道教名山。《會稽記》謂赤城「土色皆赤，狀似雲霞，望之如雉堞」。孫綽《天臺賦》：「赤城霞起而建標。」

【評析】

本篇作於寧宗開禧二年（一二〇六），時白石游浙東，隨後由麗水泛舟東下永嘉，登山覽勝，有是詞之作。

上片寫景。起二句係倒裝句法，寫日頭西斜，映照出山巒一派紫色，沙間水漲，青碧的海潮又卷土重來。工致而奇崛。三、四句交代行程。接下來「欲訊」三句構思很巧妙：人生短促，誰又見證過滄海桑田的變化呢？「魚鳥兩相推」看似調侃，其實與《莊子·逍遥遊》中鯤鵬變化的故事有關，只有經歷過互化的魚鳥才能真正明白滄桑的變化。在這樣極富哲理的反詰中，詞人於是聯繫永嘉名勝，發出深沉歎喟：「天外玉笙杳，子晉只空臺。」大有崔顥「昔人已乘黄鶴去，此地空餘黄鶴樓」的意味。

下片連用幾個歷史掌故，以説明永嘉文化之悠久。「倚闌干」五句一氣呵成，從前屈原寫有《遠游》篇，體現了他超塵拔俗的情懷，此時與「二三子」吟誦，當別有會心吧。這是記叙遠游之樂。以下再聯繫「五馬」、「雙屐」等地方名勝，抒發今昔之感。末句以「東望赤城」作結，表達了詞人置身美景之中飄飄若仙的感受，情調亦變得超拔悠然，耐人尋味。

卜算子

吏部梅花八詠①，姜夔次韻

江左詠梅人②，夢繞青青路。因向淩風臺下看③，心事還將與。　憶別庾郎時④，又過林逋處⑤。萬古西湖寂寞春，惆悵誰能賦。

【箋　注】

① 吏部梅花：吏部，指曾三聘。《宋史》卷四百二十二本傳：「曾三聘字無逸，臨江新淦人。……寧宗立，兼考功郎。」故稱爲吏部。曾三聘詠梅詞已佚。又，張鎡《卜算子》（常記十年前）詞小序云：「無逸寄示近作梅詞，次韻回贈。」張鎡這首《卜算子》詞與姜夔詞第一首同韻。據此可知吏部梅花詞，係指曾三聘詠梅詞。

② 江左：指長江以東地區。

③ 淩風臺：古代揚州臺觀名。何遜《早梅》詩：「枝橫却月觀，花繞淩風臺。」

④ 庾郎：指庾信，字子山，南北朝時詩人，其《梅花》詩，有「樹動懸冰落，枝高出手寒」句。

⑤ 林逋：宋初隱士，隱居杭州孤山，以種梅養鶴吟詩自遣，寫有著名的詠梅詩《山園小梅》，有句云：「疏影横斜水清淺，暗香浮動月黄昏。」

【評　析】

這是一組詠梅詞，奉和考功郎曾三聘的《梅花八詠》，當時奉和的人還有張鎡等。

這首先寫訪梅路徑。其間敷衍的古人有何遜、庾信、林逋等，都是梅花知己。然而，細玩詞中的「夢繞青青路」、「心事還將與」以及末句「惆悵誰能賦」，就知道主語都是詞人自己。這就使得整首詞帶有陳子昂《登幽州臺歌》「前不見古人，後不見來者。念天地之悠悠，獨愴然而涕下」那樣的意味，即彌漫於萬古之世的寂寞惆悵之情。這既是對梅花而言，也是詞人的自白。

又

月上海雲沉，鷗去吴波迥①。行過西泠有一枝②，竹暗人家静。　又見水沉亭③，舉目悲風景。花下鋪氈把一杯，緩飲春風影。

【箋　注】

①吴波：與上句「海雲」對應，應指杭州以東江海。迥：遼遠。

②西泠：白石自注：「西泠橋在（杭州）孤山之西。」

③水沉亭：白石自注：「水沉亭在孤山之北，亭廢。」

【評　析】

這首寫月夜賞梅。上片起首「月上」兩句從張九齡「海上生明月，天涯共此時」化出，境界闊大遼遠：月輪昇空，海霧下沉，鷗鳥則向寥遠的江海飛去。這是背景，是遠景。接下來「行過西泠有一枝，竹暗人家靜」，寫近景，並且偌大西湖，僅寫西泠橋，而細致到僅寫橋旁的一枝梅花。這「一枝」，不僅暗點梅花稀疏，而且描繪出詞人注視這「一枝」的神態。其大小比照的手法，似從唐詩「濃緑萬枝紅一點，動人春色不須多」中來，白石運用得十分空靈。下片寫把酒賞梅。末句「花下鋪氈把一杯，緩飲春風影」，把梅花稀疏有致、隨風摇動的姿態借「影」表達出來，其中又可見出詞人「把一杯」的醺醺醉意，可謂神來之筆。

又

蘚幹石斜妨①，玉蕊松低覆。日暮冥冥一見來，略比年時瘦。　涼觀酒初醒②，竹閣吟纔就③。猶恨幽香作許慳④，小遲春心透⑤。

【箋　注】

①蘚幹：古梅的特征，長滿青苔的枝幹。范成大《梅譜》：「古梅會稽最多，四明、吳興亦間有之。其枝樛曲萬狀。蒼蘚鱗皴，封滿花身。」石斜妨，岩石橫斜而出，仿佛遮擋梅花。

②涼觀：白石自注：「涼觀在孤山之麓，南北梅最奇。」

③竹閣：白石自注：「竹閣在涼觀西，今廢。」

④許慳：如此吝惜。

⑤小遲：稍許等待。

【評　析】

此詞描寫有名的「苔梅」。

上片寫梅之瘦態。首兩句詞語較精煉，詞意則頗曲折。大意是梅幹爲斜立的亂岩阻礙，梅蕊被低矮的松枝覆蓋。接着寫天晚來觀看，覺得「略比年時瘦」。這兩句内涵是很豐富的。一則説明詞人年年都來觀賞，而且用心觀賞，才能察出較「年時瘦」。二則花之肥瘦如何評判？梅花本身不就形瘦嗎？可見「瘦」者非花，而是詞人内心的衰落之感。

下片叙寫酒後吟詩觀賞。詞人游賞了涼觀、竹閣等景點，感到梅花香氣不濃鬱，有些許遺憾，須要等待一段時間，方能完滿開放。一番觀賞，寄託了詞人期待梅花盛開的情思。

又

家在馬城西①，今賦梅屏雪〔一〕②。梅雪相兼不見花，月影玲瓏徹。　前度帶愁看，一餉和愁折〔二〕。若使逋仙及見之③，定自成愁絶。

【校　記】

〔一〕今賦：張本、厲鈔「今」作「曾」。

〔二〕一餉：陸本「餉」作「晌」。

【箋　注】

①馬城：亦作馬塍(音成，田間的土埂)。《淳祐臨安志》卷九：「東西馬塍，在餘杭門外羊角埂之間。土細宜花卉，園人多工於種接，爲都城之冠。或云是錢王舊城，非塍也。」白石晚年居此，卒後亦葬於此。

②梅屏：列梅爲屏。《北澗集·梅屏賦》：「北山鮑家田尼庵，梅屏甲京都，高宗嘗令待詔院圖進。」白石自注：「馬城在都城西北，梅屏甚見珍愛。」

③逋仙：指林逋，林逋愛梅，以梅爲妻。

【評　析】

此詞描寫踏雪賞梅。

上片起首二句「家在馬城西，今賦梅屏雪」是直白之語。白石晚年家居馬城，據蘇洞《到馬塍哭姜堯章》「賴是小紅渠已嫁，不然啼碎馬塍花」，知白石卒後亦葬於此。馬城一帶種植了許多梅花，擁列如屏，因有「梅屏」之稱。接着「梅雪」兩句，寫皎潔的月光照射花間白雪。梅花、月光、白雪，渾然交雜，玲瓏明徹，耀人眼目。白石所寫，實際是一種混沌的美。

下片言爲不見冬梅風姿而發愁，並設想假若林逋對此景象，定然會「愁絶」的。因爲詞人認定對於梅花，只有林逋是「癡之聖者」。

又

空徑晚煙平，古寺春寒惡。老子尋花第一番②，常恐吴兒覺③。　摘蕊暝禽飛，倚樹懸冰落。下竺橋邊淺立時①，香已漂流却。

【箋　注】

① 下竺：臨安有下竺寺。白石自注：「下竺寺前磵石上風景最妙。」《西湖志》卷十三：「下竺寺在靈鷲山麓，晉高僧慧理建。」《武林舊事》卷五「下天竺靈山教寺」條：「大抵靈竺之勝，周回數十里，岩壑尤美，實聚於下天竺寺。」

② 老子：作者自稱，猶言老夫。

③ 吴兒：泛指吴地少年。杜甫《陪鄭廣文游何將軍山林》之九：「刺船思郢客，解水乞吴兒。」

【評　析】

本篇寫寒夜下竺寺訪梅。

首二句寫寒夜「暝禽」，則暗點天色已晚；「懸冰」，則見出天寒地凍。「摘蕊」、「倚樹」者爲誰呢？三四句交待：「下竺橋邊淺立時，香已漂流却。」原來是詞人冒着夜寒到野外訪梅。爲什麽非要如此呢？下片作出了解釋。因爲傷心人别有懷抱，一個人靜悄悄地來此荒野寒寺尋香，恐怕驚動了當地的「吴兒」，因爲詞人感到在這世界上是那麽地落落寡合。「第一番」則説明他以後還要不斷地前來賞梅，可見愛梅之深切。

又

緑萼更横枝①，多少梅花樣。惆悵西村一塢春②，開徧無人賞〔一〕。　細草藉金輿③，歲歲長吟想。枝上幺禽一兩聲④，猶似宫娥唱。

【校記】

〔一〕開徧：張本、厲鈔「徧」作「過」。

【箋注】

① 緑萼更横枝：緑萼、横枝皆爲梅之品種。白石自注：「緑萼、横枝皆梅别種，凡二十許名。」范成

大《梅譜》：「凡梅花附帶皆絳紫色，惟此純緑，枝梗亦清高，好事者比之九疑仙人萼緑華云。」林逋《梅花》詩：「雪後園林才半樹，水邊籬落忽横枝。」

②西村：周密《武林舊事》卷五：「西陵橋又名西林橋，又名西泠橋，又名西村。」白石自注：「西村在孤山後，梅皆阜陵時所種。」阜陵，宋孝宗葬永阜陵。

③金輿：此處指宋孝宗的輦駕，意謂此地的細草也曾蒙恩澤。

④幺禽：小鳥。

【評　析】

這首寫西泠賞梅。

上片言此地梅花品種繁多。「緑萼」、「横枝」，競鮮鬥豔。可惜孝宗駕崩之後，便「開徧無人賞了」。下片回憶往日觀梅的繁鬧情景，青青的細草襯墊着金光閃閃的輦駕，賞花人士往來不斷，往事令人「吟想」。這「一塢春」在寂寞之中，忽然傳來一兩聲鳥啼，却又仿佛宫娥的淒唱。這啼聲更襯托出「一塢春」的反差，也襯托出詞人心境的孤寂。

又

象筆帶香題①，龍笛吟春咽②。楊柳嬌癡未覺愁，花管人離別。　路出古昌源③，石瘦冰霜潔。折得青鬚碧蘚花④，持向人間説。

【箋　注】

①象筆：筆管爲象牙所制。形容筆之精美。

②龍笛：指竹笛。王維《新竹》詩：「樂府裁龍笛，漁家伐釣竿。」

③昌源：白石自注：「越之昌源，古梅妙天下。」嘉泰《會稽志》：「越州昌源梅最盛，實大而美。……多出古梅，尤奇古可愛。」昌源坂在會稽縣南。

④青鬚碧蘚花：指附着青苔緑絲的梅花。范成大《梅譜》言會稽古梅「蒼蘚鱗皴，封滿花身。又有苔鬚垂於枝間，或長數寸，風至緑絲飄飄可玩。」

【評　析】

此詞記叙新春於會稽昌源采梅的情景。以前白石的寫梅，觀梅者居多，而新春采梅插瓶是舊時士大夫文人的雅趣，此詞即記叙了這一過程。

上片寫自己來此本意是賞梅，然而花香中傳來了傷春的幽咽笛聲，這時楊柳竟嬌癡起舞，只有梅花多情，關注到離人懷抱。下片承襲到寫梅。首先點明賞梅之處，古石崚嶒，冰霜潔白。於此處采得一枝古梅，梅枝上還蒼苔斑駁，花蕊飄浮着長鬚似的碧絲，「持向人間説」，將是何等的快意啊！此詞情調愉悦開朗，與白石往昔的寫梅詞風迥然不同。

又

御苑接湖波①，松下春風細。雲緑峨峨玉萬枝，別有仙風味。　長信昨來看②，憶共東皇醉③。此樹婆娑一惘然[一]④，苔蘚生春意。

【校　記】

[一] 婆娑：陸本作「娑娑」。

【箋　注】

① 御苑：指聚景園。《武林舊事》卷四：「御園：聚景園，清波門外孝宗致養之地，堂匾皆孝宗御

書。淳熙中，屢經臨幸。嘉泰間，寧宗奉成肅太后臨幸。其後並皆荒蕪不修。高疏寮詩曰：『翠華不向苑中來，可是年年惜露臺。水際春風寒漠漠，官梅却作野梅開。』」

② 長信：漢宮名。《三輔黄圖》：「長信宫，漢太后常居之。」這裏長信代指御園，因寧宗曾奉成肅皇太后謝氏臨幸此地。

③ 東皇：司春之神，代指春光。

④ 婆娑：本爲舞姿翩躚的樣子。此處形容枝葉紛披。張籍《新桃》詩：「桃生葉婆娑，枝葉四面多。」

【輯　評】

夏承燾、吴無聞《姜白石詞校注》云：白石詠梅詞有十八首，幾乎接近全詞的四分之一。其中最有名的是《暗香》、《疏影》，其他小令，如《小重山令》、《玉梅令》、《鶯聲繞紅樓》、《浣溪沙》、《卜算子》等等，也都各具風韻。他把梅花的各個方面都寫到了：「苔枝綴玉」，寫梅的姿態。「籬角黄昏，無言自倚修竹」，寫梅的神韻和品格。「高花未吐，暗香已遠」，寫早梅。「十畝梅花作雪飛」，寫落梅。「美人呵蕊綴横枝」，寫美人手中的梅。「落蕊半黏釵上燕，露黄斜映鬢邊犀」，寫美人頭上的梅。「玉蕊松低覆」，寫松下的梅。「斜横花樹小，浸愁漪」，寫水邊的梅。「緑萼更横枝」，寫緑萼梅。「紅萼未宜簪」、「紅萼無言耿相憶」，寫紅萼梅。「行過西泠有一枝」，寫一枝梅。「雲緑峨峨玉萬枝」、「千樹壓，西湖寒碧」，寫梅林。如此等等，不一而足。白石詠花詞，梅最多，荷次之，其餘牡丹、芍藥、茉莉，只各詠一首。爲什麽白石對梅花特别鍾情？這恐怕是由於其人其詞，與梅爲近的緣故。劉熙載在《藝概》中説：「姜白石詞幽韻冷香，令人挹之不盡。擬諸形容，在樂則琴，在花則梅也。」

【評　析】

此詞寫緑萼官梅，據白石自注：「聚景官梅皆植之高松之下，芘蔭歲久，萼盡緑。夔昨歲觀梅於彼，所聞於園官者如此，末章及之。」知爲到臨安聚景園觀梅而作。

上片寫梅林風景。首二句寫時間及季節，第三句「雲緑峨峨玉萬枝」，寫無數官梅緑萼連成一片，亭亭玉立，從而引發詞人「别有仙風味」的感歎。

下片回憶去年舊游。詞人昨歲曾游此園，當時春景浩蕩，開懷暢飲，至今憶及尚覺心曠神怡。末兩句筆鋒一折，回到現實。「此樹婆娑」，如見故人，惆悵不已，觀其枝間苔蘚，又散發出勃勃春意。此詞寫梅花之緑，又襯以苔蘚之緑，越發顯得春意盎然，一派生機。

姜白石詞箋注卷六

不編年十二首，序次依陶鈔

好事近

賦茉莉

涼夜摘花鈿①，苒苒動摇雲緑②。金絡一團香露〔一〕③，正紗廚人獨④。　朝來碧縷放長穿⑤，釵頭挂層玉⑥。記得如今時候，正荔枝初熟⑦。

【校　記】

〔一〕一團：張本「團」作「圍」。

【箋　注】

① 花鈿：女子首飾，此處指茉莉。沈約《麗人賦》：「陸離羽珮，雜錯花鈿。」

② 苒苒：形容花葉柔細。王粲《迷迭賦》：「布萋萋之茂葉兮，挺苒苒之柔莖。」雲緑：形容緑葉

繁茂。

③金絡：黄金絡，指馬籠頭。《玉臺新詠》卷一《日出東南隅行》：「青絲繫馬尾，黄金絡馬頭。」

④紗廚：指紗帳。李清照《醉花陰》：「佳節又重陽，玉枕紗廚，半夜涼初透。」

⑤碧縷：碧緑的絲綫。

⑥層玉：喻指層疊如玉的茉莉花。茉莉，夏秋間開小白花。

⑦荔枝：南國水果，夏秋間果實成熟。

【評　析】

這是一首别致的詠物詞，從筆法上來説，既將美女、鮮花交相映襯，又筆分兩支：將美人與郎君分叙。上片從郎君的角度寫，駕乘金絡駿馬，趁涼夜到園中采摘了沾滿香露的茉莉，送給獨守空閨的心上人。下片從美人的角度寫，早上起來，美人用緑絲綫串起茉莉，在金釵上挂起玉雕式的精巧白花。末尾兩句「記得如今時候，正荔枝初熟」，拓開一筆，似乎與本詞無關；夏末秋初，氣候宜人，荔枝（從唐楊貴妃以來就説成是美人最鍾愛的佳果）該熟了吧。這也許是美人早上凝妝時所想到的，此刻却顯得格外自然而舒心。

虞美人

賦牡丹

西園曾爲梅花醉①，葉剪春雲細。玉笙涼夜隔簾吹，卧看花梢摇動一枝枝。娉娉裊裊教誰惜②，空壓紗巾側。沉香亭北又青苔③，唯有當時蝴蝶自飛來。

【箋　注】

① 西園：漢末曹操在鄴都所建園林。魏曹植《公宴》詩：「清夜游西園，飛蓋相追隨。」此處應指臨安聚景園。

② 娉娉裊裊：形容身姿輕盈美好。杜牧《贈别二首》其一：「娉娉裊裊十三餘，豆蔻梢頭二月初。」

③ 沉香亭：在唐興慶宫内，據樂史《太真外傳》卷一載，唐玄宗命移植牡丹於沉香亭前，與楊貴妃共賞，使李龜年持金花箋召李白，令其作新詞助興，李白進《清平樂》三章，其一曰：「名花傾國兩相歡，長得君王帶笑看。解釋春風無限恨，沉香亭北倚闌干。」

【評　析】

這是一首詠物詞。對於牡丹，如同對梅花一樣，白石亦滿懷生不逢時的今昔之感。

上片寫牡丹嬌豔迷人。首句「西園曾爲梅花醉」，攄出素所喜愛的梅花作陪襯，但是並没有貶抑梅花之意。「西園」原指曹操在鄴都所建園林，此處應指臨安聚景園，因爲該處是官家園林。「爲梅花醉」的具體内容可參看前面的《卜算子》（御苑接湖波）。以下三句寫牡丹開放，葉兒如春雲細柔飄動，隔簾傳來涼夜玉笛鳴聲，倚枕高臥看到窗外花梢摇曳生姿。牡丹雍容華貴，花葉均碩大，描寫易流呆板，可是白石這三句造語飛動，描寫牡丹在風中枝葉翻動，又輔以涼夜笛聲，十分傳神。下片抒發生不逢時之感。「娉娉」兩句化用杜牧贊賞佳人的辭語，形容牡丹之輕盈柔媚。「教誰惜」則流露出一絲冷落、寂寞，並由此想到唐代關於牡丹的著名歷史掌故。當年唐玄宗、楊貴妃及李白圍繞着沉香亭盛開的牡丹，留下了多少風流故事及清詞麗句啊，可是沉香亭如今一派荒涼，「唯有當時蝴蝶自飛來」，花開蝶舞，熱鬧的意象反襯出落寞的情懷。

虞美人

摩挲紫蓋峰頭石①，下瞰蒼厓立②。玉盤摇動半厓花，花樹扶疏一半白雲遮③。　盈盈相望無由摘④，惆悵歸來屐⑤。而今仙蹟杳難尋，那日青樓曾見似花人⑥。

【箋注】

①摩挲：撫摸。古樂府《琅琊王歌辭》：「新買五尺刀……一日三摩挲。」紫蓋峰：南嶽衡山七十二峰之一。

②下瞰：俯視。

③扶疏：枝葉茂盛分披貌。陶潛《讀山海經》詩：「孟夏草木長，繞屋樹扶疏。」

④盈盈：形容美人體態輕盈，此指牡丹。

⑤屐：登山專用的木齒鞋。

⑥青樓：美女或伎人所居。劉邈《萬山見采桑人》：「倡女不勝愁，結束下青樓。」

【評析】

白石早年曾流連湖湘，其《昔游詩》（昔游衡山上）有句云：「北有懶瓚巖，大石庇樵牧。下窺半匡花，杯盂琢紅玉。」景致與此首仿佛。又，此首云「而今仙蹟杳難尋」，可知是追憶衡山舊游之作。

上片寫從紫蓋峰山崖上俯窺山間牡丹的情景。花樹尚且「一半白雲遮」，則「下瞰」花樹者必高居白雲之上，衡山紫蓋峰之高峻已是不言自明了。這樣的情景給人以險峻、奇麗的美感。

下片寫當日峰頭觀花之感。「盈盈」寫牡丹之動人風姿，「相望無由摘」，寫人花距離之遥，仿佛有情人失之交臂。因此歸來後對着登山的木屐益發惆悵。結尾「而今仙跡杳難尋，那日青樓曾見似花人」，拓開一筆，耐人尋味：「那日青樓」瞥見像牡丹花一樣的佳麗，不由得又想起昔日紫蓋峰間一片清芬，以花擬人，由人憶花，平添無限遐想。

憶王孫

鄱陽彭氏小樓作①

冷紅葉葉下塘秋②，長與行雲共一舟。零落江南不自由，兩綢繆③，料得吟鸞夜夜愁。

【箋　注】

① 鄱陽：即今江西鄱陽，宋時爲饒州治所所在。彭氏小樓：指彭氏家族舊居。彭氏爲宋時鄱陽世族，彭大雅嘉熙間曾奉命使北。

② 冷紅：指楓葉。

③ 綢繆：形容情意纏綿。《詩經·唐風·綢繆》：「綢繆束薪，三星在天。」盧諶《贈劉琨一首并書》：「綢繆之旨，有同骨肉。」

【評析】

這首單調小令，是白石流連鄱陽彭氏小樓紀游之作。鄱陽是白石家鄉，而彭氏是鄱陽世族，彭汝礪於神宗、哲宗朝歷官中書舍人、寶文閣直學士，其後彭大雅嘉熙間奉命使北。有人以爲此詞是白石思念妻子之作，竊以爲大謬。題目明明白白寫着「鄱陽彭氏小樓作」，白石是以彭大雅家眷之思念爲中心而鋪寫，這是古代詩詞的傳統寫法。

詞實際是倒裝結構，開頭兩句是第三句的説明。開頭兩句極耐咀嚼。「冷紅葉葉」者，不自由之情思也。此情思如楓葉飄落塘内，而臆想與行雲同舟而去天涯尋覓夫婿，於是引出第三句「零落江南不自由」。結句直抒羈旅之愁。「兩綢繆」，是説使北的彭大雅和彭氏小樓内的家人兩地相互纏綿牽繫；「料得吟鸞夜夜愁」，是眼見林間悲鳴的鸞鳥，揣想它應和彭氏家人一樣夜夜相思。全詞以彭氏小樓爲表面描寫對象，實則抒發了白石自己漂流異鄉的身世感和羈旅愁。

少年游

戲平甫〔一〕①

雙螺未合②，雙蛾先斂③，家在碧雲西④。別母情懷，隨郎滋味，桃葉渡江時⑤。　扁舟載了，匆匆歸去〔二〕，今夜泊前溪。楊柳津頭，梨花牆外，心事兩人知。

【校　記】

〔一〕戲平甫：《宋六十名家詞》作「戲張斗甫」，《花庵詞選》「平」作「斗」。張本、厲鈔「甫」作「父」。

〔二〕歸去：《花庵詞選》、《欽定詞譜》無「歸」字，誤。

【箋　注】

①平甫：張鑒字平甫，南宋著名將領張俊之後，白石好友，兩人「十年相處，情甚骨肉。」（《齊東野語》）介紹已見前。

②雙螺：少女髮式，將鬢髮梳成兩髻，呈螺形，分綰頭的兩側，故古有丫頭之稱。

③ 雙蛾：女子的雙眉。徐陵《玉臺新詠序》：「南都石黛，最發雙蛾。」斂，皺。

④ 碧雲西：此指佳人所居之處。江淹《休上人怨别詩》：「日暮碧雲合，佳人殊未來。」

⑤ 桃葉：東晉王獻之的愛妾。相傳王獻之曾在金陵秦淮河渡口作《桃葉歌》送妾，歌云：「桃葉復桃葉，渡江不用楫。但渡無所苦，我自迎接汝。」（見《隋書·五行志》上）

【輯　評】

陳廷焯《白雨齋詞話》卷八云：「别母情懷，隨郎滋味，桃葉渡江時。」白石《少年游》戲平甫詞也。「隨郎滋味」四字，似不經心，而别有姿態，蓋全以神味勝，不在字句之間尋痕跡也。

【評　析】

這是一首朋友之間的游戲之作。夏承燾《姜白石詞編年箋注》認爲「此戲張鑒納妾」，後多沿襲夏説。竊以爲夏説不當，細玩詞意，特别是「桃葉渡江」之典，應是戲張鑒送妾歸省之作。

上片描寫告别時的情景。「雙螺」三句寫女子臨行懶於梳妝，並交待此行的目的地是遥遠的「碧雲西」。「家」者是小妾的娘家。接下來，「别母情懷，隨郎滋味」，深入地揭示了女子懶於梳妝的原因，將她思念母親又依戀郎君的矛盾心情概括得十分貼切。然後説明，這一切發生在「桃葉渡江時」。白石運用典故以貼切著稱，此處亦不例外。「桃葉」，則女子是小妾。「渡江」，則應是離去，而決不會是迎妾之詞了。下片描寫别後相思。「扁舟」三句是揣想之詞，與柳永「今宵酒醒何處？楊柳岸、曉風殘月」同一機杼。其中「前溪」是泛指小妾今夜停泊之處，夏承燾先生將其指爲張鑒别墅所在，永安縣前之溪，大誤。結句「楊柳津頭」指小妾行止，「梨花牆外」指平甫處所，「心事兩人知」五字綰合，寫盡了郎思妾、妾憶郎的繾綣之情，亦極盡了朋友調侃之能事。

訴衷情

端午宿合路①

石榴一樹浸溪紅，零落小橋東。五日淒涼心事②，山雨打船篷。　諳世味，楚人弓③，莫忡忡④。白頭行客，不采蘋花⑤，孤負薰風⑥。

【箋　注】

① 端午：中國傳統節日，大部分地區以農曆五月初五爲端午節。合路：橋名，在江蘇吴江縣。

② 五日淒涼：原指端午因紀念屈原投江而帶有的悲劇色彩。万俟詠《南歌子》：「香蘆結黍趁天

中，五日淒涼，今古與誰同。」

③楚人弓：《孔子家語》載：春秋楚共王出游，遺失寶弓，左右請求之。王曰：「楚人失弓，楚人得之，又何求焉？」孔子聞之曰：「惜乎其不大也。不曰：『人遺之，人得之。』何必楚也。」

④忡忡：憂愁貌。《詩經·召南·草蟲》：「未見君子，憂心忡忡。」

⑤采蘋：采摘水草。蘋，水草名。

⑥薰風：和暖的東南風。

【評析】

本篇爲時逢端午白石羈游吴地遇雨而作。上片寫途中景物。「石榴」二句意境很美。石榴樹上開滿了紅豔豔的花朵，倒映水中，故曰「浸溪紅」。「小橋」即指合路橋。「五日」兩句既是寫雨景，又是描寫自我身世。因此，「淒涼心事」更多地側重於個人心境，與万俟詠《南歌子》的「五日淒涼，今古與誰同」還是有所不同的。下片抒寫旅中情懷，自寬自解。「諳世味」三句用《孔子家語》所載歷史典故，意謂自己早已將世情勘透，自己有所失，别人必會有所得，何必爲此憂慮呢。結句「白頭行客，不采蘋花，孤負薰風」，又歸結到端陽景物。「白頭行客」當然是自指，意謂自己白髮蒼蒼，在外奔波，雖然不去尋春，却也别辜負了這和暖的風光。

念奴嬌

謝人惠竹榻

楚山修竹①，自娟娟、不受人間袢暑②。我醉欲眠伊伴我③，一枕涼生如許。象齒爲材，花藤作面，終是無真趣。梅風吹溽④，此君直恁清苦⑤。　須信下榻殷勤，儵然成夢〔一〕⑥，夢與秋相遇。翠袖佳人來共看⑦，漠漠風煙千畝⑧。蕉葉窗紗〔二〕，荷花池館，別有留人處。此時歸去，爲君聽盡秋雨。

【校　記】

〔一〕儵然：張本「儵」作「倏」。

〔二〕窗紗：厲鈔作「紗窗」。

【箋　注】

① 楚山：楚地之山林。

②娟娟：形容身材美好。杜甫《狂夫》詩：「風含翠篠娟娟静。」袢暑：暑熱。范成大《夔門即事》詩：「峽行風物不堪論，袢暑驕陽雜瘴氛。」

③我醉欲眠：李白《山中與幽人對酌》詩：「我醉欲眠卿且去，明朝有意抱琴來。」

④梅風：指夏初梅子黄熟時之風。吹溽：吹來濕熱。溽，濕熱。謝惠連《喜雨》詩：「朱明振炎氣，溽暑扇温飆。」

⑤恁：如此。

⑥翛然：自在瀟灑。《莊子·大宗師》：「翛然而來而已矣。」

⑦翠袖佳人：杜甫《佳人》詩：「天寒翠袖薄，日暮倚修竹。」

⑧漠漠：廣大無際的樣子。王維《積雨輞川莊作》：「漠漠水田飛白鷺，陰陰夏木囀黄鸝。」

【評　析】

這首詞是白石爲感謝友人惠贈竹制臥榻而作。上片造語平實，贊譽竹榻之清涼宜人。首贊選材「楚山修竹」，能收到「一枕涼生」的效果。然後「象齒」三句用反襯之筆，以象牙爲材，花藤飾面的床榻作比較，認爲都比不上竹榻實用。結論是：「梅風吹溽，此君直恁清苦。」當梅雨季節吹來又潮又熱的暑氣時，竹榻爲人送來涼爽是那麽清雅辛苦。

如果説上片平鋪直叙，則下片筆鋒陡變。過片「須信下榻殷勤，翛然成夢，夢與秋相遇」，突發浪漫奇想，在夢中與秋光相遇。以後即寫清凉的秋景，蕉葉、荷花、翠袖佳人、秋煙秋雨，使人暑意全消，而感念竹榻之功德無量。結語「此時歸去，爲君聽盡秋雨」，歸結到懷思摯友。「歸去」應指自己從夢境醒來，「爲君」因爲思念友人，「聽盡秋雨」見出思念故友，夜深不寐，化用李商隱《夜雨寄北》詩意而如鹽融水，高妙無跡。

法曲獻仙音〔一〕

張彦功官舍在鐵冶嶺上①，即昔之教坊使宅②。高齋下瞰湖山，光景奇絶。予數過之，爲賦此。

虚閣籠寒，小簾通月，暮色偏憐高處。樹鬲離宫③，水平馳道④，湖山盡入尊俎⑤。奈楚客，淹留久，砧聲帶愁去⑥。　屢回顧〔二〕，過秋風未成歸計。誰念我、重見冷楓紅舞。唤起淡妝人⑦，問逋仙今在何許〔三〕⑧。象筆鸞箋⑨，甚而今、不道秀句。怕平生幽恨，化作沙邊煙雨。

【校 記】

〔一〕法曲獻仙音:《宋六十名家詞》、《詞綜》調下有「張彦功官舍」五字句,不録序。

〔二〕屢回顧:《宋六十名家詞》、《花庵詞選》此三字綴屬上片。

〔三〕何許:《絶妙好詞》「許」作「處」。

【箋 注】

①張彦功:其人仕履不詳。劉過《龍州詞》有《賀新郎·贈張彦功》詞。鐵冶嶺:在杭州雲居山下,見《西湖志》。

②教坊使:官名。唐宋掌管女樂的官署名教坊,其中置教坊使。

③離宫:古代帝王的行宫。此指杭州清波門外的聚景園,孝宗晚年曾居此。

④馳道:天子御駕所行之道。

⑤尊俎:盛酒的器皿,亦代指宴席。此句言飲宴之間,湖光山色盡入眼底。

⑥砧聲:擣衣聲。砧,擣衣石。古代婦人用砧杵整洗衣服以寄征夫。《古子夜秋歌》:「佳人理寒服,萬結砧杵旁。」唐李頎《送魏萬之京》:「御苑砧聲向晚多。」

⑦淡妝人:喻指梅花。楊萬里《梅花》詩:「月波成霧霧成霜,借與南枝作淡妝。」

⑧ 逋仙：指隱士林逋。林逋隱居西湖孤山，以種梅養鶴爲樂，人稱其「梅妻鶴子」。

⑨ 象筆鸞箋：象牙制成的筆，印有鸞鳳花紋的彩箋。泛指精美的紙筆。

【輯　評】

周濟《宋四家詞選》云：白石號爲宗工，然亦有……寒酸處：《法曲獻仙音》「象筆鸞箋，甚而今、不道秀句」……不可不知。

陸輔之《詞旨》舉白石屬對名句有「虚閣籠雲，小簾通月」。

【評　析】

臨安鐵冶嶺張彦功官舍景色十分幽美，白石秋游，作此詞誌之。上片寫高齋觀景。起首「虚閣」三句點明高齋位置和登臨時間。「樹鬲」三句寫登臨所見。脚下園林與離宫聚景園連成一片，車馬大道旁湖水漣漣，湖光山色盡入筵席之中，「盡入尊俎」四字極富力度，與詞序所云「高齋下瞰湖山，光景奇絶」之語緊密契合。「奈楚客」三句一轉，聽到擣衣聲，引發鄉思旅愁。

下片接着抒發思鄉情懷。「屢回顧」四句，意謂秋風又起，歸計未成，徒然重見紅楓飄落。憂思甫起，又一抑住：「唤起淡妝人，問逋仙今在何許？」因爲自己布衣漂泊終生，所以白石引畢生高臥山林的林逋爲同調，此處想唤起宛如淡妝美人的梅花，問訊林逋何在。「象筆」三句既是對林逋逝去的遺憾，亦是對自己心緒不佳的自責。結句「怕平生幽恨，化作沙邊煙雨」，點出「幽恨」，直抒羈旅的窮愁，却令人有平平之感。

側犯

詠芍藥〔一〕

恨春易去，甚春却向揚州住①。微雨，正繭栗梢頭弄詩句②。紅橋二十四③，總是行雲處④。無語，漸半脱宫衣笑相顧⑤。　金壺細葉⑥，千朶圍歌舞⑦。誰念我、鬢成絲⑧，來此共尊俎。後日西園⑨，緑陰無數。寂寞劉郎⑩，自修花譜。

【校　記】

〔一〕詠芍藥：《詞綜》無「詠」字。

【箋　注】

①「甚春」句：意謂爲何春色家住揚州。吴曾《能改齋漫録》卷十五引孔武仲《芍藥譜》：「揚州芍

藥，名於天下，非特以多爲誇也。其敷腴盛大而纖麗巧密，皆他州之所不及。」

②藾栗梢頭：形容芍藥花蕾幼小，如藾如栗。黄庭堅《山谷内集》卷七《往歲過廣陵值早春嘗作詩……今春以前韻寄王定國》詩之前韻云：「紅藥梢頭初藾栗，揚州風物鬢成絲。」

③二十四：揚州古代名勝有二十四橋，杜牧《寄揚州韓綽判官》詩：「二十四橋明月夜，玉人何處教吹簫。」黄庭堅前引之詩有句云：「淮南二十四橋月，馬上時時夢見之。」白石化用其意。清李斗《揚州畫舫録》卷十五謂二十四橋即吴家磚橋，亦名紅藥橋。

④行雲：指流動之雲。馮延巳《蝶戀花》：「幾日行雲何處去，忘却歸來，不道春將暮。」

⑤宫衣：宫女的服裝。盧綸詩：「君王初賜六宫衣。」

⑥金壺：酒器。韓翃《田倉曹東亭夏夜吟得春字》詩：「玉佩迎初夜，金壺醉老春。」

⑦「千朵」句：形容芍藥盛開時熱鬧景象。《能改齋漫録》卷十五《芍藥譜》言種花之家，園舍相望。「畦分畝列，多至數萬根。自三月初旬始開，浹旬而甚盛，游觀者相屬於路，障幕相望，笙歌相聞。」

⑧鬢成絲：黄庭堅《往歲過廣陵值早春嘗作詩……今春以前韻寄王定國》詩之前韻云：「春風十里珠簾捲，仿佛三生杜牧之。紅藥梢頭初藾栗，揚州風物鬢成絲。」

⑨西園：原指曹魏園苑，此處泛指園林。魏文帝《芙蓉池》詩：「乘輦夜行游，逍遥步西園。」

⑩ 劉郎：《宋史·藝文志》著録劉攽(字貢父)《芍藥譜》一卷，今不傳。劉攽爲劉敞之弟，曾協助司馬光修纂《資治通鑑》。

【輯　評】

葉正則《愛日齋叢鈔》云：高續古紅藥詞云：「紅翻藺栗梢頭遍。」姜堯章芍藥詞亦云：「正藺栗梢頭弄詩句。」取譬花之含蕊爲工。

【評　析】

宋時，揚州芍藥名聞天下，此篇是白石游揚州時所寫的一首詠芍藥詞。起句反詰。因芍藥夏初才開花，因此詞人怨歎春光易去，却詫異春色移駐揚州了。接下來集中描寫芍藥之美。微雨之中，二十四橋頭輕雲飄過，如藺似栗的花蕾仿佛在提筆寫詩。樹樹芍藥默然不語，又仿佛佳人卸掉宫衣含睇微笑。造語既凝煉，又十分精美。下片轉寫自身的孤寂。過片「金壺」兩句承上，進一步描寫千萬株芍藥的盛景。「誰念我、鬢成絲，來此共尊俎」，筆鋒一折，化用黄庭堅「紅藥梢頭初藺栗，揚州風物鬢成絲」語意，抒發了自己的寂寞情懷。結句「後日」四句，進一步想到現在面對盛開的芍藥尚感寂寞，如等到花謝了，一片緑陰，又情何以堪呢？造語蘊藉而引人深思。

小重山令

趙郎中謁告迎侍太夫人①，將來都下②，予喜爲作此曲。

寒食飛紅滿帝城③，慈烏相對立④，柳青青。玉階端笏細陳情⑤，天恩許，春盡可還京。鵲報倚門人⑥，安輿扶上了⑦，更親擎。看花攜樂緩行程。爭迎處，堂下拜公卿。

【箋　注】

①趙郎中：其人仕履不詳。謁告：宋代官員請假叫謁告。太夫人：舊時稱官員豪紳之母爲太夫人。

②都下：指南宋都城臨安。

③寒食：古時清明節有禁火止炊習俗，故稱寒食。飛紅：指花。

④慈烏：烏鴉，也稱孝烏。相傳烏能反哺其母以盡孝心。梁武帝《孝思賦》：「慈烏反哺以報親。」

⑤端笏：持正笏版。笏，古代官員朝見皇帝時所持手版，備記事之用。

⑥鵲報：謂鵲鳴報喜。《開元天寶遺事》下卷「靈鵲報喜」條：「時人之家，聞鵲聲，皆爲喜兆，故謂靈鵲報喜。」倚門：形容慈母盼兒女歸來心切，此處指趙郎中之母。《戰國策・齊策》六，記王孫賈之母曰：「女朝出而晚來，則吾倚門而望；女暮出而不還，則吾倚閭而望。」

⑦安輿：安車，常用以借指迎養親老。《新唐書》卷一百八十二《趙隱傳》：「懿宗誕日，宴慈恩寺，隱侍母以安輿臨觀。」親擎：親自擎舉安輿。

【評析】

趙郎中向朝廷請假，迎養其老母來京居住，朝廷恩准，遂成盛事。白石以詞記之。應該説，除開彰揚孝行這一點外，此詞是首應酬之作，上片寫謁告經過，下片寫迎親情景，思想價值是平平的。

在寫作上，本詞最大的特點是用詞準確貼切。無論是用「慈烏」、「鵲報」等典故，還是用「扶上」、「親擎」、「緩行程」、「爭迎」等動作動詞，都精嚴到不可更易。這也是白石詞的普遍的特點。

驀山溪

詠柳

青青官柳①，飛過雙雙燕。樓上對春寒，捲珠簾瞥然一見〔一〕②。如今春去，香絮亂因風，沾徑草，惹牆花，一一教誰管。　陽關去也③，方表人腸斷。幾度拂行軒④，念衣冠尊前易散。翠眉織錦，紅葉浪題詩⑤，煙渡口，水亭邊，長是心先亂。

【校　記】

〔一〕瞥然：張本作「偶然」。

【箋　注】

① 官柳：指官府種植的柳樹，一般種在官道或宮園。杜甫《西郊》詩：「西橋官柳細，江路野梅香。」

② 瞥然：眼光匆匆掠過。

③ 陽關：今甘肅敦煌縣西南，因在玉門關之南，故稱陽關。王維《送元二使安西》：「勸君更盡一杯酒，西出陽關無故人。」

④ 行軒：猶云旅車。

⑤ 「紅葉」句：據范攄《雲溪友議》，盧渥赴京應舉，偶臨御溝，拾得紅葉，葉上題詩云：「流水何太急，深宮盡日閑；殷勤謝紅葉，好去到人間。」後宣宗放出部分宮女，渥得一人，即葉上題詩者。

【評析】

這是一首詠物詞，所詠者爲柳。上片側重詠柳，時間跨度從初春到暮春。開頭「青青」四句寫初春楊柳的宜人風采：燕子成雙成對地在柳條間穿行，冒着春寒捲起珠簾，瞥見柳樹一派青碧。「瞥然一見」，既反映出捲簾人的驚喜，又見出觀柳賞景時光匆促。這就逗出了「如今春去」的下文，時間上也就一下子跨到了暮春。「香絮」四句寫柳花飛落之態，「一一教誰管」，即蘇軾《水龍吟》楊花詞「也無人惜從教墜」之意，憐春惜春，溢於言表。下片側重抒發離情。在傳統文化上，柳總是和離情別意相關的。古人習慣折柳送別，有所謂「霸橋柳」；樂府詩有《折楊柳》，主旨是惜別。以後發展到懷鄉，如李白《春夜洛城聞笛》：「此夜曲中聞折柳，何人不起故園情。」白石亦由柳花飄零，引出離別悲思。「陽關」四句寫一般性的離情。「翠眉織錦，紅葉浪題詩，煙渡口，水亭邊，長是心先亂。」將詠柳、傷離一筆雙寫，尤其是後面三句，在煙霧迷濛的渡口，在流水之濱的小亭，都是楊柳挺立，敗絮飄落之處，這些地方最令人心緒紛亂，難以排解離思。全詞就在這清空的意境中曳然而止，留下了裊裊餘音。

永遇樂

次韻辛克清先生①

我與先生，夙期已久②，人間無此。不學楊郎③，南山種豆，十一徵微利④。雲霄直上，諸公衮衮⑤，乃作道邊苦李⑥。五千言、老來受用⑦，肯教造物兒戲⑧。　東岡記得⑨，同來胥宇⑩，歲月幾何難計。柳老悲桓⑪，松高對阮⑫，未辦爲鄰地。長干白下⑬，青樓朱閣，往往夢中槐蟻⑭。却不如、窪尊放滿⑮，老夫未醉。

【箋　注】

① 辛克清：名泌，漢陽詩人，白石客居漢沔時期的友人。白石《以長歌意無極好爲老夫聽爲韻，奉別沔鄂親友》詩的第四首云：「詩人辛國士，句法似阿駒。」

② 夙期：早有交往。宇文逌《庾信集序》：「予與子山，夙期款密。」

③ 楊郎：指漢代楊惲。惲字子幼，西漢華陰（今屬陝西）人，司馬遷外孫，曾封平通侯，後廢爲庶人，因生性剛直，得罪朝臣，被誣告處死。事見《漢書・楊敞傳》。

④「南山種豆」二句：楊惲免職廢退後，在家大治産業，廣結賓客，受到朝臣非議，當時安定太守孫會宗感到不安，作爲朋友寫一封書信對他告誡。楊惲於是寫了《報孫會宗書》，這封覆信中，有牢騷不平之言，其中有云：「田彼南山，蕪穢不治，種一頃豆，落而爲萁。」又云：「幸有餘禄，方糴賤販貴，逐什一之利。」

⑤ 諸公衮衮：言官宦衆多。衮衮，多貌。杜甫《醉時歌》：「諸公衮衮登臺省，廣文先生官獨冷。」

⑥道邊苦李：《晉書·王戎傳》載：道邊李樹多實，群兒競趨之，戎獨不往。或問其故，戎曰：「樹在道邊而多子，必苦李也。」取之信然。蘇軾《次韻王定國南遷回見寄》：「君知先竭是甘井，我願得全如苦李。」

⑦五千言：指《老子》一書。《史記·老子韓非傳》：「於是老子乃著書上下篇，言道德之意五千餘言而去。」

⑧造物：指創造萬物的天地宇宙，語出《莊子》，意同造化。兒戲：猶玩弄。《新唐書·杜審言傳》：「審言病甚，宋之問、武平一等省候何如。答曰：『甚爲造化小兒相苦。』」

⑨東岡：泛指山岡。

⑩胥宇：猶言審視房子。《詩經·大雅·緜》：「爰及姜女，聿來胥宇。」

⑪柳老悲桓：《世説新語·言語》篇載：「桓公北征，經金城，見前爲琅邪時種柳，皆已十圍。慨然曰：『木猶如此，人何以堪！』」

⑫松高對阮：阮籍與嵇康等七人高臥林泉，號稱「竹林七賢」。其《詠懷》詩有「瞻仰景山松，可以慰吾情」之句。杜甫《絶句四首》之二云：「梅熟喜同朱老吃，松高擬對阮生論。」

⑬長干：古代金陵里巷名，李白有《長干行》。白下：故址在今南京市北，唐武德時改金陵爲白下。

⑭夢中槐蟻：李公佐《南柯太守傳》記一故事説：東平人淳于棼，豪飲於宅南大古槐下，沉醉被人

扶臥堂東廡，夢至槐安國，當了駙馬，官封南柯郡太守，歷盡富貴榮華。後夢醒，到大槐下尋見蟻穴，大蟻穴爲槐安國都，旁枝下小蟻穴即南柯郡。

⑮ 窪尊：指酒器。唐李適之登峴山，因山上有石竇如酒尊，乃建窪尊亭。顔真卿爲郡守，登此亭宴飲，有《登峴山觀李左相石尊聯句》云：「李公登飲處，因石爲窪尊。」

【輯　評】

夏承燾、吴無聞《姜白石詞校注》云：辛克清是漢陽詩人。……此詞首三句寫二人交情，既深且久。「不學楊郎」六句，謂克清其人，不求聞達，自甘淡泊。「五千言、老來受用」二句，謂其人精研老子學説，懂得「爲天下溪」、「復歸於嬰兒」的道理。下片追憶二人往年曾有東岡卜鄰之計，結果没有實現。末數語白石自謂多年來湖海飄零，猶如一夢。不如滿引窪樽，放懷一醉。

【評　析】

本篇是白石給好友辛泌的次韻詞。辛泌是白石客居漢沔時的友人，白石《以長歌意無極好爲老夫聽爲韻，奉别沔鄂親友》之四有句云：「詩人辛國士，句法似阿駒。」以「國士」目之，可見辛是精英人物。辛氏原作已不可見。

此詞上片贊頌了辛泌高雅的品操，傾吐了對其的敬慕之情。第一層開頭三句「我與先生，夙期已久，人間無此」，開門見山，寫出了兩人相交之久與相知之深。第二層「不學楊郎」五句，運用幾個典故贊頌辛泌淡泊名利、超塵拔俗的高風亮節。這些典故來自《報孫會宗書》、《晉書》、杜詩、蘇詩等，白石信手拈來，妙用無跡。第三層將其所以如此超脱，歸於哲學修養：「五千言、老來受用，肯教造物兒戲。」正由於辛國士精於老子《道德經》，因緣自適，才能一生受用，不受造化戲弄。

下片對友人傾訴襟懷，結構上分爲三層。第一層「東岡」六句，追憶往年兩人欲結鄰而居，但宿願未能實現。其中用桓温和阮籍的掌故，令人感染到高古的氣氛。第二層「長干白下，青樓朱閣，往往夢中槐蟻」三句，意謂兩人都鄙薄世俗的紙醉金迷的豪華生活，認爲不過是槐下蟻穴、南柯夢幻而已。最後「却不如」三句以自己認同的生活態度作結，宣言要超然污濁，放懷一醉。

此詞既表現了白石一貫的清雅韻致，又帶有一些豪逸曠達，有些地方甚至還有接近於稼軒詞的散文化傾向，這是值得注意的。

附録

夏承燾《版本考》

白石詞刻本，可考者十餘，若合寫本、景印本計之，共得三十餘本。宋人詞集版本之繁，此爲首舉矣。今雖大半亡佚，其條流源委猶約略可述也。分記如次：

（甲）錢希武刻本

雲間錢希武刻白石道人歌曲六卷於東巖讀書堂，在嘉泰二年壬戌（原跋）。其時白石尚在。錢希武即參政良臣之裔，集中有題錢氏溪月詞及題華亭錢參政園池詩，其人蓋與白石世交，（陳思白石年譜有考）其去取必謀之白石，（白石題錢氏溪月詞云：「才因老盡，秀句君休覓。」鄭文焯據此謂錢刻必謀諸白石。）是爲白石手定稿。後五十年爲淳祐十一年辛亥，約當白石卒後二三十年，此本歸嘉禾郡齋，（趙與訔跋。與訔淳祐十年知嘉興府，見趙孟頫故宋守尚書户部侍郎趙府君阡表。）當即白石子瑛爲嘉禾郡簽判之時。自此沉霾不顯，逮元至正十年，陶宗儀始如葉廣居本寫於錢唐（陶跋）。時去淳祐辛亥幾近百年。此爲六卷別集一卷本，（別集一卷不著刻板年代，四庫提要疑其出於後人掇拾；今據其中有年代可考者，最後爲卜算子梅花八詠，開禧三年作，別集當刻于此年之後，參卜算子詞箋）鄭文焯謂陶跋稱「再以善本勘讎」，殆其時嘉泰舊刻尚在人間。陶鈔歷元、明三百年，無有能廣其傳者；毛晉刻六十一家詞，陳撰刻白石詩詞合集，朱彝尊選詞綜，皆未嘗見此。至清乾隆初年，始有兩本見於世，而卷數不同。一爲五卷別集一卷本，上海周晚菘一見於漢上，後遂湮晦不彰，（江炳炎寫本序。雍正四年杜詔爲山中白雲序，謂「往時余友周緯雲謂余云，上海某氏有白石詞三百餘闋，亦出自陶南村手。」當即此本。「三百餘闋」之「三」字，疑是衍文。）一爲六卷別集一卷本，爲雲間樓敬思所藏，發見於北京，時距嘉泰壬戌五六百年矣。（樓敬思，名儼，義烏人，康熙四十八年修詞譜，嘗任分纂。著蓑笠軒僅存稿。）樓本分傳三支：其一、乾隆二年由符藥林傳鈔於仁和江炳炎；其二、由符藥林傳鈔於江都鉅商陸鍾輝，陸氏以「歌曲第二卷、第六卷爲數寥寥，因合爲四卷」，並別集一卷、詩集三卷、詩説一卷、大樂議一卷、唱酬詩一卷，集事、評論如干條，倣宋板刻於乾隆八年癸亥，蓋後江氏寫本六年；（阮元廣陵詩事卷五：「南宋姜白石詩詞，宋板，詞調皆旁注笛色，鹽官張氏既刻復輟，松陵汪氏繼之不果，陸圻南司馬鍾輝刻成之，同時詩人有詩識事。」）陸氏卒後，版歸歙人江春，春以乾隆三十六年辛卯，爲增刻集事、評論、投贈若干條，後版歸阮元，道光癸卯，燬於文選樓；（見舒藝室餘筆、許增本綴言、鄭文焯校語。）其三、雍正壬子，周耕餘在北京録得樓敬思本於汪澹慮處，以貽華亭張奕樞，經黃唐堂、厲樊榭、陸恬甫先後點勘，倣宋本刻於乾隆十四年己巳，後陸刻六年；後版入南蕩張氏書三味樓，亡於兵火。（見許綴言、鄭校語。）江、張二本皆仍依陶鈔作六卷別集一卷。惟陸本併第二、第六兩卷爲四卷，非復陶鈔之舊矣。（案江、陸、張三本之外，尚有厲鶚一本，亦出于樓氏所藏，詳見本文後記厲樊榭手寫白石道人歌曲。）

江、陸、張三本，同出於樓藏陶鈔，江、陸二本且同傳鈔於符藥林，三本寫刻年代相去又皆止數年，而字句往往不同。張文虎謂陸本「譜式以意改竄，每失故步」，不如張刻之善。（舒藝室餘筆卷三）朱祖謀謂「大抵張之失在字畫小譌，尚足存舊文、資異證，陸則併卷移篇，部居失次，大非陶鈔六卷之舊」。（彊村叢書自跋）吴昌綬亦稱張本爲最完善。（見宋元詞見存目）鄭文焯謂「跡其同出敬思所藏，所以致此者，陸氏以意釐定，失之未勘，張刻則經厲樊榭、黃唐堂、姚鱣卿諸名士商榷斠訂而後成」。惟許增依陸本刻榆園叢書，謂「斟酌精審，當推陸本爲最」，又謂陸、張兩刻，「相去才數年，中間或有鈔胥致譌，兩本對勘，似陸本猶勝。嘯山但據張本訂正，指陸爲譌，其實陸本未嘗譌也」。（許本綴言）張、陸二本優劣之論如此。江炳炎本一九一三年始再見于世，此張、陸二刻遲出百餘年。爲張文虎、許增所未見，朱祖謀謂「江氏手自寫校，未付剞人，亥豕之嫌，自較二刻爲尠」。（彊村本跋）鄭文焯亦許爲「折衷一是」。（鄭校）惟細稽旁譜，則不如張本。至王鵬運雙白詞跋，謂陸本「獨稱完善」者，乃以陸本與汲古閣本、洪正治本、祠堂本相較云然；其刻四印齋詞時，尚未見江、張二本也。案乾隆十九年甲戌，在陸氏刻書後十一年，而求之不易如是，知其在當時似未盛行。應。姜文龍刻本跋，自述乾隆甲戌至都門求姜集，詢之先達，並索之各坊，皆無以然後來傳刻，則以陸本爲最繁；兹依年代述之如後：

一、姜文龍本　白石裔孫文龍以乾隆廿一年丙子，於北京史匯東處得黄稷村藏本白石詩集上下卷，歌曲四卷，集外詩、歌曲別集及詩説、續書譜諸種，謂是「陶南村寫本相沿至今，實五百年碩果」，其實即陸刻也，（四印齋本跋云：陸本即祠堂本所從出。）惟較陸多續書譜一種耳。此爲華亭姜氏祠堂本。（予曩從朱彊村先生假得姜詞一本，有史匯東小注數行，爲他本所無，而缺其首卷，當即文龍本。）

二、鮑廷博本　重刊陸本，見邵亭知見傳本書目。此本刊于嘉慶初年，詩詞合刻，歌曲四卷，別集一卷。題「知不足齋重雕」。前有陸序，行款格式與陸本悉同。單刻單行，不入知不足齋叢書。無鮑氏序跋。

三、姜熙本　華亭祠堂本，道光癸卯復有白石裔孫熙刻本。鄭文焯謂「前有小象，共十卷，合詩詞八卷，後集二卷，附録酬唱及徵事評跋，所引如詞旨、樂府指迷，曝書亭集、帶經堂集皆習見。其句讀頗有誤，未足依據也」。（鄭校）此本不刊旁譜。

四、倪鴻本　桂林倪鴻合詩集、詩説、歌曲、續書譜，名白石道人四種，投贈、評論、集事外，並增四庫簡明目録、詁經精舍集白石傳，刻於同治十年，後陸刻一百二十八年。丁仁八千卷樓書目有粤本白石集，即此本也。

五、王鵬運本　王氏四印齋所刻詞，以姜詞與山中白雲合編，名雙白詞。刻於光緒七年辛巳，後倪刻又十年。依陸本分歌曲爲四卷，而去其鐃歌、琴曲及集事、評論等，亦不載旁譜。

六、許增本　光緒十年，仁和許增重刊陸本入榆園叢書，評論、集事多於他本。張奕樞一叙亦各本所無者。前有小象、嚴杰小傳、四庫提要、陸本序。其據以校勘者，有祠堂本、汲古閣本、葉天申詞譜、欽定詞譜、歷代詩餘、絶妙好詞、詞潔、詞律、舊鈔本等。況周頤稱其「參互各家，備極精審」。（香東漫筆一）其石湖仙「綸巾攲羽」句，「羽」作「雨」，則據張本而改，非陸氏之舊也。

七、宣古愚本　高郵宣古愚，光緒間據陸本刻，有旁譜。（此本未見。十餘年前，晤宜翁于上海。告予如是。四當齋藏書記云是排印本。）

八、陶福祥本　陶番禺人，陳澧弟子。此本全據陸本，前有陸序。題鎔經鑄史齋，後入廣雅局，則削去齋名。

九、范鍇、金望華本　道光辛丑，烏程范鍇、全椒金望華刊詞三卷于漢口，與王沂孫、張炎合爲三家。

十、四川官書局本　即宋四家詞本，依陸本刊。

十一、四庫全書本　四庫著録白石歌曲四卷、别集一卷。注「監察御史許寶善家藏本」，謂是從宋槧翻刻。鄭文焯曰：「諦審其分卷，實與陸刻無異。據陸氏自叙，合爲四卷，實自伊釐定。當時白石歌曲刻本，嘉泰舊版已久佚不可復得，即貴與馬氏本亦少流傳，汲古閣但依花庵選卅四闋，康熙甲午玉山人所刊合集（「玉」下當脱「几」字）及歙縣洪正治本，俱以意羼亂，姜忠肅祠堂本猶未見於世，以提要所據爲善本者，當即陸渟川乾隆癸亥從元鈔鋟版，同時許寶善因以進呈。以其所刊譜式大似宋槧，故目之最爲完善也。」（鄭校）予從西湖文瀾閣見丁氏補鈔四庫本姜詞，分卷款式一同陸本。全書惟角招詞「繞西湖盡是垂楊柳」句旁譜作「ムマ一Nすム一マ」又羨一「楊」字，與陸本、倪鴻本、許增本、張奕樞本、江炳炎本無一合者，當是補鈔誤筆。四庫本出自陸本無疑。四庫修書始於乾隆卅七年，成於四十七年。蓋後於姜文龍本而早於姜熙本也。

近日坊間有掃葉山房石印本，從倪鴻四種本；涵芬樓有影印，陸本；中華書局有排印本，從許增榆園叢刻。

以上刊本、排印本、影印、石印本、寫本共十餘種，皆出自陸本，幾佔歷代姜詞各本之大半。許增本綴言謂「近又有閩中倪耘劬本」，張文虎舒藝室餘筆謂：「揚州別有知足知不足齋刊本，字形較寬，止有歌曲。」予皆未見。若非出于毛晉陳撰諸刻，當亦從陸本，其時江、張二本未出也。日本靜嘉堂文庫漢籍書目有白石詞，與沈端節克齋詞合綴一本，亦不知出于何本。

吴則虞先生告予：「聞何蝯叟舊藏有王茨檐手鈔本，（茨檐見道古堂集，名曾祥。）據厲樊榭手録。樊榭得之符藥林。符本後付陸鍾輝刊行，符、張奕樞同源，各有校訂，樊榭皆參預其中。然陸本增省卷第，致使書棚、嘉泰兩本面目盡失，茨檐之本可貴者在此。詩集補遺較陸刻多葛蒲七絶、三高祠七絶、和王祕書游水樂洞五律、於越亭七絶，共四首。蝯叟此書後散在白門，未識尚在霄壤間否。」

張奕樞本後無傳刻，今惟見沈曾植景印本一種。其書於宋廟諱初名如「光」、「義」、「受」、「宗」等字，並缺筆，別集中「恒」字亦缺末畫。每卷後凡題卷皆空白兩行。鄭文焯據此定爲景宋舊刻，尚是原編六卷本來面目。並賞其石湖仙「綸巾攲雨」句「雨」字，足訂陸本之誤。（鄭校）沈本後附事林廣記音樂二卷，乃得之日本故文庫者，所載字譜足與詞源、白石旁譜互證，乃他本所無。其書影印於宣統二年庚戌，蓋先彊村刻江本三年也。此編未改併卷數，勝於陸刻；惟時有譌字，（如鐃歌鼓吹曲「陳洪進」作「進洪」，「我謀臧」作「我謀藏」，越九歌「或肉以昌」「昌」作「曷」，夜行船「聽流澌」作「流凘」，浣溪沙「共出」作「不出」，齊天樂「候館」作「侯館」，「翛然」作「倏然」，惜紅衣「青墩」作「青燉」，徵招「卷篷」作「卷蓬」，秋宵吟「宵」作「霄」念奴嬌「王謝」作「玉謝」，卜算子「折」作「拆」。）此其不及江本處。

江炳炎鈔本，一九一三年，陳方恪得於吳門，以詒朱孝臧。孝臧以張、陸二本及許本、花庵詞選、絶妙好詞諸書校之（未校旁譜），即今彊村叢書本也。江本傳刻，惟此一種。校刊之精，爲近日姜詞首舉矣。

以上出於陸刻者十餘種，出於張刻、江鈔者各一種，皆源於錢刻陶鈔。此爲弟一支，傳刻最盛者也。

（乙）花庵詞選本

黄昇選花庵中興以來絶妙詞，刻於淳祐九年，後嘉泰壬戌錢刻白石歌曲四十餘年，載白石詞止三十四闋，於各詞小序間多删削。毛晉刻六十一家詞時，陶鈔未出，遂誤以花庵所録爲「真完璧」，所刻一依花庵，誤處亦仍不改。（如少年游「张平甫」作「斗甫」等。）

毛斧季嘗以二鈔本校此卷，刊本章次題注與原刻全別。毛斧季、陸敕先、黄子鴻手校六十名家詞，曾藏知不足齋及鐵琴銅劍樓，今藏北京圖書館，尚爲汲古閣原釘家塾本。

陳撰康熙五十七年戊戌，輯白石詩詞，刻於廣陵書局。（陳氏自序。曾時燦序。）四庫提要（詞曲類存目）謂其詞「凡五十八闋，較毛晉汲古閣本多二十四闋。然其中多意爲删竄，非其舊文。」

洪正治獲白石集於真州，亦詩詞合編，刻于乾隆辛卯。江炳炎謂其「字畫訛舛，頗多缺失。」（江本自序）鄭文焯譏其與陳撰刻「同一羼亂，等之既灌焉爾。」（鄭校）予從朱彊村先生假得靈鶼閣所藏此本，鐫刻甚精，詞共五十八闋，自度曲無旁譜，末慶宫春一闋止餘首六句，而較陶鈔多出越女鏡心二闋、驀山溪二闋、點絳唇三闋、湘月二闋、（洪刻作「鬲指」大謬）催雪一闋、月上海棠一闋，其非姜詞，時具顯證，（驀山溪詠梅，梅苑、歷代詩餘作曹組；「鴛鴦翡翠」一闋，黄庭堅詞；點絳唇「金井空陰」一闋，吴文英詞；「金谷年年」一闋，林逋詞；湘月詠月「海天向曉」一闋，花草粹編歷代詩餘作韓駒；「素娥睡起」一闋，粹編作姚孝寧；催雪一闋，陽春白雪作丁注；越女鏡心「花匣么絃」一闋，陽春白雪作趙聞禮，絶妙好詞歷代詩餘作樓采。）其書繆戾疏陋處，與四庫提要存目譏陳撰本者無一不符；末附陳撰一跋，與陳刻自序止多末五語。跋署「丁未清和」（雍正五年），蓋在陳刻後九年。是洪氏獲於真州者，顯即陳本矣。（陳撰康熙六十一年客真州，見厲鶚秋林琴雅序。）

武唐俞蘭聖梅刻白石詞鈔一卷，不題年月，跋云：「玉田山中白雲詞錢塘龔氏已有刻，惟白石詞則尚缺然。」知在康熙中龔刻山中白雲之後。（龔書刊于康熙，見四庫提要，龔氏序無年月。）卷首有改庵居士吴淳還序，謂「白石樂府相傳凡五卷，常熟毛氏汲古閣本於姜氏一家，僅據中興絶妙詞選載三十四闋，其爲不全不備可知。余嘗以暇日，廣搜遠輯，更得散見者廿四闋，合之共計五十八闋，録成一帙。云云。」（吴亦武唐人，武唐即嘉善。）今以洪正治本校之，次序雖異，（此以小令、長調分先後）首數則符，其此花庵羡出各首，如鬲山溪「洗妝真態」、「鴛鴦翡翠」，點絳唇「金井空陰」、「祝壽筵開」、「金谷年年」，以及越女鏡心、催雪、月上海棠等十一首，亦同洪本，慶宫春一首亦僅存開首廿八字。洪本出于陳撰本，此或亦用陳本，並非出于淳還之「廣搜遠輯」。惟點絳唇「金谷年年」一首題下注「一刻林君復」；鬲山溪「鴛鴦翡翠」一首，注「一刻黄山谷」；越女鏡心「花匣么絃」一首，注「一刻樓采君亮」，則洪本所無耳。（此編寫刻甚精，亦偶有誤字，如齊天樂「庾郎先自吟愁賦」，「自」誤作「是」；少年游「雙螺未合」，「螺」誤作「蜨」等是。此本所注宫調亦同洪本，玲瓏四犯上誤作「四犯玲瓏」，八歸夾鍾商，則誤「鍾」爲「中」。）

（丙）南宋刊六十家詞本

見詞源下，卷數及年代皆無考。

（丁）直齋書録解題、文獻通考著録本

直齋書録解題（卷二十一，歌詞類）文獻通考（卷二百四十六，經籍考集部歌詞類）各著白石詞五卷，與錢刻陶鈔作六卷者不同，而與周晚菘在漢上所見之陶鈔本相符。（陸鍾輝刊本及吴衡照蓮子居詞話卷二，皆云「白石詞『六』卷，著録于馬氏通考」，誤。）朱彝尊作黑蝶齋詩餘序及詞綜發凡，皆云「白石詞五卷，今僅存二十餘闋。」時陶鈔未出，當即據直齋及通考而言。（五卷本又見于千頃堂書目，或明代尚在人間。）姜詞傳刻四大支，錢希武本雖亡，猶有陶鈔傳刻十數種；花庵詞選至今無恙；其永成廣陵散者，惟此及南宋六十家詞刊本；而卷數又顯有異同，無從求得一校今存各本，惜哉。

清初倪燦著宋史藝文志補，載有白石歌曲四卷別集一卷。此與陶鈔六卷別集一卷及直齋書録、文獻通考作五卷者又不同。初疑其即陸鍾輝合陶鈔六卷爲四卷之本；然倪氏卒于康熙二十七年戊辰，不及下見乾隆初年之陸刻；而此本又從未見于前人著録；疑莫能明，記之待考。（倪氏補志，署盧文弨校正；文弨乾隆間人，及見陸刻；此條或盧氏加入耶。）　一九五四年，杭州。

此文頗多疏漏，參三四九頁「承教録」汪世清先生四函。

客歲與江世清先生把晤于北京，承示所藏白石道人歌曲一本，六卷，無别集，亦無詩集。首頁有趙與旹序，無陶宗儀跋。鈐「孫烺」「蘭孫」「曾藏紅芙山館」諸印（孫休寧人）。謂十餘年前得于歙縣者。與沈曾植印本字跡全同，但沈本有别集；與張奕樞「松桂讀書堂」本文字異者十餘處，且無張序，無别集，而板式行數與張無殊；華亭張應時嘉慶間重刻張奕樞本，此無應時序，則又非應時本。汪先生精于姜詞版本考鑒，亦無從定此本所出。爰記于此，以俟博訪。一九六二年冬補識。

良謹按，夏師之《版本考》於白石詞之版本源流優劣考證精到，爲學林推重。惟近五十年來，亦有數種版本流傳，鄙見所及，謹列如次：

白石道人詞箋評　陳柱箋評，上海商務印書館印行。

姜白石詞編年箋校　夏承燾箋校，一九五八年上海中華書局出版，一九六一年修訂再版，一九八一年上海古籍出版社印行新版。

白石詩詞集　夏承燾校輯，一九五九年人民文學出版社出版。一九九八年再版。

姜夔詞　《全宋詞》輯本，唐圭璋編，中華書局一九六五年初版，一九八〇年重印。

白石詞校注　夏承燾校、吴無聞注釋，一九八三年廣東人民出版社出版。

姜白石詩詞　杜子莊注，一九八二年江西人民出版社出版。

姜夔詞　朱德才主編增訂注釋《全宋詞》，一九九七年文化藝術出版社出版。

姜夔詞　馬興榮、劉乃昌、劉繼才主編《全宋詞廣選新注集評》，一九九七年遼寧人民出版社出版。

姜夔詩詞選注　劉乃昌選注，一九八三年上海古籍出版社出版。

姜夔詩詞選注　劉乃昌選注，一九九六年臺灣建宏出版社出版《中國古典文學作品選讀叢書》本。

姜夔詞新釋輯評　劉乃昌編著，二〇〇一年中國書店出版。

姜夔詞　韓經太、王維若評注，二〇〇五年人民文學出版社出版。

夏承燾《各本序跋》

宋趙與訔跋嘉泰刊本

歌曲特文人餘事耳，或者少諧音律。白石留心學古，有志雅樂，如會要所載，奉常所録，未能盡見也。聲文之美，概具此編。嘉泰壬戌，刻於雲間之東巖，其家轉徙自隨，珍藏者五十載。淳祐辛亥，復歸嘉禾郡齋。千歲令威，夫豈偶然！因筆之以識歲月。端午日，菊坡趙與峕書。

元陶宗儀自跋鈔本

至正十年，歲在庚寅，正月望日，如葉君居仲本于錢唐之用拙幽居，既畢，因以識其後云。天台陶宗儀九成。

此書俾他人鈔録，故多有誤字，今將善本勘讐，方可人意。後十一年庚子夏四月也。

第五卷暗香詞第四句「不管清寒與攀摘」，他本作「攀折」，誤。辛丑校正再記。

舊鈔本白石詞六卷，無別集。末有三跋，第三跋他本所無。（施君蟄存謂當亦陶宗儀作。）

明毛晉自跋汲古閣刻宋六十名家詞本

白石詞盛行於世，多逸「燕鴈無心」及「五湖舊約」諸調。前人云：花庵極愛白石，選録無遺。既讀絶妙詞選，果一一具載，真完璧也。范石湖評其詩云「有裁雲縫月之妙手，敲金戛玉之奇聲。」予於其詞亦云。蕭東夫於少年客游中，獨賞其詞，以其兄之子妻之。不第而卒，惜哉！湖南毛晉子晉識。

清陳撰自跋刊本

南宋詞人，浙東西特盛。若岳肅之、盧申之、張功甫、張叔夏、史邦卿、吴君特、孫季蕃、高賓王、王聖與、尹惟曉、周公謹、仇仁近及家西麓先生，先後輩出。而審音之精，要以白石爲諧極。石帚詞凡五卷。草窗、花庵所録雖多少不同，均衹十之二三。汲古閣本第增「五湖舊約」、「燕鴈無心」二調，餘佚不傳。詠草點絳唇，復見逋翁集中，援據無徵，亦難臆定也。先生事事精習，率妙絶無品。雖終身草萊，而風流氣韻足以標映後世。當乾淳間俗學充斥，文獻湮替，乃能雅尚如此，洵稱豪傑之士矣。蕭東夫愛其詞，妻以兄子。曾以上樂章得免解，訖不第。其出處本末，草窗云具備於張輯所作小傳中。他日當更訪得之，類諸集首。張字宗瑞，即連江太守思順名履信之子。康熙甲午秋禊日，玉几山人陳撰書。

曾時燦序陳撰本

白石道人自定詩一卷，僅一鏤板于同時臨安陳起，故流傳絶鮮。近州錢吴氏宋詩鈔，所收殆百家，顧是集獨遺。此爲錢塘陳氏玉几山房勘定本，最爲完善。洎石帚詞一卷，亦多世本所未見者。爰請合刻之廣陵書局以行。他如絳帖評、續書譜并諸雜文，將次第蒐録編刊，以成全書焉。康熙戊戌五月，龍溪曾時燦二銘識。

洪正治序

白石自定詩一卷，世鮮流傳；詞五卷，所存止草窗、花庵撰録數十首而已。比搜得藏本，顧詩中如奉天台禄、閒詠、小孫納婦，悉係同時姜特立所作。詞雖倍於舊數，然點絳脣詠草一首，復見諸林處士集中；蓋嬗世既寡，譌脱相承，所不免矣。夫白石在渡江諸賢中，品目顯著，然且若此，則夫單家孤帙，其爲名湮絶響者知復何限。予幼耽倚聲，於南宋諸家，最愛白石，今始獲覩其合集，因不敢自祕，亟鋟諸木，以廣其傳，庶幾如昔人所云欲飲則人人適河，索照而家家取燧，詎不稱愉快也耶。雍正丁未四月歙縣陔華洪正治書。

承燾案：洪本登陳撰一序，文同前篇，只結處「即連江太守思順名履信之子」句下，多「陔華先生服奇道古，雅喜是編，爰爲開雕，冀垂永久，蓋其表章之功匪細也。丁未清和，錢唐陳撰玉几書」數語，知此本實即陳刊。

諸錦序

世傳白石詩凡一百六十有四，外又得全芳備祖一首、姑蘇志三首、武林遺事七首，以潘轉菴檉、韓仲止淲題昔游篇附焉。而是編較完。白石在南宋一老布衣，往往爲章服者傾倒，如石湖、誠齋互爲推奬，由是聲價益高，士固不可無所汲引歟。以白石之幼渺清放，來往於菰蘆苕霅中，野鶴翛然，固自不朽，其詩擺落故蹊，了無塵埃想，是可傳者應不在彼也。張輯之爲詩，源於白石，世謂謫仙復生；以輯權之，而白石之詩愈可知。顧聞其暮年落魄無所歸，卒於老伎所，讀其詩又可以哀其遇矣。康熙庚申十月之望，通越諸錦。

承燾案：此序見姜虬緑姜忠肅祠堂鈔本，文中不涉白石詞，似是詩集序，姑附于此。

吴淳還序武唐俞氏白石詞鈔

南宋詞至姜氏堯章，始一變花間、草堂纖穠靡麗之習。野雲孤飛，去留無跡，前人稱之審矣。白石樂府相傳凡五卷，常熟毛氏汲古閣本，於姜氏一家，僅據中興絶妙詞選載三十四闋，其爲不全不備可知。余嘗以暇日廣搜遠輯，更得散見者廿四闋，合之共計五十八闋，録成一帙。中年無歡，聊代絲竹而已。一日，俞子聖梅過余小齋，讀而善之，遂付諸梓。

聖梅故有詞癖，加之好事，致足喜也。刻既竣，因書其端。改菴居士吴淳還。

俞蘭自跋刊本

白石翁以詩稱于南渡，詞尤精詣，惜乎流傳絶少。一日，偶造改菴草堂，出此帙示余，視舊本搜輯不啻倍之。矍然驚歎，如獲拱璧。近人爲詞，競宗白石、玉田兩家。玉田山中白雲詞錢塘龔氏已有刻，惟白石詞則尚缺然，洵爲恨事。爰加校勘，鏤版以行，用貽世之好讀白石詞者。武塘俞蘭跋。

厲鶚自跋鈔本

白石歌曲世無足本。此册予友符君幼魯得於松江樓君敬思家藏。積年懷慕，獲睹忻慰無量。亟假手録。旁注音律譜，一時難解，故去之，玩其清妙秀遠之詞可矣。時乾隆二年四月立夏日，錢唐蒹葭里人厲鶚。

江炳炎自跋鈔本

白石詞世不多見，洪陔華先生獲藏本刻於真州，於是近日詞人稍知南宋有姜堯章者。第字畫訛舛，頗多缺失。上海周晚菘因語予曰：「昔留漢上，見書賈持陶南村手録白石詞五卷別集一卷，可稱善本，索金六十兩，遂不能有，聽其他售。猶記集中有鶯聲繞紅樓一調，爲諸譜中未覩，此名至今往來胸臆，歎息不可復見。」未幾，符藥林老友自京師過揚州，於酒座間論及倚聲上乘，遂出白石全詞相示，云自吴淞樓觀察處借鈔，即南村所書舊本，沈淵之珠，忽耀人間，不愉快乎！爰秉燭三夜，繕完而歸之。後之才人得予此書，其珍惜又復何如！乾隆二年四月十九日，仁和江炳炎記於揚州寓齋。

藥林宦京師者十年，勤洽之暇，不廢吟詠，而於倚聲尤深得此中味外之味，故能搜討幽潛，以發奇祕，且俾朋輩傳鈔，冀有心者爲之雕播，洵稱白石功臣，更可作詞壇津筏。乾隆丁巳清和月下浣，冷紅詞客又書。

是書因速欲繕成，字畫潦草，他日目力未竭，當重書一册，以誌吾快。四月廿六日，研南又記。

筆染滄江虹月，思穿冷岫孤雲。淡然南宋古遺民，抹煞詞壇衮衮。就令秦郎色減，何嫌柳七聲吞。將金鑄像日三薰，舌底宫商細問。是月廿六日，冷紅題西江月。

陸鍾輝自序刊本

南宋鄱陽姜堯章，以布衣擅能詩聲，所爲樂章，更妙絶一世。今所傳白石道人詩集一卷，蓋本臨安睦親坊陳起所刊群賢小集，更竄入麗水姜特立梅山稿中詩，幾于郗婁之無辨。樂章自黄叔暘所輯花庵絶妙詞選二十餘闋外，流傳者寡；雖以秀水朱竹垞太史之搜討，亦未見其全，疑白石道人歌曲六卷著録于貴與馬氏者，久爲廣陵散矣。近雲間樓廉使敬思購得元陶南村手鈔，則六卷完好無恙，若有神物護持者。予友符户部藥林從都下寄示，因并詩集亟爲開雕，公之同好。詩集稍分各體釐定，去竄入之作。歌曲第二卷、第六卷爲數寥寥，因合爲四卷。其中自製曲俱有譜旁注，雖未析其節奏，悉依元本鈎摹，以俟知音識曲者論定云爾。乾隆癸亥冬十月既望，江都陸鍾輝書。

江春序陸鍾輝刊本

荀卿子有言，藝之至者，不能兩而工。王良、韓哀善御而不能爲車，奚仲天下之善爲車者也；甘蠅、養由基善射而不能爲弓，倕天下之善爲弓者也。是故工於詩者不必兼於詞，工於詞者或不能長於詩，比比然矣。然吾觀唐之李太白、白樂天、温飛卿，宋之歐陽永叔、蘇子瞻，皆詩詞兼工者，古或有其人焉。其在南渡，則白石道人實起而繼之。其詩初學西江，已而自出機杼，清婉拔俗，其絶句則駸駸乎半山矣。其詞則一屏靡曼之習，清空精妙，夐絶前後。以禪宗論，白石爲曹溪六祖能，竹屋、夢窗、梅溪、玉田之流，則江西讓、南嶽思之分支也。蓋自唐、五代、北宋之南渡，而白石始得其宗，截斷衆流，獨標新旨，可謂長短句之至工者矣。南渡詩家向數尤、蕭、范、陸，白石爲蕭氏弟子；今石湖、劍南集布海内，延之、梁溪集傳世寥寥，千巖雖賴入室傳衣有人，後世推其紹述所自，然遺詩放佚殆盡。乃知古人之集，其得存於後，亦有幸有不幸焉，可爲太息者也。白石又精書法，其所撰絳帖平、續書譜、禊帖偏旁考，論訂精審，不爽累黍。其言曰：「小學既廢，流爲法書，法書又廢，惟存法帖。」非得其元要而能鑿鑿言之乎。則白石不特工詩詞，又工書矣。荀卿不兩能之説，其果可信也乎。此集刻自陸氏渟川，渟川舊雨襟契，向聯吟社，今墓草已宿，而此版歸我，爲之慨然。陸氏本故有集事、評論各如干條，投贈詩文如干首，族子雲溪病其未備，廣搜博採，所得復多於前。逭暑餘暇，因與汪子雪礓重加審訂，附録於末。汪與吾姪皆喜倚聲，蓋善學白石者。乾隆辛卯秋七月合朔，歙人江春鶴亭撰。

姜文龍自跋刊本

文龍甫識字時，見家乘載有白石公姑蘇懷古及與楊誠齋、潘轉菴往來數詩，輒依韻成誦。旋請於家君曰：「公詩僅存此數乎。」家君語以「此崑崗片玉耳。公生南宋人文稱盛時，就數詩内，已極爲當代推服。而寓號道人，意必隱曜含華，富於著述，好古之家當有得全集而珍藏之者。每愧足跡不出鄉關，無由遍訪先人遺業，汝他日有四方之役，正須爲此留心。」文龍謹誌不忘。歲甲戌，應朝考至都門，詢及諸先達，并索之各坊，皆無以應，久爲悵然。今年秋，世戚史滙東先生起假來京，于黄穫村先生處得公集，手自鈔録，詳加訂正，歲杪以示文龍。詩分上下卷，歌曲分四卷，又有集外詩、别集歌曲及詩説、續書譜，各以類附。蓋元人陶南村寫本，相沿至今，實五百年來碩果也。文龍喜出望外，捧至旅館，再四尋繹。竊謂詩説中自然高妙一語，當是公詩確評。至於歌曲節奏，竟茫然不解，敢謂能讀公之書哉！特念公以曠代逸才，知己遍海内，制作達明廷，而以布衣終老，造物者固當使此書不朽，而文龍又於成均考滿束裝旋里時，幸及見之，箕裘之賜，豈曰偶然！用是口誦手寫，風晨雪夜，不敢告勞。蓋藉以還報家君，知此行不爲無益，并欲積硯田餘貲，付剞劂氏，以傳諸無窮耳。校勘既竣，因附識於卷末。時乾隆丙子季冬廿二日也。

四庫全書總目提要

白石道人歌曲四卷，别集一卷（監察御史許寶善家藏本）

宋姜夔撰。夔有絳帖平，已著録，此其樂府詞也。夔詩格高秀，爲楊萬里等所推；詞亦精深華妙，尤善自度新腔，故音節文采，並冠絶一時，其詩所謂「自製新詞韻最嬌，小紅低唱我吹簫」者，風致尚可想見。惟其集久無善本，舊有毛晉汲古閣刊版，僅三十四闋，而題下小序往往不載原文。康熙甲午，陳撰刻其詩集，以詞附後，亦僅五十八闋，且小序及題下自注，多意爲删竄，又出毛本之下。此本從宋槧翻刻，最爲完善。卷一宋鐃歌十四首、越九歌十首、琴曲一首。卷二詞三十三首，總題曰令。卷三詞二十首，總題曰慢。卷四詞十三首，皆題曰自製曲。别集詞十八首，不復標列總名，疑後人所掇拾也。其九歌皆注律吕於字旁，琴曲亦注指法於字旁，皆尚可解；惟自製曲一卷及二卷鬲溪梅令、杏花天影、醉吟商小品、玉梅令，三卷之霓裳中序第一，皆記拍於字旁。宋代曲譜今不可見，亦無人能歌，莫辨其似波似磔，宛轉欹斜，如西域旁行字者，節奏安在？然歌詞之法，僅僅留此一綫，録而存之，安知無懸解之士能尋其分刌者乎。魯鼓薛鼓亡其音而留其譜，亦此意也。舊本卷首冠以詩説，僅三頁有餘，殆以不成卷帙，附詞以行；然夔自有白石道人詩集，列於詞集，殊爲不類。今移附詩集之末，此不複録焉。

四庫全書簡明目録

白石道人歌曲四卷，别集一卷

宋姜夔撰。夔詩格高秀，迥出一時，詞亦華妙精深。尤嫻於音律，故於九歌皆注律呂，琴曲亦注指法，自製諸曲皆注節拍於旁，似西域旁行之字，亦足以資考核。

姜福四姜鰲姜虬緑自跋姜忠肅祠堂鈔本

公詩一卷，歌曲六卷，早已板行；暮年復加删竄，定爲五卷，無雕本，藏於家。經兵火兩朝，流離遷播，帖軸無隻字，而此編獨存，屬有呵護其間，非偶然也。病後閒居，録寫兩本，一付兒子，一付猶子通，世世寶之，尚當廣其行焉。洪武十年二月二十四日八世孫福四謹志。

此青坡徵君手書以遺侍御哦客公者，今又二百餘年，楮雖蠹落，而字跡猶在，前人世守之功不爲不至，因付匠整頓，且命鯉弟以側理漿紙照本臨出，用時莊誦焉。萬曆二十一年歲次癸巳日南至十六世孫鰲謹書。

公詩多自定取去，務精不務博，初本刻於嘉泰間，晚又塗改删汰，録爲定本，藏於家，五六百年世無知者，雖經青坡、五山兩先生繕寫裝潢，未有能廣其傳也。庚申春杪，山居無事，爰搜取各家刊本，彼此讐勘，知公晚年用意之精，審律之細，於此道真有深入，因附以累朝詩話掌故，有入近代者並爲箋略，獨篇什不敢擅爲增損，間有捃拾，僅以附别之，亦不敢多入，以拂公意。乾隆甲子歲不盡五日，二十世孫虬緑謹書。

姜熙自跋刊本

熙先世由鄱陽流寓吴興，轉徙永康，前明叔世，復僑籍雲間，至熙已九世矣。九世以上，譜牒圖書悉燬於嘉靖間之倭，再燬於鼎革時之盜，自越中來者衹遠祖遺像數幀耳。而堯章公全集亦僅存古近體詩及詩説數番。六世祖宏璧府君，繕補成帙，傢藏篋衍中，至先大夫次謀府君，復取詩餘及遺事與夫酬唱之作，彙刻附編，蓋乾隆之丁卯歲也。是歲先大父省試報罷，旋被沈痼，力疾排纂，且馳書遠近，懸購古文及駢體二種，冀還舊觀，而東南藏書家率辭無有，遂書數語志憾，而授諸先大母陳太君，使藏弆無敢失墜。嘉慶初，不戒於火，餘儲蕩焉，唯先世遺像及是書幸先考格堂府君突入烈燄中得奉以出，官吏咸却立嚄唶曰，君欲爲趙子固耶。府君愀然曰，微特手澤之存也，若蘭亭序而必不惜身殉，其與玩物喪志者幾何。聞者咸爲動容，至有泣下者。烏乎，唐楊公南門樹六闕，史官歎爲前古未有。熙家自七世祖君甫府君以來，均以孝友節義上徹宸聰，視楊氏奚啻倍之。竊夙夜懍懍，以不克承天休繩祖武爲懼。今行年六十有四矣。顯揚本願，無可言者，惟是率妻子縮衣食竟先人未竟之志，每歲成一二事或二三事，如宗祠支祠及義學義莊義冢又必經畫十餘載始克於成。既又念同學賓興，則先大母之德音也，因指腴産佽助之。訓俗遺規，則先考之治命也，因付手民雕槧之。而堯章公集緣未獲全稿，因循未果。曩族父豐臺先生幕游永康，冀彼中宗人，或有副墨，而卒不可得，并世表亦復迄無可考，唯知自遷松始祖瑶溪府君上溯堯章公十五世耳。熙且垂垂老，恐一旦隕越，爲咎滋大，遂授之梓而謹識其緣起如左云。道光二十有三年太歲癸卯莫春之月，華亭裔孫熙盥謹叙。

倪鴻自跋刊本

白石詩集一卷，附詩説一卷、歌曲四卷、别集一卷、續書譜一卷，四庫皆著録。其通行者，有陸氏鍾輝刻本、姜氏文龍刻本、江氏春刻本。姜本、江本皆出於陸本，然陸本無續書譜，姜本則有之。江本亦無續書譜，而有評論補遺、集事補遺、投贈詩詞補遺。今刻陸本三種及姜本續書譜、江本補遺，並增四庫簡明目録、詁經精舍集姜夔傳。其歌曲旁注字譜，臨寫陸本，無一筆舛誤。白石尚有絳帖平一書，當續刻之也。同治十年十月桂林倪鴻書於野水閒鷗館。

陶方琦序許增刊本

白石遺人洞僩音律，大樂建議，䊵諸太常，故其爲詞如野雲孤飛，去留無跡，不惟清虛，且又騷雅。昔哲所譽，自稽極程。宜乎五音平章，百祀馨祝。龍齦可辨，雞林不欺。仁和許邁孫先生，雅遜好古，專以遠聞。擷詞苑之菁華，浣聖湖之煙水。國工吹笛，尋孤山之往游；青樓似花，續西園之一醉。新聲古泛，宛約其情。芳樹温央，英山箭籞。符采流映，高吟清逌。所刻山中白雲詞、詞源諸集，皆篚弄之祖構，篴林之宗鄉，香風不墮，虞心大佳。白石歌曲，舊槧尟存，依乎昔軌，最爲衆美。字旁記曲，拍底量音；分刌不踰，情文既翕。百年心事，惟有玉闌之知；十畝梅花，不隔生香之路。撫茲一卷，契諸千秋。鸞驚無聲，緑沈永結。琵琶誰撥，紅萼何言。此地宜有詞仙，並世已無作者。琴家三昧，樂府一綎。誰其知音，君洵大雅。光緒甲申二月，會稽陶方琦。

張預序許增刊本

臣里雅譚，文字昵於陶詠；寓公傳作，名氏纑於湖山。則有鄱陽布衣，松陵遊客；蕭家詩派，詫白石之有雙；宋代詞流，除玉田而無偶。然而最工令慢，或揜詩名；絶妙歌行，分傳别集。是以史臣箸録，但標叢稿之名；嘉泰初編，僅有歌曲之刻。流傳將七百載，剞劂且十餘家；縱復競握靈蛇，未必盡窺全豹。兵塵況涉，板槧亦灰，偶貰叢殘，尟離奐蝨，吁其惜矣！邁孫許丈，熱腸媚古，目湮散爲可傷；明眼求書，蘄薈稡而後快。以爲君臣南渡，存於客子文詞；士女西湖，飲彼勝流膏潤。矧如白石翁者，即論人品，有晉宋閒風；别擅書名，似申韓家法。幸餘述造，大懼畸零。於是羅百琲之散珠，牉兩珪爲合璧；梨鑱並槧，楮帙同函；集長短句而傳及拍文，彙五七言而增以詩説。既評跋倡訓之旁采，復遺聞軼事之兼蒐。斯則南村手鈔以還，無兹盛舉；祠堂善本而外，侈爲寶書者也。嗟乎！翰墨有靈，煙霜多感。酹馬塍之酒，墓門没於花田；度石函之橋，寓亭荒於水磨。謝爾費將油素，並傳授簡之人；更誰贈得小紅，解唱吹簫之我。光緒甲申天中節，錢唐張預序於東城之量月樓。

許增榆園叢刻本綴言

宋史藝文志載姜夔白石叢藁十卷，陳振孫書録解題載白石道人集三卷，今所傳詩集，非足本也。王晦叔（炎）有和堯章九日送菊詩二首，陳唐卿（造）有次堯章寄贈詩原韻五首，又次堯章餞南卿韻二首，集中無此詩，亦未著於目録；恐此外佚者尚多，從此遂成廣陵散矣。

白石道人歌曲，無論宋嘉泰本不可得見；即貴與馬氏本亦少流傳。就所知者：常熟汲古閣本、江都陸鍾輝本、華亭張奕樞本、歙縣洪正治本、華亭姜氏祠堂本、揚州知足知不足齋本。陸版後入江鶴亭家，再歸阮文達，道光癸卯，燬於火。張版入南蕩張氏書三味樓，後亦不存。陸本、洪本、祠堂本皆詩詞合刻；餘則有詞無詩。近又有閩中倪耘劬本、臨桂王鵬運本。至於斠勘精審，當推陸本爲最。茲據陸本重刊，間有與別本互異者，附刊本字之下，以墨圍隔之。

南匯張嘯山徵君（文虎）著舒藝室餘筆，載白石道人歌曲考證，謂陸鍾輝本所刻譜式，以意竄改，每失故步，不如張奕樞所刻之善。不知陸、張兩刻，皆從樓敬思所藏陶南邨手鈔本録出，陸本刻於乾隆癸亥，張本刻於己巳，相去才數年，中間或以鈔胥致譌；兩本對勘，似陸刻猶勝於張；嘯山但據張本訂正，指陸爲譌，其實陸本未嘗譌也。安得嘉泰本一正是之。

白石道人歌曲第四卷後，有「嘉泰壬辰至日刻於東巖之讀書堂雲間錢希武」十九字，似陶南村從宋本録存者。按宋寧宗嘉泰元年辛酉，至乙丑改元開禧，此繫壬辰，當是壬戌之誤。集外詩尚有嘉泰壬戌訪全老之作，希武豈即於是年爲之刻集邪？俟考。

宋之善言樂者，沈括、姜夔兩人而已。其和峴、胡瑗、阮逸、李照諸人紛如聚訟，汔無心得，括、夔所論，皆能推俗樂之條理，以上求合乎雅樂，故立論不同私逞。惜括議已不傳，僅於筆談中略見之；夔議原本經術，卓然可信，當時竟不見用，固無能知其窔窔者。

因録大樂議、琴瑟考古圖説於逸事之後，毋使孤詣絶學，終於湮没云。吴君特（文英）夢窗乙稾有淒涼犯一詞，與白石集中題序詞字無少異者，疑當日兩公交厚，彼此唱酬，互竄入集，抑後人裒輯之譌。蓋君特蹤跡未嘗一涉合肥，白石則屢至而屢見於詞，此詞爲白石之作無疑。張宗瑞（輯）所作白石小傳，徧索不得。阮文達所刻詁經精舍文集中撰姜夔傳者六人，兹録一首以補舊史之闕。白石葬杭之西馬塍，或云葬水磨頭，近亦無能碻指其處；欲仿花山弔柳會，不可得也。光緒甲申夏四月，仁和許增邁孫識。

陸心源皕宋樓藏書志

白石詞一卷　毛斧季手校本　陸氏手跋曰：六月二十九日二鈔本校，章次題注與此本全别。案一本卷面有云：宜依花庵章次。則此本蓋依花庵付梓云。（卷一百十九）（此「陸氏手跋」當指陸敕先跋，否則「陸」或「毛」之誤。王仲聞云。）

白石先生詞一卷。舊鈔本。（同上卷）

張文虎跋張奕樞刻本

白石詞以張漁村本爲最佳。此本後入南蕩張氏書三味樓，飽白蟻久矣。揚州有陸鍾輝詩詞合刊本，後歸鶴亭江氏，入阮文達家，道光癸卯燬於火。歲乙巳，文達以存本寄余，屬校入指海。予乃合陸本及休寧戴氏律語本校之，而仍以漁郎本爲主。屢次塗改，不可認識；又覓得一本過録之，仍時有所改竄。去秋匆匆，節竟未攜出，不復可知矣。時時憶及，至形夢寐。今夏在滬寓，夏君貫甫於書攤子上買得此本以見贈，不覺狂喜。秋涼無俚，隨手覆校，於其音節頓挫，似稍能領悟，惜乎無可共語者。晴窗朝爽，有木犀香一縷自遠吹至，鼻觀䶑然，獨享爲愧。時同治建元閏月上弦，文虎識於三林塘寓舍。

張文虎舒藝室餘筆

姜堯章白石道人歌曲六卷，卷一皇朝鐃歌鼓吹曲十四首、琴曲一首，卷二越九歌十首，卷三令三十二首，卷四慢二十首，卷五自度曲十首，卷六自製曲四首，又别集一卷十八首。乾隆己巳，我郡張奕樞所刊。自序言壬子春客都門，與周子耕餘過濬慮汪君，見陶南邨手鈔本，爲樓觀察敬思所珍藏者，因録副焉。戊午秋，耕餘以鈔本見屬，質之黄宫允唐堂、厲孝廉樊榭、陸大令恬浦，重加點勘，而與姚徵士鱸香商定付梓。全編字畫放宋頗端秀，琴曲旁箸指法，越九歌旁箸律吕，卷三鬲溪梅令、杏花天影、醉吟商小品、玉梅令，卷四霓裳中序第一，卷五自度曲，卷六秋宵吟、淒涼犯、翠樓吟，皆箸譜字，凡箸旁譜者皆箸宫調名。此板後入南蕩張氏書三味樓，皰白蟻矣。同時又有揚州鉅商陸鍾輝刻本，亦云出自樓敬思，大略相同，而歌曲之外，增輯白石詩三卷、詩説一卷，以意改竄，每失故步。此板後入江鶴亭奉宸家，再歸阮文達公，道光癸卯燬於火。揚州别有知足知不足齋刊本，字形較寬，止有歌曲。又有戴氏長庚所箸律話，全載姜詞旁譜，易以正字。歲乙巳，文達以陸本寄示，屬刊入指海，乃合各本校之，覺總不如張刻之善。然張刻亦不能無舛誤；聞世間尚有宋嘉泰刻本，欲求得一校。因循未遂，節書没節。壬戌夏，夏君貫甫(今)得此本於滬，市以見詒，猶張刻也。攜之行篋，憶前所見，隨手録記，不忍恝置，姑存之。

許賡颺序王鵬運四印齋刊雙白詞

自群雅音淪，花間實倚聲之祖；大晟論定，片玉目協律爲工。建炎而還，作者尤盛，竹齋、竹屋，梅谿、梅津。公謹以漁篴按腔，君特以夢牕名集。花庵有選，蘋雲競歌。然好爲纖穠者，不出乎秦、柳；力矯靡曼者，自此於蘇、辛；求其並有中原，後先特立，堯章、叔夏，實爲正宗。此仇氏山邨、鄭氏所南所由揚彼前旌，推爲極軌也。幼霞同年得光禄之筆，乘馬當之風，茹書取腴，餐秀在渌。洎來都下，跌宕琴尊，刻畫宫徵；時有新意，輒發奇弄。以吾鄉戈順卿先生詞林正韻，分别部居，最爲精審。舊刻既燬，蒐訪爲難，從賡颺乞得鈔本付刊，嘉惠同志。又以毛氏叢刻暨諸家總集，繁簡失均，折衷罕當，乃取堯章所箸白石道人歌曲，叔夏山中白雲詞，合刻成書，命曰雙白詞，屬爲弁首。竊謂堯章淮左停驂，越中作客，其時天水未碧，晚霞正紅；奏進鐃歌，發明琴旨，從若士而語，嶽雲可披，載小紅而歸，夜雪猶泛，雖在逆旅，不啻飛仙。叔夏則舊日王孫，天涯殘客。夢斗北去，恥逐乎鷺飛；水雲南歸，淒同乎鶴化。雅有袁唐之舊侶，苦無張范之可依，悴羽易沈，幺絃多感。豈知意内言外，惟主清新，宣戚導愉，必歸深婉。彼以石帚自號，肖其堅潔；此以春水流譽，合乎清空。正不獨疏影暗香，紅情緑意，屬以同調，遂足方軌。譬之璧月，秋皎而春華；例彼幽葩，蕙纕而蘭佩。而且元珠在握，古尺自操，循是以求，導源之美成，分鑣之達祖，亦可識矣。賡颺一隅自囿，四上未諳，敢抒荒言，謬附餘論，亦謂九涂騁軌，或多泛交。萬錢治庖，不如專嗜。辱承諈諉，聊以此爲喤引云爾。吴縣許賡颺。

王鵬運自跋雙白詞刊本

白石道人集，余所見凡四：汲古閣六十家詞本，裒輯最略；洪氏及陸氏二本，皆詩詞合刻；陸氏以陶南村寫本付梓，獨稱完善，即爲祠堂本所從出。辛巳歲首，合刻雙白詞集，此詞即遵用陸本，而去其鐃歌、琴曲，以意主刻詞，固非與陸異也。三月既望，刻工就竣，識其校勘之略如右。臨桂王鵬運書于四印齋。

沈曾植跋張奕樞刊本

宣統庚戌，試用安慶造紙廠新造紙印此書。事林廣記音樂二卷可與旁注字譜相證明，附印於後，以資樂家研究。遜齋識。

葉德輝郋園讀書記（二則）

姜白石集詩二卷，歌曲四卷（乾隆癸亥鮑氏知不足齋校刻江都陸鍾輝本）

宋姜堯章撰集曰白石道人詩集二卷、白石道人歌曲六卷，宋嘉泰壬戌錢希武刻本，卷帙原數，元人陶南村宗儀手鈔以傳者也。乾隆癸亥，江都陸鍾輝據以重刻，乃并歌曲爲四卷，又改易其行格，于是宋元舊本之真全失，今所傳此本是也。然阮文達廣陵詩事五有云，白石詩詞宋版皆旁注笛色，鹽官張氏既刊復輟，松陵汪氏繼之不果，陸南圻司馬鍾輝刻成之，同時詩人皆有詩識事。是則宋元孤本獨賴陸氏以傳，其刊播之功，可以掩其擅改之失矣。陸刻以前，尚有雍正丁未歙人洪陔華正治刻本，凡詩詞各一卷，歌曲無旁注笛色，乾隆辛卯又重刻，未知所據何本，余并藏之。宋史無姜堯章傳，阮文達編詁經精舍文集五，有徐養源、嚴杰諸人補傳，于其平生事實，考證最詳，可云發潛德之幽光矣。光緒三十有三年丁未重九前二日，郎園葉德輝記。

姜白石歌曲六卷，別集一卷（乾隆己巳張奕樞刻本）

此乾隆己巳雲間張奕樞校刻宋姜夔白石道人歌曲六卷別集一卷，引曲旁注工尺，據稱原書爲元陶南村手鈔本，分六卷，別集爲一卷。先是，乾隆癸亥，長塘鮑氏知不足齋曾刻此書，據稱亦陶南村鈔本，但并六卷爲四卷，殊失原鈔之舊。此鈔悉照原卷，工尺旁注行間，勝于鮑刻遠甚。白石詞四庫全書僅據毛晉刻六十家詞中一卷本著録，殊爲疏陋；鮑氏收藏多宋元舊鈔，而所刻知不足齋叢書實未精審，此亦如毛子晉之好刻古書而不根據善本者同一惡習；即如宋王沂孫碧山樂府一卷，鮑氏原藏明文鈔本，在余許，以校鮑刻叢書，確係依據鈔本，而改題爲花外集，竟不知其何因。且文鈔經秦太史恩復校補逸詞于書楣，鮑刻既補刻卷末，而不言出自秦手，則此之任意合并，又無足怪矣。

朱孝臧自跋彊村叢書刊本

雲間樓敬思得陶南村鈔本姜白石歌曲六卷，江都陸渟川（鍾輝）刻於乾隆癸亥，華亭張漁村（奕樞）録於雍正壬子，越十八年乾隆己巳始刻之。陸本合六卷爲四卷，張嘯山（文虎）譏其以意竄改，每失故步，不如張刻之善。許邁孫（增）據陸本重刊，謂「二刻相去纔數年，中間或以鈔胥致誤。兩本對勘，陸猶勝張。」今年秋，陳彦通（方恪）於吴門得江研南乾隆二年手録白石道人歌曲，亦陶南村本也。以校二刻，互爲異同，且有與二刻並歧者。大抵張之失在字畫小譌，尚足存舊文資異證；陸則併卷移篇，部居失次，大非陶鈔六卷之舊；江氏手自寫校，未付剞人，亥豕之嫌，自較二刻爲尠。惟是張刻經黄唐堂、厲樊榭、陸恬浦先後勘定，或有據他本點竄者；陸刻自稱悉依元本，且與江本同出符藥林，何以並不脗合；三本各有短長，未敢輒下己意，迷瞀來者；爰一依江本授梓，兼臚二家同異，以待甄明。他刻校文，苟非臆説，隨所采案，附著於篇。意有所疑，不復自閟。至其旁譜，亦稍參差，依樣鉤摹，未遑糾舉云爾。癸丑五月日短至，彊村老民朱孝臧跋於蘇州寓園。

羅振常跋厲鶚鈔本

白石道人歌曲六卷、別集一卷，厲樊榭手寫本，馬氏小玲瓏山館藏書。後有樊榭手跋及「太鴻」朱文方印，第一頁有「小玲瓏山館」朱文方印，「馬佩兮家珍藏」朱文長印，書口下方有「小玲瓏山館」五字。跋稱此本符君幼魯得之婁君敬思家，假以手録，蓋婁氏所藏，乃陶九成鈔本。固與陸渟川、張漁村所刊江研南所録同源者也。卷後趙與旹、陶九成識語均與諸本同。跋尾署「乾隆二年四月立夏日」。案蒲褐山房詩話，樊榭以孝廉需次入京，不就選而歸，揚州馬秋玉兄弟延爲上客，來往竹西者數載云。乾隆二年，正當樊榭詞科報罷需次既歸之後，其時恰主馬氏，所録即藏小玲瓏山館。又江研南録本序亦稱符藥林過揚州，出詞本相示，因而假録；後則署「乾隆二年四月十九日」。蓋符氏以是本徧示諸人，互求假録，厲、江兩本同時所寫，故日月亦略同也。余每遇名家詞善本輒諷玩不忍置，況作者、寫者、藏者均爲名家，一開卷間，古香盈把，其爲幸何如乎！因誌眼福，并書歲時。丙辰正月二十一日，上虞羅振常題于海上寓庭之終不忍齋。

白石詞近有朱氏刻，即研南本，而以張、陸兩刻校之，可謂集諸本之大成。彊村老人謂三本同出符藥林，何以并不脗合，頗以爲怪；不知尚有第四本也。今以此本斠校朱刻，仍有異同，如卷三後此本有硯北雜志一則，卷六後有慶元會要一則，江本均無之。案此雖非詞集本文，然當是趙與訔、陶九成原本所記，故趙跋中有「會要所載，奉常所録」之語，未可節也。又卷三江梅引序「將詣淮南不得」，朱刻作「將詣淮而不得」。案本詞有「歌罷淮南春草賦」之句，則作「淮南」爲是。白石詞中常韻「淮南」，踏莎行云：「淮南皓月冷千山」；卜算子云：「淮南好，甚時重到」皆是。淮南爲廣陵，故曰「詣」，若泛指淮水，當云「渡」不當云「詣」也。又朱刻卷三浣溪紗第五首序「得臘花韵甚」，校語云「臘」當作「蠟」，此本正作「蠟」，不作「臘」。又卷六秋宵吟，「去國情懷，暮煙衰草」，朱刻作「暮帆煙草」，便不成句。又别集卜算子第五首注「下竺寺前」云云，朱刻全闕。略舉數則，可見此本之善；則欲見陶氏原本真面者，殆莫此本若矣。振常又記。

夏承燾自跋校本

白石詞自陶南村鈔本重見于清初，世人始窺姜詞之全。清代傳刻傳寫共三十餘本，大半出于陶鈔，而以陸鍾輝本流行最廣，傳刻最多；張奕樞刊本與江炳炎鈔本亦出于陶鈔，而行世較晚。以三本互勘，大抵張本多譌字，多同音假借字（如「都」皆作「多」），其勝處在旁譜依宋本描摹，最少差誤。又虞美人别名「巫山十二峯」，僅見于此刻；醉吟商小品「暮鴉啼處」以下空一格，定此曲爲雙調；石湖仙「綸巾攲雨」，「雨」不作「羽」，皆足正陸刻之誤。故清人校姜詞者如張文虎、吴昌綬、鄭文焯，皆甚推此本。

陸鍾輝本刊于乾隆八年癸亥，此張本刻于乾隆十四年己巳者，僅後五年，而二本頗多異同。後人以其併陶鈔卷一之鐃歌、琴曲與卷二之越九歌爲一卷，併卷五之自度曲與卷六之自製曲爲一卷，爲「部居失次」。然鐃歌、琴曲、越九歌本與詞異體，自度曲與自製曲實無分别（説在姜詞箋）；自製曲僅四首，亦不能成卷，陸氏合繁歸簡，本未可厚非。惟其間譌文，往往有乖樂律者：如琴曲古怨，因第一段泛聲末尾一字之誤移，遂致下二段旁譜皆誤對一格；卷四淒涼犯序「宮犯羽爲側」句，「側」下乃誤多一「宮」字。此等不僅點畫小差而已。（近日丘彊齋氏作白石歌曲通考，以倪燦宋史藝文志補載有白石歌曲四卷别集一卷本，因疑陸刻不出于陶鈔而是此四卷别集一卷之覆景本或再覆刻本；又以花庵詞選淒涼犯下注「仙吕調犯商調」，小序「側」下有「宮」字（詞源亦然），惜紅衣下注「無射宮」，法曲獻仙音下注「俗名大石、黄鍾商」，玲瓏四犯下注「此曲雙調，世别有大石調一曲」，皆與陸本相合而與張、江二本不同，因并疑花庵詞選亦取材于此四卷别集一卷本（以上節録丘文）。案陸本自序明云「從符藥林得陶南村手鈔，因併詩集開雕」，上舉各條，安知非陸氏傳刊陶鈔時，參閲花庵詞選添入，丘氏之説，殆亦未允。）

朱孝臧刊彊村叢書用江炳炎鈔本，謂「江氏手自寫校，未付劅人，亥豕之嫌，自較二刻爲尠」。今以陶鈔傳刻三本互校，朱刻誠後來居上。惟詳勘全集，仍有三本同誤者，如卷一鐃歌序「慶元五年己亥」之「亥」當作「未」，卷二醉吟商小品序「湖渭州」，「湖」當作「胡」，浣溪沙「臘花」，「臘」當作「蠟」，角招次句應删「西」字，秋宵吟是雙拽頭曲，「曉」下應空一格分作二片，錢希武題字「辰」應作「戌」，凡此不知由陶氏誤鈔，抑沿嘉泰刊本之譌。

宋人詞選若陽春白雪、花庵、草窗皆録姜詞，當時應據嘉泰原刻，而與陸、張、江三家又互有異同，所注宫調，亦往往爲三家所無，疑莫能明。至若疏影上片「昭君不慣胡沙遠」，今本絶妙好詞有改「胡」爲「吴」者，此則清人避嫌，必非草窗書之舊矣。一九五七年冬。承燾。

姜堯章自叙

某早孤不振，幸不墜先人之緒業，少日奔走，凡世之所謂名公鉅儒，皆嘗受其知矣。内翰梁公於某爲鄉曲①，愛其詩似唐人，謂長短句妙天下。樞使鄭公愛其文②，使坐上爲之，因擊節稱賞。參政范公以爲翰墨人品③，皆似晉、宋之雅士。待制楊公以爲於文無所不工④，甚似陸天隨，於是爲忘年友。復州蕭公⑤，世所謂千岩先生者也，以爲四十年作詩，始得此友。待制朱公既愛其文⑥，又愛其深於禮樂。丞相京公不特稱其禮樂之書⑦，又愛其駢儷之文，丞相謝公愛其樂書⑧，使次子來謁焉。稼軒辛公⑨，深服其長短句。如二卿孫公從之⑩，胡氏應期⑪，江陵楊公⑫，南州張公⑬，金陵吴公⑭，及吴德夫⑮，項平甫⑯、徐淵子⑰、曾幼度⑱、商翬仲⑲、王晦叔⑳、易彦章之徒㉑，皆當世俊士，不可悉數。或愛其人，或愛其詩，或愛其文，或愛其字，或折節交之。若東州之士則樓公大防㉒、葉公正則㉓，則尤所賞激者。嗟呼！四海之内，知己者不爲少矣，而未有能振之於窶困無聊之地者。舊所依倚，惟有張兄平甫㉔，其人甚賢。十年相處，情甚骨肉。而某亦竭誠盡力，憂樂同念。平甫念其困躓場屋，至欲輸資以拜爵，某辭謝不願，又欲割錫山之膏腴以養其山林無用之身。惜乎平甫下世，今惘惘然若有所失。人生百年有幾，賓主如某與平甫者復有幾？撫事感慨，不能爲懷。平甫既殁，稚子甚幼，入其門則必爲之悽然，終日獨坐，逡巡而歸。思欲舍去，則念平甫垂絶之言，何忍言去！留而不去，則既無主人矣，其能久乎？

（引自周密《齊東野語》卷十二「姜堯章自敘」。中華書局一九八三年十一月出版）

【注釋】

①梁公：不詳。

②鄭公：鄭僑，寧宗時知樞密院事。

③范公：范成大。

④楊公：楊萬里。

⑤蕭公：蕭德藻。

⑥朱公：朱熹。

⑦京公：京鏜，慶元中爲左丞相。

⑧謝公：謝深甫，慶元中參知政事，拜右丞相。

⑨辛公：辛棄疾。

⑩孫公從之：孫逢吉，字從之，曾官吏部侍郎。

⑪胡氏應期：胡紘，字應期，官至吏部侍郎。

⑫江陵楊公：楊冠卿。

⑬南州張公：未詳其人。

⑭金陵吳公：吳柔勝，字勝之，淳熙間進士，爲太學博士。

⑮吴德夫：吴獵，字德夫，曾以秘閣撰知江陵府。

⑯項平甫：項安世，字平甫，曾任户部員外郎。

⑰徐淵子：徐似道，字淵子，少有才名，受知於范成大。

⑱曾幼度：曾豐，字幼度，乾道時進士，官至德慶知府。

⑲商翬仲：商飛卿，字翬仲，淳熙進士，累官工部郎中。

⑳王晦叔：王炎，字晦叔，乾道進士，曾官湖州知州。

㉑易彦章：易祓，字彦章，淳熙進士，官禮部尚書。

㉒樓公大防：樓鑰，字大防，隆興進士，光宗時擢起居郎，兼中書舍人，官至參知政事。

㉓葉公正則：葉適，字正則，淳熙進士，寧宗時官寶文閣待制，晚年杜門著述，自成一家，人稱水心先生。

㉔張兄平甫：張鎡，字平甫，白石摯友。

夏承燾《白石輯傳》

姜夔字堯章，鄱陽人①。九真姜氏，本出天水②。夔之七世祖泮，宋初教授饒州，乃遷江西③。父噩，紹興三十年進士，以新喻丞知漢陽縣④。卒於官⑤。夔孩幼隨宦，往來沔、鄂幾二十年⑥。淳熙間客湖南，識閩清蕭德藻⑦。德藻工詩，與楊萬里、范成大、陸游、尤袤齊名⑧。既遇夔，自謂四十年作詩，始得此友⑨。以其兄之子妻之⑩。攜之同寓湖州。永嘉潘檉字之曰白石道人，以所居鄰苕溪之白石洞天也⑪。

夔少以詞名，能自制曲，初率意爲長短句，然後協以律⑫。嘗以楊萬里介，謁范成大於蘇州⑬。成大以爲翰墨人品皆似晉、宋之雅士⑭。授簡徵新聲，爲作《暗香》、《疏影》二曲，音節清婉⑮。成大贈以家妓小紅，大雪載歸過垂虹橋，賦詩有「小紅低唱我吹簫」句⑯。萬里嘗稱其文無不工，甚似陸龜蒙。夔來往蘇、杭間，亦頗以龜蒙自擬⑰。並時名流若樓鑰、葉適、京鏜、謝深甫，皆折節與交；朱熹愛其深於禮樂，辛棄疾深服其長短句⑱。

時南渡已六七十載，樂典久墜，士大夫多欲講古制以補遺軼。夔於寧宗慶元三年進大樂議及琴瑟考古圖於朝，論當時樂器、樂曲、歌詩之失。略謂：紹興大樂，多用大晟所造樂器，金石絲竹匏土未必相應；四金之音未必應黃鍾。樂曲知以七律爲一調，而未知度曲之義；知以一律配一字，而未知永言之旨；以平、入配重濁，以上、去配輕清，奏之多不諧協；琴瑟鮮知改絃退柱上下相生之妙，又往往考擊失宜。歌詞則一句而鐘四擊，一字而竽四吹，未協古人槁木貫珠之意；樂工同奏則動手不均，迭奏則發聲不屬。其所倡議者五事：一謂雅俗樂高下不一，宜正權衡度量，以爲作樂器之准；二謂古樂止用十二宮，古人於十二宮又特重黃鍾一宮而已（若鄭譯之八十四調，出於蘇祇婆之琵琶；惟瀛府、獻仙音謂之法曲，即唐之法曲也。凡有催、衮者，皆胡曲耳，法曲無是也），大樂當用十二宮，勿雜胡部。其他三事，則議登歌當與奏樂相合也，議夕牲饗神諸詩歌可删繁也，議作鼓吹曲以歌祖宗功德也。書奏，詔付太常⑲。時嫉其能，不獲盡所議⑳。五年，又上聖宋鐃歌十二章㉑。詔免解與試禮部，不第㉒，以布衣終。

夔氣貌若不勝衣，家無立錐，而一飯未嘗無食客；圖書翰墨之藏，汗牛充棟㉓。張炎比其詞爲「野雲孤飛，去留無跡㉔」；黄昇謂其高處，周邦彦所不能及㉕。其精通樂紀亦如邦彦，今存有旁譜之詞十七首。爲詩初學黄庭堅，而不從江西派出，並不求與楊、范、蕭、尤諸家合㉖；一以精思獨造，自拔於宋人之外㉗。所爲詩説，多精至之論，嚴羽之前，無與比也㉘。亦精賞鑒，工翰墨，辨别法帖，察入苗髮，較黄伯思、王厚之爲優㉙，趙孟堅稱爲書家申韓㉚。習蘭亭廿餘年㉛，晚得筆法於單煒㉜。其遺蹟猶有存者。

著書可考者十二種。今存詩集、詩説、歌曲、續書譜、絳帖平等㉝。京鏜嘗稱其駢儷之文㉞，則無一篇傳矣。

張俊之孫曾有名鑒字平甫者居杭州，夔中歲以後，依之十年㉟。鑒卒，旅食浙東、嘉興、金陵間㊱。卒於西湖㊲，年約六十餘㊳。貧不能殯，吴潛諸人助之葬於錢唐門外西馬塍㊴。子二：瓊，太廟齋郎㊵；瑛，嘉禾郡簽判㊶。

【注　釋】

①本集。

②清姜虬緑編姜忠肅祠堂本白石集附九真姜氏世系表。

③世第表。

④世系表。清嚴傑擬南宋姜夔傳。

⑤姜虬緑《白石道人詩詞年譜》。

⑥本集。

⑦本集。拙作《姜白石繫年》。

⑧楊萬里《誠齋集》。《烏程縣志》。

⑨宋周密《齊東野語》載白石自述。

⑩宋陳振孫《直齋書録解題》。宋張鎡《南湖集》。

⑪本集。參拙作白石《行實考》之行蹟考。

⑫本集。

⑬《誠齋集》。
⑭《齊東野語》：白石自述。
⑮本集。
⑯元陸友《硯北雜志》。
⑰本集。「行實考」。
⑱《齊東野語》：「白石自述。」
⑲《宋史·樂志》。
⑳明徐獻忠《吴興掌故》。
㉑本集。
㉒《書録解題》。
㉓宋陳鬱《藏一話腴》。
㉔《詞源》。
㉕《絶妙詞選》。
㉖詩集自序。
㉗清人四庫全書提要。

㉘清王士禛《漁洋詩話》。

㉙清朱彝尊《曝書亭集》。

㉚《硯北雜志》。

㉛白石蘭亭序跋。

㉜白石保母志跋。

㉝參拙作《白石行實考》之著述考。

㉞《齊東野語》白石自述。

㉟同上。

㊱本集，宋吴潛《履齋詩餘》，宋蘇泂《泠然齋集》。

㊲《履齋詩餘》。

㊳參拙作《白石行實考》之生卒考。

㊴《履齋詩餘》、《硯北雜志》。

㊵世系表。

㊶嚴傑擬傳。

説明：全文及注釋，均録自夏承燾《姜白石詞編年箋校》。